守正道

宁波市非物质文化遗产抢救性记录工程
——代表性传承人口述史丛书·第二辑

◎ 宁波市非物质文化遗产保护中心 编

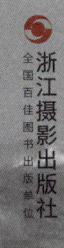

浙江摄影出版社
全国百佳图书出版单位

责任编辑：张　磊
装帧设计：巢倩慧
责任校对：高余朵
责任印制：汪立峰

图书在版编目（ＣＩＰ）数据

守正道 / 宁波市非物质文化遗产保护中心编. -- 杭州 : 浙江摄影出版社，2024.1

（宁波市非物质文化遗产抢救性记录工程：代表性传承人口述史丛书；第二辑）

ISBN 978-7-5514-4816-1

Ⅰ.①守… Ⅱ.①宁… Ⅲ.①非物质文化遗产—保护—宁波 Ⅳ.①G127.553

中国版本图书馆CIP数据核字(2023)第242597号

SHOU ZHENGDAO
守 正 道

宁波市非物质文化遗产抢救性记录工程：代表性传承人口述史丛书·第二辑

宁波市非物质文化遗产保护中心　编

浙江摄影出版社出版发行
　　地址：杭州市体育场路 347 号
　　邮编：310006
　　网址：www.photo.zjcb.com
制版：浙江新华图文制作有限公司
印刷：杭州捷派印务有限公司
开本：787mm×1092mm　1/16
印张：22.75
2024年1月第1版　　2024年1月第1次印刷
ISBN 978-7-5514-4816-1
定价：180.00元

本书编委会名单

丛书总编：孔　燕
丛书副总编：宋　臻
第二辑主编：竺　蓉　吴　佳
编　　审：王　俭　李春晖　郑智颖　张一青
　　　　　　　李　双　俞越东
编　　撰：励　霓　郁蓓蓓　章亚萍　周　益
　　　　　　　朱　伟　叶　弦　严亚国

丛书总序

文化是民族的根与魂。党的十八大以来，以习近平同志为核心的党中央，把文化摆在全局工作重要位置，提出了一系列重要论述，形成习近平文化思想。习近平总书记高度重视文化遗产并多次做出重要指示批示，反复叮嘱要把文化遗产保护好。2015年，国家启动了对年满70周岁以上的国家级非物质文化遗产代表性传承人的记录工作，宁波市同步启动了省级及以下的代表性传承人记录工作，重点面向省级代表性传承人。传承人抢救性记录工程自2017年开始，由市、县（区、市）二级政府联合启动，共同出资开展该项工作。

所谓"一方水土养一方人"，一方人也造就了当地独特的文化。宁波枕山靠海，其独特的地理环境和人文资源，孕育出独特的地方文化，既有陆地农耕文化的厚重积淀，又有海洋文化的开放包容；既有江南文化的温婉柔润，又有向海而生的豪迈硬气。宁波非物质文化遗产历经岁月洗礼，记载了宁波地域记忆，承载着宁波独特的文化基因。将代表性传承人的宝贵知识、记忆加以记录，无疑将成为宁波人民取之不竭、用之不尽的宝贵精神财富。

为了让这些记录成果实现全社会共享，2021年，宁波市推出传承人记录丛书汇编工程，由宁波市非遗保护中心组织编撰《宁波市非物质文化遗产抢救性记录工程——代表性传承人口述史丛书》，根据抢救性记录进展情况，分成若干辑陆续出版。该丛书每辑遴选代表性传承人口述史记录成果，每章分项目概况、人物小传、口述访谈、周边采访和大事年表等五节，由相关区（县、市）落实专人进行整理编写。

丛书编委会

第二辑　序言

宁波市非物质文化遗产抢救性记录工程启动于2017年，主要记录对象为宁波地域范围内的省、市级非遗代表性传承人，每年由区（县、市）级文化行政部门向市级文化行政部门提出记录工作对象，经审核批准后，由宁波市与下属区（县、市）二级财政共同出资，启动抢救性记录工作。第一辑《在路上》已于2022年正式出版，通过对7位代表性传承人口述记录成果进行汇编，把他们精彩的从艺经历、经验和从事非遗项目的人生感悟，以文字的形式鲜活地呈现在读者面前。

本辑口述记录成果题为《守正道》，收录了5位非遗代表性传承人及他们所传承的项目，其中涉及表演类3位，传统体育与传统医药各1位。第一章记录了象山渔民号子的代表性传承人郑满江，他出生在象山县石浦镇东门渔村，从小在号子声中长大，目睹过200个人在船老大领唱的"一六号"中，把船拖到岸边进行修缮的壮观场面，也切身感受到渔民号子退出生产活动的遗憾，如今，他带领渔民号子表演队走上了舞台，以另一种形式延续着号子的生命。第二章中的镇海蛟川走书代表性传承人张亚琴未能等到本书出版，便已驾鹤西去，这位长期活跃在宁波走书表演舞台的著名女艺人，直到去世，都没有放下过她热爱一生的走书事业，在字里行间，我们仿佛还能听到她爽朗的笑声。第三章中的宁海狮舞代表性传承人陈昌福，出身于狮舞世家，14岁就能登台表演，初中毕业时便能单独充当狮子头的角色，在40多年的市场闯荡中历练出了高超的技艺。他经历过宁海狮舞的高光时刻，却也承受着狮舞在当代的落寞，但他仍然不愿放弃，他说，哪天舞不动狮子了，也会去后场敲锣打鼓，给舞狮队助威。第四章讲述北仑水浒名拳代表性传承人傅信阳，他由于身形矮小，怕被人欺负，15岁时始下定决心练武自保，这一朴素的想法竟影响了他的一生，他从此走上了与水浒名拳不离不弃的人生。在西医骨科拥有绝对话语权的今天，医术高超的陆氏伤科代表性传承人陆君玉却公开回应，在陆氏伤科这里，不用开刀便能治愈95%的骨折病人。"圣手"医生陆君玉出现在本书的第五章中，将带给读者相当大的惊喜。

本书延续上一辑的体例，每章分成四个小节，分别为项目概况、传承人小传、传承人口述访谈，及与传承人或项目相关的周边采访。另设附录，为关于传承人的大事年表。

一生只做好一件事，如此单纯却又不易，5位代表性传承人用自己的一辈子捍卫着传承中华优秀传统文化的正道与初心，使古老的非遗在新时代得以薪火相传，生生不息！

目录

丛书总序

第二辑　序言

第一章　象山渔民号子代表性传承人郑满江 /001
  第一节　象山渔民号子概况　001
  第二节　郑满江人物小传　030
  第三节　郑满江口述访谈　039
  第四节　郑满江周边采访　052
  【附录】郑满江大事年表　062

第二章　蛟川走书代表性传承人张亚琴 /065
  第一节　蛟川走书概况　065
  第二节　张亚琴人物小传　080
  第三节　张亚琴口述访谈　088
  第四节　张亚琴周边采访　110
  【附录】张亚琴大事年表　128

第三章　宁海狮舞代表性传承人陈昌福 /136
  第一节　宁海狮舞概况　136
  第二节　陈昌福人物小传　157
  第三节　陈昌福口述访谈　165
  第四节　陈昌福周边采访　187
  【附录】陈昌福大事年表　199

第四章　　水浒名拳代表性传承人傅信阳 /201

　　第一节　水浒名拳概况　　　　201
　　第二节　傅信阳人物小传　　　221
　　第三节　傅信阳口述访谈　　　231
　　第四节　傅信阳周边采访　　　249
　　【附录】傅信阳大事年表　　　258

第五章　　陆氏伤科代表性传承人陆君玉 /262

　　第一节　陆氏伤科概况　　　　262
　　第二节　陆君玉人物小传　　　273
　　第三节　陆君玉口述访谈　　　279
　　第四节　陆君玉周边采访　　　324
　　【附录】陆君玉大事年表　　　346

参考文献

后　记

第一章
象山渔民号子代表性传承人郑满江

◆ 励霓

第一节 象山渔民号子概况[1]

一、象山渔民号子的由来

象山渔民号子，由传统渔业生产上的渔民号子和海洋运输业中的船工号子等组成，统称渔民号子。它是渔民、船工在长期的生产、劳动实践中创造的一种文化现象。它有着与众不同的独特风格和强烈的海洋生活气息，充满着渔民（船工）的乐观主义精神和雄壮、豪迈、朴实、奔放的个性，是人们了解和熟悉象山渔民豪爽、粗犷、开朗的性格的载体。

象山三面环海，境内海岸线曲折，港湾众多，更有著名的大目洋、猫头洋、渔山三大渔场。清中叶至民国直到新中国成立初期，江、沪、浙、闽等东南沿海各省市数以万计的渔民聚集三大渔场围捕大黄鱼、带鱼等经济鱼类，大部分渔船都在县内的石浦、爵溪等地停泊、加工鱼货及补充生活所需，为此，石浦（东门）、爵溪就成了象山渔民号子的主要发源地和传承地。

20世纪60年代中期以前，象山渔区都以木帆船为捕鱼和海上交通的主要工具，船上一切工序全靠手工操作，集体劳动异常繁重，各种工序都要喊号子以

---

1 第一节内容参考张利民编著的《象山渔民号子》。

象山石浦港旧景

统一行动,调节情绪,为此形成了丰富多彩的渔民号子。象山渔民号子按工序分为"起锚号子""拔篷号子""摇橹号子"等20多种;按操作所需的力度大小又可分为"大号""一六号""小号""对号"等。各类号子之间相互通用。象山渔民号子种类较为丰富,曲调粗犷优美,有着鲜明的海洋文化特征。

象山渔村(拍摄者:石春光)

老渔民在拉网喊号子

二、象山渔民号子的发展

象山渔业源远流长，塔山文化遗址发掘出石网坠，揭示了先民耕海牧渔历史可上溯至6000年前的新石器时代。

象山于唐神龙二年（706）立县。历代文献资料对象山渔业记述甚多。南宋《宝庆四明志》曰："邑人捕大黄汛之盛况：三、四月，业海人每以潮汛竞往采之，曰'洋山鱼'。"明代著作如《天下郡国利病书》《闽中海错疏》《广志绎》等均有专述，"盖淡水门在渔场南隅，石浦港北铜头山与牛拦基岛所夹之水道也，产黄鱼之渊薮，每岁孟夏，潮水势急，则推鱼之涂，渔船出洋捞取……以大小木船数以万计，又云捕鱼分为三水，获利厚者可得二三百金……"又如石浦港，自汉唐以来，就为商旅渔船往来必经之处和停泊之锚地。明洪武三年（1370），因倭寇累犯东南沿海，始行海禁。洪武十九年（1386）列海岛为封禁之地，致使渔业萎缩。清顺治年间，因沿海发生抗清斗争，又复海禁，徙沿海居民于内地。康熙二十三年（1684）开海禁，大目洋鱼汛开发。时有学士陈策，雨夜宿爵溪，作《宿爵溪寓楼》诗云："暮潮随雨涨沙丁，剪烛楼台放眼青。到枕涛声天地动，落滩渔艇海岚腥。"可见当时鱼汛之盛。至雍正年间，东门岛渔民，仿福建船式样打造了大捕鱼船，此时期本县渔业已向远海发展。

《宝庆四明志》书影

三支桅大篷船（拍摄者：周祖安）

千百年来，象山渔区的渔民居住在海岸边和海岛上，面对大海，世代耕海牧渔。他们终日在崎岖的山径上抬网、挑物；在码头上装卸货物；在船坞里运木剖板，打模造船；在渔船上升篷、起锚、收网和吊舢板。这些原始的密集型高强度劳动，需要大家步调一致，齐心协力，于是在劳动中自然伴生了劳动号子。象山渔民号子是渔民们长期以来在特定的环境下，在生产劳动实践中自然产生、演化并一代代相传的一种劳动号子。从前，鱼汛时节，码头上下、山城内外、渔船前后，劳动号子声此起彼伏，热闹非凡，渔村里、渔港畔简直成了号子的海洋，蔚为壮观。

象山渔民号子具体何时起源，因无史料记载已难考证。但从劳动号子与生产劳动紧密相连来看，象山渔民号子应与传统海上渔业捕捞、海上运输业规模化时代基本同步。象山渔业生产和海上航行最初可上溯到秦代徐福东渡日本前在象山蓬莱山短暂隐居时期。据传，当年徐福带领的三千童男童女，曾生活在象山蓬莱山下，此后为"避秦"而远航日本，开启了古代中国、日本、朝鲜的海上文化交流。从航海的角度看，这是中国历史上最早一次大型的航海活动，可以想见其规模之大，气势之壮，场面之热烈。在2000年前的船篷时代，航海全靠桨橹之力、人力所为，船工号子自然成为指挥航行、统一行动的有力手段，象山的渔民号子发轫于此，也并不属牵强附会。到了宋代，象山海上航行渐趋发展。乾道《四明图经》载："祚圣庙，旧系东门庙，在县南一百里。按《图经》旧载，其神号'天门都督'。……行旅往返无不致祀。"可见宋代时东门渔村已经是海上交通重要枢纽，渔业和航行都已发展到一定的规模。

宋代的地方志书及一些史书，出现了较多对象山渔业、航海、造船的记载。到了明代，象山的渔谣、民歌，也开始进入文人的记录中。现见到最早的是象山俞士吉的《西沪渔歌》："泛泛天涯海浪前，放歌西沪日陶然。数声欸乃山如黛，一曲沧浪月满船。绿蚁酣时还击楫，白鸥眠处谩敲舷。朝廷尚觅元真子，狼藉新腔烂漫传。"这首诗作具体地记录了象山的渔民号子，描绘了渔区热闹景象：渔民一边劳作，一边喊渔民号子，唱渔谣，偌大的一个西沪港，简直成了渔号、渔歌的海洋。俞士吉这首诗，是第一次较全面和真实地反映象山渔号的历史存在和传唱现状，特别是他对渔民号子的音乐特色作了充分的肯定，对象山民间音乐史研究来说，是不可多得的材料。象山渔民号子在宋明时已形成，在清代有了进一步发展，开始走向鼎盛。清代，更多的渔号、渔歌流传于象山文人笔下。此后，石浦渔业发展迅速，不仅江浙渔船汇集于此，而且福建、广东船只也常停泊，尤其以福建及浙江的温州、台州渔船对石浦发展影响最大。石浦出现了大批福建等地移民，"福建街""三山会馆""闽广会馆""天后宫"等带有福建等地特色的建筑不断涌现，同时也促进了石浦渔业生产的更大发展。渔民生产北上舟山及江苏各地，南下温州、台州及福建各地。四方文化汇集，使象山渔文化不断丰富。作为渔文化组成部分的渔民号子，也在渔业生产发展中得到了完善、提高和发展。到了民国时期，象山是浙东沿海渔业主要产地之一。石浦、爵溪、东门、旦门、南田、柱岙、公屿、毛湾、檀头山、渔山、沙塘湾、蒲门等都是县内著名渔业村落，尤其是爵溪、石浦、东门、南田，更是渔业重要产区，也是渔民号子传播、滋养的地方。

渔民在喊拉网号子

象山鹤浦镇渔港

　　20世纪50至70年代，是象山渔民号子的成熟期、鼎盛期。中华人民共和国成立前，象山渔村有渔霸，海上有盗匪，渔民不仅要面对海上自然风暴，还要面对海匪的肆虐和渔霸的剥削与压迫，因此渔歌和渔号常常唱出渔民心中的愤懑和悲伤。中华人民共和国成立后，象山渔业生产逐渐得到了恢复，人民政府一方面发动渔民开展剿匪、反霸斗争，成立渔民协会，协调劳资关系；另一方面发放救济款和渔业贷款，以缓解渔民生活困难。1952年，象山成立了由县长挂帅的渔业指挥部，负责处理渔业战线上的一切生产和后勤工作，特别是保障渔民的安全和生产，使象山渔业生产得到有效的恢复，大目洋、猫头洋上又出现了兴旺的渔业景象，洋面上渔帆点点，万船齐集，渔号声此起彼伏，流荡在海面上。1953年，象山渔区实行民主改革，彻底摧毁了渔区的封建势力，铲除了剥削制度，开展了渔业互助合作运动。到1957年，全县有渔业合作社40个，渔民6267户、8718人，渔船1306艘。渔业生产需要集体劳动，渔船虽然向机帆化发展，但机械化程度不高，仍需要大量的手工操作，因此促进了渔歌、渔号的发展。到20世纪70年代，象山渔区的渔船总数已达到1649艘，这时机帆船从1965年的75艘增加到1976年的309艘。机帆船异军突起，渔业生产的进步，极大地提高了

象山石浦港全景

渔业生产效益,渔区老式捕鱼船具,如爵溪的"独捞船"及石浦的"大捕船""红头船"等逐渐被淘汰。由于机械化程度不高,渔民的劳动强度得到减轻,但仍需要渔民大量的手工劳作,渔歌、渔号仍在流行,虽然使用的频率在逐渐地减少,但渔民号子却更趋稳定、成熟。此外,象山造船业的发展、海上运输业的发展,更加拓宽了渔号发展的空间,许多渔民号子在船厂工地、搬运站装卸运货场地及海运船舶中,得到了广泛发展,形成了广泛的群众基础。

三、象山渔民号子的内容

象山渔民号子没有固定不变的表演程式和号子内容,有的是相对稳定的节奏。其丰富的内容取决于劳动环境的差异、作业内容的不同、劳动力度的大小,以及各类号子相互间灵活的通用。

象山渔民号子按作业的环境分岸上号子和海上号子两大类;按作业的工序分"起锚号子""拔篷号子""摇橹号子""吊水号子"等26种;按操作所需要的力度大小可分为"大号""一六号"和"小号"。此外,各类号子相互灵活通用,

2020年9月16日，象山渔民号子队参加第23届中国（象山）开渔节开船仪式（拍摄者：包林玲）

不拘泥于一格，出现了几种号子通用或联用的复合性号子。

（一）岸上号子

岸上号子产生于岸上劳作，不仅是因为劳动作业的场地在岸上，而且劳动内容需要在岸上进行。渔民捕捞，需要打造新船或者渔闲中修理船只。旧时的渔船都以木头为材料，一切全凭手工劳作，要依靠全体造船工人集体劳动来完成。劳动的任务异常繁重，就一根大木来说，轻则几百斤，重则上千斤。在没有机械工具的年代，全靠肩扛手抬，需要用劳动号子来统一步伐，调节情绪。所以劳动号子应运而生，应用而兴。旧时象山船场（船厂）大都建立在海港边。木料大多从福建一带通过海上扎排运来，按海水浮力及潮位升降，把木料送到岸边，然后完全依靠人力把木料抬上岸（或进入工场），进行渔船的打造。渔船打造的过程，历经拖木、抬木、锯木、钻木、斧斩、敲打、抬船、推船等各道工序，自然产生了不同的劳动号子。同时，渔船还需要许多配套工具，如渔缆、渔网。其制作过程，因劳动特点不同，也各自产生不同的号子，以形成各自具有一定节奏、频率、强度的音乐。

1. 拖大木号子

打造新船或修理船只,需要很多长度在 8 米以上,直径在 30 厘米以上(甚至在 50 厘米以上),重达几百斤至千斤的木头。旧时既无卷扬机,又无起重机,都用拖、抬的方法把木头从海边搬运到造船厂,少则需几人,多则需十几人。这时就用"大号"(或"一六号"),大号的特点是节奏缓慢(大号节奏略快于一六号),旋律高亢,较多表现庄重、严肃、有号召力的情绪。

2. 抬木头号子

造船用的木头都是要几个人一起从海边抬上来的,为了让大家步伐一致,就要用号子来指挥,这时常用吆喝型的两拍子的抬木头号子。

3. 牵钻号子

该号子又称"起钻号子"。造新船或修理船只时,需要钻木打孔。起钻时,一人紧握钻头把柄,另有两人各执钻头麻绳一端,在左右两侧牵拉钻子。动作是一拉一送,号子是一领一和,使牵钻动作极为协调,提高了钻孔的效率。

4. 牵锯号子

这是造船匠(俗称"大木师傅")在造船剖板牵锯过程中,两人对牵对唱的号子。

5. 敲对钉号子

造船需要用钉,这是一种特殊的铁钉,钉尾是方形的,称"方形钉"。这种铁钉钉头尖,尾大。方形钉的大小、长短根据船的钉木部位决定。小型的方形钉一人单独敲打可完成,但长而大的方形船钉,都由二人对敲来完成。在对敲过程中,为了协调双方动作,规定两人劳作时喊号子的敲,没喊号子的停,如此,你喊一句,敲一下,我喊一句,敲一下,反复交替敲击,直到把钉敲进去。敲"对钉"一般用的是"对号"。"对号"是由甲乙方交替喊的一种号子,如果前者最后一个字喊的是"嗨",后者接音时也喊"嗨",决不允许把"嗨"喊成"呵"。

6. 斩对斧号子

造船时,要把木料加工成各种所需的部件,除了用锯外,还需要用斧头来完成。特别是船上有些部件是弯的,如船的"龙筋",这时就需要船匠师傅用斧子来斩木,有时木料较大,就由两人来对斩。为了避免对斩时两人同时下斧,造成误伤,就需要用号子来区分。劳作时,喊号子的人下斧,一人喊一句,交替着对斩,这样挥斧有序,间歇不乱,发力有劲;同时增添劳动的欢乐情绪。这种号

牵锯号子

子，常用的是对号。

7. 抬船号子

这是将小型木船从船厂或岸上抬到海里（滩涂）时用到的一种号子。由于是多人抬船，需要统一步伐与行动，因此，产生了用来指挥作业的抬船号子。此号子与抬网号子相似。

8. 拔船号子

台风来临或休渔后修理船只时，需要把船只从海里拖到岸上；出海时，又需要将船只推下海。这个过程，要依靠群体的力量来完成。其所喊的号子就是"拔船号子"，拔小船时用的是"大号"，拔大船时就用"一六号"。

9. 拔舢板号子

"舢板"是渔船的一种，也称"三板"。为近海使用的桨划小船，轻巧、便捷，只能坐两三人。将舢板从海里推上岸边泥涂或沙滩时喊的号子是大号。

10. 打大缉号子

渔家说的"大缉"，俗称"二股头"，是网绳或锚索中最大的一种。打大缉就是分别把三单股挂在专用绞绳工具上，绞绳车架上有左、中、右三个铁钩，三单股挂上铁钩后，不断地摇动，叫"摇三星"。把三股绳拧成一根绳挂在另一端架子的单钩上,叫作"摇后送"。在摇三星时,为了能把摇三星的三个单股绳松紧摇均匀,需要三人步调一致,同时用力,于是就用号子来统一行动。摇后送是两人同握一个铁钩柄,用的也是同一号子。此号子的节奏近似摇橹号子。等到绳索快摇紧时,号子用吆喝型短号"哎嗦""哎嗦",变得短促、急速。

11. 纺缆号子

缆是用许多股绳拧成的粗绳,一般是用多股的棕、麻、金属丝等拧成的,用以拴船。象山的涨大捕[2]、涨小网[3](涨小虾)的主缆绳是用稻草包在篾丝外面的三股绞合的绳索。涨大捕的把主缆叫作"根",分上根、下根;涨小网的把主缆叫作"缆",副绳叫作"臂"。在加工时称"纺根"或"纺缆"。纺缆时发出的号子声音基本上与打大缉号子相似。

12. 抬网号子

捕鱼需要用到渔网。网船的围网(网具的一种)有数十米长,从岸上搬到船上,或从船上移到岸上,须由十多人分成几组(二人一组)抬着走,队伍像一条长龙似的。为使步伐协调整齐,渔民们常喊起两拍子的抬网号子,来规范动作。

13. 夯椗号子

木椗是涨大捕作业的主要工具之一。其椗身和椗齿合并的一头叫"米鱼头"。米鱼头有两道小箍("箍"土话叫"抽")、一道大箍。大箍称"蟹裹抽"(是用篾丝盘成的),用小榔头紧贴蟹裹抽,大榔头(重约40斤的硬木)用力敲打小榔头,使蟹裹抽由外向里步步紧箍。这种操作方法叫"夯椗",劳作时用的是吆喝型的短号。在大榔头提起时,即喊"吔——嗨——",大榔头有力地打在小榔头上,握小榔头的人紧接着喊"煞手"或

---

2 涨大捕:20世纪30至50年代时大捕船的生产作业方式。
3 涨小网:捞小虾(晒制虾皮的原材料)的作业方式。

抬网号子

"再来把"，既是应和，也是鼓劲。众人反复地夯，直到夯紧为止。喊的号子称为"敲鼓号子"。

14. 敲草号子

涨小网（涨小虾）的主绳叫"缆"，"缆"是用稻草包在篾丝外面的三股绳索绞成的。要把打缆的稻草敲软才可包裹篾丝。敲稻草就成为打缆前的一项准备工作。敲稻草一般由一至二人翻，一人敲；或二人翻二人敲。敲打时，喊两拍子的短号，一边翻稻草，一边用木榔头敲击稻草，这样喊的号子叫"敲草号子"。唯独象山东门岛渔民敲草由一人操作，用手握木榔头，用脚翻稻草，手脚配合非常默契。这种敲法，东门岛的老渔民基本上人人都会，可算是东门岛渔民的拿手传统绝活。

15. 汰（洗）网号子

捕鱼的渔网在捕捞中会沾上许多泥浆和污垢，回港后必须进行清洗，渔民称为"汰网"。汰网时，由两人分别拉住网的一头，紧推渔网上下抛甩，另有一人向网上泼水。网很长，汰网必须一段一段地汰，劳作的三人随着抛甩的节奏喊起号子助劲，这种号子称"汰网号子"。

16. 起舱号子

"起舱号子"类似"吊水号子"，是于船舱里提货时唱的号子。此号子先短后长。货物满舱时，因货离舱甲板的距离近，所以号子也短；随着货逐渐卸出，舱内货与舱甲板距离越来越远，于是号子的长度也越来越长。

（二）海上号子

海上号子产生于海上劳作。不仅是因为劳动作业地点发生在海面上，而且劳动的内容也发生变化，主要是渔船航行和捕捞过程中的特殊作业，如拔篷、起锚、摇橹、拔桩等都是极为繁重的集体体力劳动，这种劳动为渔民号子的产生提供了土壤和文化空间。

1. 拔篷号子

旧时，风是船舶航行的主要动力来源，而篷帆则是充分利用风力作用的工具。古人云，"直挂云帆济沧海"，船要加速，必须要起篷。起篷初，篷吃风小，轻松省力，所唱渔号采用的是"小号"。当篷拉到一定位置，篷吃风渐大，拉篷的感觉也随之越来越沉重，需要的力也渐渐增大，这时就需要改喊"大号"。喊大号时，一人领唱，众人相和。众和部分的末尾一个音常拖延一些，好使领号者把握好节奏，与众和者取得和谐的衔接。拔篷号子是象山渔民号子中最具气势和力度的典型号子，在渔区中有广泛的影响。

2. 起锚号子

船只停泊时，为了避免移位以致触礁毁船或搁浅，因而需要抛锚。开船时则要起锚，旧时船上没有起锚机械，全靠人工起锚。一开始，因锚松而省力，此时就用"小号"；待到锚索绷紧时，由于锚孔在淤泥深处，再加上海水的压力以及锚索本身的重量，致使起锚越来越费力，于是起锚号子从"小号"改为"大号"，大家一齐用力，把锚从淤泥中拉出来；当铁锚离开淤泥，浮于海水中后，海水浮力使锚索变轻，此时又改喊"小号"。

起锚号子

3. 拔椗号子

"椗"原指系船的石墩，这里所指的木椗是渔民涨大捕作业的主要工具之一，它形如铁锚（单齿），是用硬质木材制作的。椗长一丈六尺（系用鲁班尺计量，1公尺=3.6鲁班尺），椗齿长八尺二寸，重四五百斤。涨大捕结束后，需把原来打下去的木椗从海底淤泥中拔出来，但是木椗十分笨重，不仅有自身的重量，还要加上海底淤泥的阻力。拔椗不仅需要利用众人手拉的力量，而且还要借助海浪的起伏进行巧取。方法是由"头手"（船员职称，即副老大）或"三肩"（船员职称，即三老大）握着"夹头柴"，看准海浪的动向和船头的起伏，充分把握时机。所谓"夹头柴"，其实就是把根（绳）索卡在船头上的木棍，约一米多长。当浪伏船头下去时，把"夹头柴"迅速开启，当领号者喊出"喔"声时，时间不超过三秒钟，随即把根索卡住，船受浮力升起的同时，把椗拉起。如此反复多次，及至把桩拉出淤泥，拉到船上。这种号子无固定节奏，利用海浪的起伏，借助于浮力来调节，但号子声腔雄壮有力。"喔"是"下令"，"啊"是众人"用劲"。

4. 摇橹号子

摇橹分单人摇、双人摇、多人摇三种。单人摇适合于体小船轻的小舢板。双人摇，由两个人合摇一支大橹，摇橹开始时，由于两人动作不易取得协调，因而号子前数小节作为调整动作之用。待动作取得协调一致后，就可以一领一和地交替进行，领时拉，休止时推，一拉一推，达到和谐省力的目的。多人摇则是一条船上用三支橹以上，同时进行摇橹，协调性要求很高。如溜网带角船，因无篷，其动力全靠橹摇，所以往往船尾一支橹、船舷两侧各一支橹同时摇。冰鲜船（运输船）与小对带角船（溜网船）由于船体大小不同，摇橹号子也不同。另外，船在海上分为"顶水摇"与"平水摇"，由于水势不同，则用力也不同，故所喊号子也有一定区别。

5. 打水号子

又称"吊水号子"，它是打捞船舱里的积水时唱的号子。打捞船舱积水用的是吊桶，四个人各拉一根吊绳，待舱底下吊桶装满水时，指挥者领号"哦——吼"为预备句，四人就接和，并边和边拉，每喊一句，就拉一把，一般第四句时，就可以把吊桶拉上舱面，货舱深的船，可多拉几把，直到把水桶吊上舱面，然后将吊桶里的水泼入大海。

摇橹号子

6. 吊舢舨号子

舢舨是船型中最小的一种，一般船长5～6.5米，宽1.1～1.5米，深0.5～0.7米，载重1.5～2吨。渔船出海时，其常被载于船上，俗称"背子"，作辅助捕捞或两船交往之用。旧时爵溪独捞船、石浦大捕船出海都要背两只舢舨作背对，俗称背舢舨或背对船。将舢舨从海面上吊至大船尾部时要喊号，这种劳动号子叫"背舢舨号子"。

7. 打桩号子

涨小网是一种固定地点的捕捞作业，先选择好行（洋）地，在海底打桩。桩是由大毛竹制成的，长约 4 米。打桩时需要召集很多人去船上拉"斗索"。"斗"即是夯，是砸实竹桩的工具，它与硬实地基的夯在形状上有所不同。作业时由船老大把斗，领喊"大家来啊"或"用力拉啊"，紧接着，大家把斗夯下去，喊"桩桩实啊"。这"啊"字不能拖太长的音，此种号子属吆喝长号，粗犷，节奏不规律。打夯号子唱的就是"打夯歌"，只是所打的桩是竹桩，劳动地点在海上，有其特殊性。

8. 抛椗号子

涨大捕是将两枚连着根索的木椗，抛下水中扎在海底，并将渔网系在根索上端的一种捕捞作业。木椗分腰椗和头椗[4]，抛行时，船老大看定方向，严肃地喊"抛"，接着，众人"哎"的一声把腰椗翻入海里，等根索放到一定距离时，船老大又再次下令"抛"，头手紧接"哎"的一声，把头椗也翻入海中，这种吆喝型的短号，干脆、利索。

9. 扛鱼号子

渔民捕鱼，有时一网捕到几万斤的鱼，无法拉上来时，就让渔网的尾部（网袋底）浸在海中，把网袋分成若干小段，每一段两头各有二至三人扛，这种取鱼方法叫"扛鱼"。劳作时，用的号子前句是"拉"，后句是"抛"。拉袋口的喊到后句最后一个音符时，必须立即放手，鱼货即从袋口卸到舱里。一"拉"一"抛"，循环往复，把网中之鱼分批拉到船舱。分段取鱼法既科学又合理，减轻了劳动强度。扛鱼号子表现了收获的喜悦，同时还带有乐观、幽默的意味。

10. 撑船号子

行船时，有一种工具，叫"撑竿"，又叫作"篙"。当船只行驶到浅水区或海涂平坦的地方，就不能用帆和橹，在这种情况下，就要用撑竿用力把船撑到深水区，以避免"搁滩"（或叫"搁浅"），造成船的倾覆。撑竿时渔民会发出吆喝

---

4 腰椗和头椗：渔网上有两个木椗，造型结构相同，为区分以方便作业，渔民分别称之为腰椗和头椗。

型的单号，也会喊几句带词的号子，如"船到青龙头啊"[5]"喝酒横街头啊"[6]，或者"后生用力撑啊""上面有大姑娘啊"，周边的船也会接腔附和，呈现一派欢快的景象。

四、象山渔民号子的特征

（一）音乐特征

1. 结构单纯，展衍成号。象山渔民号子多以领句与和句构成一个乐句，然后通过展衍而成为完整的一个号子，在没有领唱的号子中，也同样表现出"展衍"这种特性。因此，象山渔民号子乐曲结构单纯，属单乐段结构。但旋律对比明显，领唱与合唱形成音响厚薄上的强烈反差，在音区上领句大都处于和句之上，因此，音高对比也十分明显。此外，节奏处理上善用紧缩与拉宽的对比，加之旋律主体与加花体等多种对比手法的运用，使号子音乐跌宕起伏、变化万千。单乐段的乐曲结构与旋律的对比手段相结合，充分体现了渔民号子在对比中寻求整体和谐统一的原则。

2. 强弱有致，曲调丰富。象山渔民号子按照劳动强度大小可分为重号、轻号两种，重号和轻号各有不同的曲调。大号的节拍律动以八拍为一个单元（偶见以四拍为一单元的），强调的音往往落在第七拍"和"的位置。节奏徐缓凝重。小号的节拍律动以二拍或四拍为律动单元，重音在第一或第三音的位置，节奏较大号轻快，2/4拍子的律动特点非常鲜明。一首号子中的乐句数，要视劳作的进程快慢而定，曲调以五声羽或宫调式为主，也有徵调，偶见商调。因此曲调结构无定式，在五声音阶的架构内自由进行，有时表现为不完全五声音阶的四声腔。

3. 浑厚有力，节奏强烈。象山渔民号子的音乐表现特色受劳动强度所制约。渔船和运输船大部分工序劳动强度大，所吆喝的号子粗犷、豪迈、浑厚有力，且节奏性强。如"起锚号子""拔篷号子""摇橹号子"，这类号子的音调要比近洋溜网区的各种号子更为粗犷有力、激昂雄壮，也充分显示了象山渔民那种粗犷、豪放的性格特征。

---

5 "青龙头"，地名，在岱山县东沙镇铁畈沙，象山渔民经常北上舟山渔场捕鱼，桃花、六横、岱山、嵊泗都是常去的渔场。
6 "横街头"是东沙镇一条主要街道，有酒肆。

象山渔民号子队现场给游客表演拉网号子

4.轻松明快,旋律动听。这种号子主要体现在小型渔船或休闲时节。近洋溜网区的各种号子因所驾船体小,操作劳动强度相对来说比较轻,海上风浪颠簸亦较小,所以号子的音调更有旋律性,节奏更为明快、轻松,有些还夹杂了小调的音调节奏因素以及古戏、渔谚、神话、爱情等内容。

(二)表演特征

1.一领众和,集体演唱。一领众和是象山渔民号子的基本演唱形式,此外还有齐唱和独唱、二声部重唱的。一领众和的劳动号子,它的领唱者经常就是集体劳动的指挥者。领唱与和腔的交替进行,便于调节劳动频率。领唱者往往即兴编词。所以,打"号子"的先决条件是集体劳动,还必须是需要互相协作的集体劳动。

2.随口编词,即兴发挥。有些号子中带有一定内容的唱词,往往是劳动者在劳动中即兴编唱出来的。它们的内容一般限于和劳动有直接联系的事情或触景生情的遐想,如"起篷号子"中的"一拉金(嘞格),嗨哟!二拉银(嘞格),嗨哟!三拉珠宝亮晶晶,嗨哟!"这些寄托了渔民对出海生产的期望,是触景生情的联想和向往。因为广泛的生活题材能够引起劳动者的兴趣，缓解他们的疲劳。

3. 一号多用，随机应变。在实际劳动中，看似各门各户、互不相干的号子，却又"沾亲带故"，相互关联，你中有我，我中有你。号子的运用是比较灵活的，有时"大号"可以当"小号"用，有时"小号"又可以当"大号"用，"一六号"当"大号"用的情况经常出现。就是同样的号子，不同的人来喊，它的音调、衬词以及情绪也会有所不同。所以，渔民号子纯粹是渔民自创的一种劳动文化，没有固定的结构框架束缚，显得很随意。

4. 实词精练，衬词丰富。渔民号子以劳动中"啊家来""依啦嗬""也罗嗬""啊家罗""杀啦啦啦"等语气衬词为主，有些号子，如"大号""一六号""小号"等，全篇内容全是这些语气衬词，几乎没有一句有内容的实词。这些无实词的号子是直接伴随劳动的歌曲。但有的号子也有实词，如在衬词中插上"加把油、用力拉"等实词，十分精练、扼要。

五、象山渔民号子的价值

1. 独特的海洋历史文化价值。象山渔民号子是传统海洋渔业作业的产物，是在传统渔业、海运业的时代背景下产生、发展、兴盛起来的，是原始手工化生产的文化载体。随着海洋渔业劳动方式逐渐现代化和高科技化，一些需要众多渔民合力参与的繁重体力劳动逐渐减少，适合传统海洋渔民号子存在的场合也愈来愈少，趋于濒危状态，所以它成了区分传统与现代渔业、海运业的分界线。作为古老海洋文化中一种独特的民间艺术形式，作为象山传统渔业兴旺史的佐证，象山渔民号子具有不可多得的历史文化价值。

2. 明显的生产实用价值。象山渔民号子源于海洋渔业劳动，又服务于海洋渔业劳动。渔民号子的实质是渔业集体劳动过程中指挥与被指挥、命令与服从关系的体现，是统一步调、统一意志的手段。渔民号子不是有副好嗓子就可以领唱的，它是由经验丰富、富有权威性的船老大或者负责此项劳作的领头人领唱的。领唱就是指挥，就是命令，来不得半点马虎，这体现了海洋渔民号子的实用功能。

3. 活态的海洋民俗价值。象山渔民号子是千百年来受特定地域和特定作业影响所形成的一种民俗文化现象，是渔民和船工与渔船紧密相依的产物，它既含有渔民俗文化，又有船文化内涵。即哪里有船，哪里就有号子；哪里需要用力，哪

2014 年，象山渔民号子队在石浦参加央视《乡村大世界》节目录制（拍摄者：史济毅）

2018 年，象山渔民号子队参加宁波尼斯日尼斯大道揭牌仪式演出（拍摄者：包林玲）

象山渔民号子队在景区内表演

里就有号子。在许多号子的内容中，也包含了渔民生活的风俗习惯。每一首渔民号子都是一幅生动的渔民劳动实景图，可以让人实实在在、真真切切地感受到渔民勇敢、乐观、豪放的性格，身临其境般地感受到那众人一心、战风斗浪的劳动场面。

4. 鲜活的海洋文化价值。象山渔民号子，与我国大陆劳动号子具有明显的区别，曲调较优美。尤其是"起篷号子"等一领众和的号子，刚柔相济，富有艺术感染力，有着鲜明的海洋文化特征。

5. 丰富的劳动娱乐价值。其表现在通过各种不同种类号子的歌唱来振作精神，统一节奏，大大减轻了劳动者的体力消耗，同时，焕发劳动热情。尤其是舒缓号子和娱情号子，其娱乐功能更为明显。

六、象山渔民号子的保护

象山渔民号子是一个濒危的民间文艺品种，由于现代机械捕捞方式替代了传统的渔业手工劳作，它失去了赖以生存的环境，再加上民间渔民号子手年龄日趋老化，不少人已相继离世，渔民号子的传承后继乏人。

但是，象山渔民号子毕竟是象山渔文化累积千百年的文化结晶，是先辈留给我们的宝贵文化财富。保护象山渔民号子是象山人民应尽的责任，地方党委和政府已经将渔民号子的保护、传承列入工作日程。

1. 摸底普查，分类整理。象山渔民号子的分布、辐射范围、种类、渔民号子的队伍等基本情况到底怎么样？过去虽有过调查，但不普遍，不彻底，缺乏全面的数据。1994年至2007年，县文化部门组织力量对它进行了全面摸底调查，基本厘清了它的分布情况。调查结果显示，全县18个乡镇（街道）均分布有渔民号子，石浦镇、爵溪街道是渔民号子分布重点区域。其辐射区域更是遍及东南沿海。由于石浦渔港涉及三省（江苏省、浙江省、福建省）一市（上海市），因此象山渔民号子的影响区域，可扩大到苏、浙、闽、沪，甚至台湾省（台湾渔船也经常停泊石浦港）。调查中还多次邀请当地渔区渔民号子手、渔民以及文化部门有关人员进行了座谈，并对一些渔民号子作了录音、录像，进行了分门别类的收集工作。初步确定了象山渔民号子的种类，为渔民号子保护打下了坚实的基础。

2. 制订计划，实施保护。2009年，县文化广电新闻出版局制订了《象山渔民号子保护计划》，保护内容主要有：保护渔民号子分布地中的重点地区石浦镇及爵溪街道的渔号分布地文化生态，并尽可能地保持相对较好的渔业环境、渔号的生存环境，以延续象山渔民号子的生存、发展。保护已经挖掘出来的4类26种渔号，在全力搜集、整理的基础上，建立起象山县渔民号子数据库。保护好传承人和传承队伍，在传承人年事已高的情况下，尽快做好抢救性工作，采取录音、录像、记谱等方式收集整理材料，并积极培养传承人，以使象山渔民号子得到良好的保护和发展。象山渔民号子是象山文化一张亮丽的名片，文化部门要竭尽全力做大、做好渔民号子品牌，为象山渔民号子构建活动平台，组织大型文艺演出活动，让渔民号子经常亮相，使渔民号子在人们心中产生永恒魅力。

3. 制订实施步骤和相关举措。从宣传、搜集、整理、归档、培训、队伍建设、演出、设立保护区、学术研究等各个方面提出不同阶段的预期目标与实施步骤，从宣传、计划、培训、传承和资金等几个方面提出了具体措施。县内建立有专家指导的抢救、保护领导小组；利用各种媒体平台，广泛宣传象山渔号，扩大象山渔号的观众认知度；把渔民号子的传承和保护工作列入每年的政府工作计划，列

2017 年，组建沙塘湾渔民号子队

入文化部门的工作日程；开展渔民号子的培训，在中小学校音乐第二课堂，引导学生学唱象山渔民号子，文化部门要配合教育部门编写象山渔号的乡土教材；组织象山渔民号子的传承队伍，同时，表彰、命名渔民号子的传承人，并规定每名渔民号子传承人带一名徒弟。县文化馆要建立一支渔民号子辅导队伍，让渔民号子号声不绝，青春常存；建立有效的资金保障机制，将保护资金列入地方每年的财政预算，用于内外宣传经费，具体包括建立渔民号子数据库经费，拍摄、制作象山渔号专题片经费，传承人培训、活动经费，对外交流经费，传承基地建设经费及召开全国渔号学术研讨经费。截至 2022 年，在县级文化部门和保护单位的努力下，象山渔民号子保护成效显著，知名度和影响力日益扩大，传承队伍不断壮大，现在有石浦东门渔民号子队、石浦塘湾渔民号子队等业余表演团队 4 支，传承人近 50 人。

4. 制作音像，扩大影响。拍摄、制作象山渔民号子的专题光盘，使渔民号子通过音像制品走向市场，走向社会，扩大影响，加大了宣传力度和效果。光盘的制作把听觉效果与视觉效果更好地结合，使象山渔民号子更加立体、全方位地深

2016年，郑满江参加浙大宁波理工学院老师对象山渔民号子的采风座谈（象山县非遗中心提供）

象山渔民号子队在排练

2021年4月，郑满江参加渔民号子视频录制（拍摄者：励霓）

入到观众心中，也对渔民号子起到了很好的保护作用。

5.演出比赛，对外交流。对一种文化的保护，最好的方法就是积极开展相关文化活动。象山渔民号子不仅是一种生产性活动，而且是一种艺术活动，艺术活动就要遵循艺术规律，让其在艺术活动中延续生命。特别是当渔民号子生产性活动淡化后，必须加强其艺术性活动的一面，才有可能让渔民号子得到生命的延续，保持艺术青春。

在保护单位的积极配合下，每年定期开展渔民号子进校园、进景区、进社区、进文化礼堂等传承传播活动，并积极参加中国开渔节、中国海洋节等各类大型活动演出，使得象山渔民号子的知名度不断提升。1998年至2022年所举行的25届开渔节，每届都安排渔民号子的表演，既体现了开渔节的特色，又给渔民号子提供了展示的舞台，使渔民号子成为开渔节中最富有特色的表演。2003年，象山县石浦文化馆主办"中国渔村杯"渔家号子比赛，全县有12支渔民号

2014年10月，象山渔民号子亮相全国非遗博览会

石浦镇中心小学《又闻渔号声声》在2018年县合唱比赛中获得全县中小学合唱第一名

子队参加,参赛选手的年龄在16～60周岁之间,比赛意在由老带新,培养新的渔民号子队伍。比赛内容以传统的"一六号""长号""拉篷号""拉网号""摇橹号"等为主,同时吸收其他的劳动号子,鼓励创新。这一场极具竞争性的民间活动在县内形成了推动象山渔号发展的强劲东风。2004年9月,象山歌舞《渔家号子》参加了由中共浙江省委宣传部、浙江省文化厅举办的"浙江省第二届(联通杯)城市社区优秀文艺节目汇演",并获得银奖。2006年,象山县承办了全国渔歌(号子)邀请赛,来自全国11个省的15支队伍参加了比赛,由石浦文化馆创作编排、石浦著名渔号手赵汉文等演唱的《东海渔歌号子》获得金奖,这项比赛填补了省市此项音乐比赛的空白,展示了原生态渔歌号子的魅力,受到众多领导及专家的高度评价。2008年,象山渔歌号子第一次走出国门,飞抵土耳其,参加为期两周的土耳其伊兹密尔国际文化节和第四届国际CUBUK文化艺术节,漂洋过海展示东方渔家风情。2014年10月10日,象山渔民号子参加第三届中国非物质文化遗产博览会,年轻的象山渔民号子手在博览会上一展歌喉,将象山海洋渔文化演绎得鲜活生动、淋漓尽致,吸引了大批游客驻足倾听、欣赏,第三届中国非物质文化遗产博览会刮起象山的"海洋风";2014年12月19日,参加由文化部主办的2014年中国文化馆年会、艺术博览会,5位身着传统服装的渔家汉子唱响了雄壮激越的渔家号子,成为博览会上一道亮丽的风景线。2015年6月,渔民号子队参加象山县非物质文化遗产精品节目汇演并荣获优秀表演奖,同年参加全县15个乡镇的非物质文化遗产精品节目巡演。2017年6月,《象山渔歌》参加浙江省"非遗薪传——浙江传统音乐展演展评活动"并获得最具人气奖;8月,渔歌《唱进洋》荣获宁波市第十二届音乐舞蹈节金奖。2018年9月30日,参加宁波尼斯日尼斯大道揭牌

《渔家号子进课堂的创新传承》获浙江省中小学美育改革创新案例一等奖

象山承办全国渔歌（号子）邀请赛

仪式演出。2019 年 9 月 15 日，参加 2019 中国农民丰收节千人庆丰宴活动。2020 年 9 月，《象山渔老大》荣获宁波市第十三届音乐舞蹈节金奖；10 月，渔歌《开渔出海》获浙江省第十九届新作大赛银奖。2021 年推出历经三年打磨、以渔民号子为元素的渔歌组歌专场演出，获社会各界好评；同年，渔民号子在央视 15 频道《乐游天下》播出。2022 年，渔民号子在真人秀综艺《快乐再出发》精彩亮相，省级代表性传承人郑满江参与综艺教学号子的片段上线仅 1 天，播放量就达 1060.7 万次。

  6. 学术研究，提升文化。象山渔民号子属于一种民间草根文化，在旧时代是不登大雅之堂的，它属于"下里巴人"，无法和"阳春白雪"的所谓雅乐相提并论。正因为如此，很少有人去关注这种文化。传统的正史、志书都不会去记载这种文化，即使是野史，也很少有人提及渔民的渔谣、渔号。因此，对象山渔号的研究就陷入了资料匮乏的困境。但是另一方面，从渔号口传历史看，代代相传，却是十分悠久。面对这种情况，县文化部门组织民间学者对象山渔号的发源、发展历史进行深入挖掘。他们对象山现有的文献资料、周边县市的文献资料进行全

2017年6月11日,《象山渔歌》参加浙江省"非遗薪传——浙江传统音乐展演展评活动"并获最具人气奖(拍摄者:包林玲)

2017年,渔歌《唱进洋》荣获宁波市第十二届音乐舞蹈节金奖

2017年，象山渔民号子队参加浙江省新民歌大赛

面搜觅，特别是开拓了家谱领域的研究，从中发现了象山历代文人对渔谣、渔歌、渔号的零星记载，积少成多，亦颇为可观。然后将其串联成篇，从中可以窥视象山渔歌、渔号发展的历史轨迹，还原清代、民国时期象山渔号兴盛的面貌。在这个过程中，象山文化部门还对渔民号子音乐进行了研究。他们用曲谱的形式对渔民号子进行了详细记录，探寻象山渔号的基本音乐元素和艺术特色，并将象山渔民号子与其他地方的劳动号子进行比较性研究。2004年，石浦文化馆创作歌舞《渔家号子》这一节目，创作班子全体成员深入渔区，体验生活，坚持"旧中有新，新中有根，根中有情"的创作原则，把渔文化中最有生命力、表现力和感染力的"渔民号子"挖掘出来，通过去芜存菁、推陈出新的方法，在古老的渔民号子中融入现代音乐的旋律，把民俗、民间的地方音乐元素用现代的音乐手法表现出来，使之贴近现代的思想理念，更能为现代人所接受。表演时，由演员排列组成尖尖船头队形，像渔船在大海上乘风破浪，起伏前进，高亢的戏曲旋律，把人们带进打鱼人搏风击浪的豪迈场面，并插入渔家的童谣，在反映渔民捕鱼起网艰辛的同时，又融入了劳动美感。《渔家号子》一经诞生，就受到渔区群众一

致好评,许多渔民看罢演出,都不约而同地说:"这才是我们的渔号。"通过艺术的加工,糅合了舞蹈,象山渔民号子的艺术表现力得到提升,同时又保留了其原生态的特色和感染力。

第二节　郑满江人物小传

　　郑满江,浙江省非物质文化遗产代表性传承人,1963年出生在象山县石浦镇东门渔村。东门渔村坐落在石浦镇东门岛上,与石浦镇城区隔港相望,依山傍港,岛上渔家风情浓厚,海防历史悠久,海洋文化遗存丰富,素有"新石浦,老东门"之说,因此被誉为"浙江渔业第一村",著名影片《渔光曲》便取景于此。靠山吃山,靠海吃海,东门渔民世代以渔为生,代代都是大海的"弄潮儿"。

　　郑满江家里祖辈都是渔民,他从小在船上玩耍,在号子声中长大。郑满江小时候最喜欢最开心的事情,就是等父亲、哥哥们的船靠岸,到船上去玩,白天

象山县石浦镇东门渔村(象山县非遗中心提供)

在船上吃饭玩耍，晚上就直接睡在船上。船上人多又热闹，他经常在大人们拉锚拉网的时候，带着一帮孩子跟在后面一起拉，也跟着领号的船老大在后面喊"嘿——吼——"。郑满江小时候要么到船上去玩，要么就是去码头看村里的叔伯们打船、修船，但不管到哪儿，都能听到劳动的号子声。那时候都是木帆船，船上所有劳作都需喊号子凝聚力量，号子口口相传。尤其到了修船的时候，尽管能借助涨潮时的浮力，但仍需要集合大约200个人，在船老大领的"一六号"中，才能把船拖到岸边进行修缮，场面蔚为壮观。

东门岛和石浦隔港相望，直到1999年9月铜瓦门大桥建成通车后，东门岛才与陆地相连，在此之前，从东门岛到石浦必须坐小舢板才能出行。郑满江稍大一点就开始跟着父亲摇橹，"摇橹号子"就是当时他在船上玩耍时常听的最有韵律的音乐。在父亲郑顺根的影响下，郑满江从小就学会了唱各种号子，不管哪一种号子都能喊上几句。

郑满江19岁进入东门渔业大队，开始上船出海劳作。那时候木帆船已经淘

郑满江示范表演大号和对号（象山县非遗中心提供）

2017年，郑满江带领象山渔民号子队参加第八届东门渔村渔民文化节（拍摄者：包林玲）

汰，出海捕鱼的全部都是机帆船，一般到渔山一带捕鱼，一次出海三四天。捕鱼非常辛苦，生活没有规律，什么活都得干。一网起了，大家就开始忙着拣鱼分鱼，一干就是几个小时，产量好的时候，这网刚拣完，另一网又要起了，大家就要没日没夜连续工作，根本没有定点吃饭睡觉的时间。在船上，起网、起锚，干什么活大家就喊什么号子。在渔业生产实践中，郑满江逐渐能在拔篷、起锚、摇橹、扛鱼、起舱、打绳索等各种工序中灵活运用"一六号""小号""大号"，这些成了他的日常语言，和船上渔工们一起在号子声中，满载而归。郑满江捕了几年鱼，从船上下来后，陆续从事过很多行业，搞过冷库，办过几年针织厂，又养过黄鱼，跑过运输船，2003年开始搞制冰加工一直到现在。

2009年，对郑满江来说，是他从艺生涯中具有转折性的一年。他加入东门渔民号子队，跟着陈瑞春老师，把渔民号子从渔船带上舞台。当时因为钢制渔轮已全面代替了机帆船，船上的各种重活也被机械所代替，号子失去了依存的空间，淡出了渔业生产，年轻一代的渔民也已经不会唱渔民号子了。县级文化部门为延续象山渔民号子的生存、发展，积极谋划，组织传承队伍，构建活动平台，

2015年6月，郑满江带领象山渔民号子队参加象山县非物质文化遗产精品节目汇演，并荣获优秀表演奖（象山县非遗中心提供）

让渔民号子经常能在大型文艺演出活动中亮相，让渔民号子能继续"活下去"。东门渔村号子队在石浦文化馆的支持下、"象山渔民号子"省级代表性传承人陈瑞春的努力下，终于成立了。当时，号子队由15名东门渔村的渔民组成，郑满江就是其中一员。在陈瑞春的传授和指导下，郑满江对渔民号子重新进行了系统地学习，他从原来对渔民号子零碎的、粗浅的理解，到现在对号子有了更全面的认识，了解了渔民号子的历史发展，清晰地知道了每一种号子的特点和变化，感受到渔民搏海击浪的无畏精神及传唱号子的责任感和使命感。

郑满江具有很高的天赋，声音洪亮，中气十足，吐字清晰。他演唱的渔民号子自然淳朴，浑厚有力，原生态的声音和韵律非常振奋人心，他的演唱极具共情力和情境性，能深切地表达出渔民搏海击浪时无畏的劲头和粗犷豪放的性格，让观众有身临其境之感。他掌握的号子内容及曲调都很丰富、很全面，无论是"大号""小号""一六号""对号"，还是在具体劳作中拉锯的、开船的、起锚的、抛锚的号子，他都能唱，并且能够做到灵活运用，随口编词。他作为号子队的领号，控场能力很强，能很好地把握节奏，带动队员表演时的状态和情绪。他在继承的基础上又有创新，吸收了其他地方渔民号子一些好的唱法，并融合起来，形成他自己的特色，还把几种号子进行串联编排，提升了号子的可欣赏性。

2017年9月，郑满江参加浙江省非遗博览会（象山县非遗中心提供）

　　郑满江是传承象山渔民号子的领军人物，是东门渔民号子队的核心人物。渔民号子队在他的带领下，每一个队员都兴致高昂、劲头十足，大家同舟共济，显示出极强的凝聚力，但凡有渔民号子的相关活动，只要郑满江在微信群里喊一声"伙计人[7]，大家来"，队员们都会放下手中的活计来参加。郑满江领着号子队唱进各乡镇、各景区，唱进市、省、国家各级舞台，并带着渔民号子在综艺节目里闪亮出场，引爆热度，使象山渔民号子被更多的人认识和喜欢。据不完全统计，2010年以来，他参加省、市、县各类比赛展演、节日节庆活动、景区及文化礼堂的演出，接受各级媒体的采访录制等相关活动达100余次，培训排练达200余次。2010年，郑满江第一次登上舞台表演，参加第一届东门渔村渔民文化节；2014年，参加央视《乡村大世界》节目录制及宁波市阿拉非遗汇展演；2015年6月，参加象山县非物质文化遗产精品节目汇演，并荣获优秀表演

7　当地的方言，是船老大对手下船员的统称。

郑满江教唱渔民号子（象山县非遗中心提供）

奖，同年参加全县18个乡镇的非物质文化遗产精品节目巡演；2017年6月，参加浙江省"非遗薪传——浙江传统音乐展演展评活动"，并获最具人气奖和优秀入围奖；2018年9月30日，参加宁波尼斯日尼斯大道揭幕仪式演出；2019年9月15日，参加2019中国农民丰收节千人庆丰宴活动；2020年11月，参与央视《跟着音乐游天下》栏目的录制；2021年2月，参

郑满江教唱抬网号子（象山县非遗中心提供）

2020年11月26日,郑满江参加央视《乐游天下》栏目组的采访拍摄(拍摄者:黄博)

加央视 15 频道《乐游天下》的录制;2022 年 2 月,参加杭州亚运会倒计时 200 天活动,7 月,参与录制的《快乐再出发》综艺真人秀片段上线;1998 年至 2022 年所举行的 25 届中国(象山)开渔节,郑满江参加了每一届的渔民号子表演。

　　郑满江以唱渔民号子为荣,以传承渔民号子为己任。他积极带徒传承,已经带出十几个徒弟,对于徒弟他悉心教导、倾囊相授,一句一句耐心、细致地教唱。目前,周加安、奚世成、丁敏其、张海源等徒弟均已掌握了常用号子的唱法,不管是"一六号""大号""对号",还是齐唱、独唱、领唱,他们都可以演唱,已成为渔民号子队中的骨干力量。郑满江面向社会传承渔号,从 2018 年起就在石浦文化馆的支持下开展教学,吸引来自各行各业的号子爱好者前来学习,在社会上培养了一批渔民号子的演唱者,他们逐渐发展成为渔民号子队的生力军。从 2020 年起,他走进番头小学、石浦镇中心小学定期教学生唱渔民号子，把渔民原始的音乐符号植入孩子们的心中。

郑满江说，东门渔村以前是个穷渔村，没想到打鱼时喊的渔民号子现在成了艺术，还能登上市、省甚至国家级的大舞台，被这么多人喜欢，他感到无比的骄傲和自豪。他从一个渔民成长为省级非遗代表性传承人，是渔民号子赋予他的荣誉，是祖辈渔民赋予他的财富。他觉得应把这一份责任感和使命感化作源源不断的动力，将渔民号子进行广泛传唱，让渔区的孩子通过号子了解过去，不忘过去捕鱼的辛苦，学习祖辈们搏海击浪的精神。现在，郑满江还担任东门渔村党支部副书记兼村监会主任，他表示，接下来他要发动村里更多的年轻人加入渔民号子队的行列，为渔民号子的保护和发展贡献力量。

2022年2月21日，郑满江参加杭州亚运会倒计时200天活动

2022年，郑满江参与芒果TV《快乐再出发》综艺真人秀录制（象山县非遗中心提供）

郑满江进校园开展渔民号子教学（拍摄者：励霓）

郑满江带领号子队走进中小学生实践基地演出（拍摄者：励霓）

2022年7月，郑满江参与浙江工商职业技术学院调研教学（拍摄者：张莉）

第三节　郑满江口述访谈

访谈时间： 2022年3月16日
访谈地点： 象山县石浦镇东门渔村葛家小院
受访人： 郑满江
采访人： 励霓

一、渔号相伴醉春秋

采访人： 请您做个自我介绍。

郑满江： 我叫郑满江，我是1963年出生的，土生土长的东门渔村人，我以前读书就在东门读的，从小学到高中。19岁开始捕鱼。我们那时候十八九岁就要进入生产队，以前叫东门渔业大队，我当时就在东门渔业三大队。捕鱼捕了几年，从船上下来后，从事过很多行业，搞过冷库，办过几年针织厂，又养过黄鱼，跑过运输船。2003年开始办制冰厂，就是制作出海捕鱼时，船上用来给鱼保鲜用的那个冰，一直到现在。现在我也在我们东门渔村担任村党支部副书记兼村监会主任的职务。

采访人： 那您小时候的生活环境是怎样的？

郑满江： 东门渔村是个小渔村，村里最多的就是渔船、渔网，还有各种渔具，村里人世代基本都是渔民，以捕鱼为生，像我们父亲这一辈都是捕鱼的。那时候都是木帆船，出海捕鱼走不了多远，周期一般为三四天。那个时候没有冰，出海时每条船上都带盐，鱼打上来，就直接放盐舱里面腌着，否则的话一天就臭掉了，所以我们小时候吃的都是咸鱼，咸

郑满江访谈

带鱼、咸鲳鱼、咸鳓鱼、咸墨鱼，都是咸的，没有鲜的。只有天气冷，最后一网捕上来，可能会带点新鲜的回来。捕鱼的都喜欢吃咸鱼，我们这一代从小吃习惯了，最喜欢米饭配咸鱼。我们小时候经常跑到道头去，道头就是现在的码头，但跟现在的码头不能比，是像滩涂一样的地方。当时最开心的事情，就是等父亲、哥哥的船靠岸，可以到船上去玩，船上人多，很热闹的。我们小时候不像现在有电视、电脑，没什么娱乐活动，家里没什么好玩，就愿意跑到船上去，那时候我人也很调皮，觉得船上样样都很新鲜，船上的饭煮起来也特别好吃，咸鲳鱼下饭特别香。所以没事就到船上去玩，船上拉锚啊，拉网啊，我们一帮孩子就跟在后面拉，要么就是去码头那边看村里的叔伯们打船、修船。

采访人：您是从什么时候开始接触到渔民号子的？

郑满江：渔民号子我从小就接触到了，每天都能听到。我们小时候都会帮父亲他们干活，船上大人们在拉锚或拔篷了，我们小孩在后面帮他们拉，需要大家一起出力的时候号子就喊起来了，领头几个人喊的"地罗呵"，大家就喊"嘿吼"，号子没有固定的词，他们以前喊"一二三"这样也有的。以前的船都是木头的，木帆船，那时候修船，没有吊机，都要靠人工拉的。要把木帆船拖到岸上来修，需要百来号人，这时候全靠用号子来指挥大家用力拖船，唱号子的声音经常能听到。

采访人：您小时候听到渔民在劳作唱号子的时候，您当时的心情或者感觉是怎样的？

郑满江：很高兴。从小我就觉得号子是很好听的，尽管经常能听到，但总听不厌。好像跟着号子的节拍干活都不累了，比如两个人抬的东西很重，如果各走各的，步调不一样了，就会很累。喊上号子，两个人抬的时候就"嘿嗖嘿嗖"，和着节拍，抬东西就感觉轻松一点了，干活也觉得有趣不枯燥了。大家都喜欢号子，干什么活就唱什么号子，我们随便喊出来的就是号子。

采访人：您十几岁就进入渔业大队，当时您在渔业大队里做哪些工作？那时已经会唱渔民号子了吗？

郑满江：那时候生产队规定，家里如果只有一个劳动力的话，18岁就要进渔业大队，我家因为已经有父亲在船上了，我19岁才进渔业大队。我上船的时候木帆船已经淘汰了，出海捕鱼的全部是机帆船了，一般到渔山一带捕，一次出海三四天。那时候我在船上起网、拣鱼，有什么活就干什么活。捕鱼很苦的，生活没有规律，要根据起网的时间工作，一网起了，大家就开始忙着拣鱼分鱼，一干就是几个小时，产量好的时候，这网刚拣完，另一网又要起了，就要没日没夜连续工作，根本没有睡觉的时间。我刚上船那会儿，晕船晕得厉害，吐得倒在鱼堆旁起不来，没办法，晕船也要干活，十多天后才感觉慢慢适应，如果到岸上休息两个月再出海，还是会继续晕继续吐。船上吃饭也没有规律，船老大哨一吹，大家要起网了，就要忙着干活，要等到活干好了才能扒几口饭，所以渔民普遍都有胃病和腰痛的毛病。那时候船上没有手机也没有电视，很枯燥，记得只有船老大有一个小的收音机。我在进渔业大队之前就会唱渔民号子，从小就会唱，船上大家也都会，起网、起锚，干什么活大家就喊什么号子。

采访人： 您进入这个渔民号子队以后，是从什么时候开始担任领号的？

郑满江： 我是 2009 年加入渔民号子队的，因为嗓门比较大，音调比较高，就被选中担任领号，当时一边跟着陈瑞春老师系统地学习渔民号子，一边开始渔民号子演出。担任领号的时候，我感到很自豪，领号在号子队里比较特殊，就是指挥，统一干活，干什么活，大家都要听领号的，大家都要在领号的引领下跟着喊。

采访人： 您现在经常去参加渔民号子的演出吗？

郑满江： 经常去的。我们每年都会参加中国开渔节、石浦三月三等大型活动的演出，还有去宁波交流演出，进石浦渔港古城演出，演出挺多的，但凡有渔民号子的演出，我基本上都参加。我记得最近刚参加的是亚运会倒计时 200 天的一个活动，我们渔民号子队参加了当天的表演，感觉非常兴奋，亚运会办到我们家门口了，我们象山渔民都殷切期盼亚运会的到来，我们号子队就用渔民号子迎接亚运，为亚运加油，表达我们的喜悦心情。

采访人： 您现在出去表演渔民号子和以前唱号子相比，心情有什么变化？

郑满江： 那不一样，心情有很大变化的。以前号子都是在干活要花力气的时候唱，那时候当渔民确实挺辛苦的，不容易。现在生活条件好了，生产工具也好了，渔船上设备越来越先进，基本用不上喊号子了，渔民号子一般以演出为主，在舞台上演唱。我们现在唱号子，是想着怎样把号子唱得好听，让更多人听到号子，了解号子，喜欢号子，要把以前原生态的号子好好传承下去。

采访人： 您在渔民号子上投入的时间、精力或投入的成本高不高？

郑满江： 对我个人来说不高。现在时间上投入都可以，现在搞制冰，除了

9到11月份忙一些外，其他时间都有空，不管是排练、演出，还是进校园上课，时间上基本都能保证。我们都会定期进行排练，演出前会多排练一段时间，因为根据演出要求的不同，曲子的编排，还有时长都会做出调整。钱的话，花不了多少钱，顶多一些来回的交通费。

采访人：表演渔民号子有给您带来一定的经济收入吗？

郑满江：现在还没有。我们号子队里所有人都有自己的主业，都不是靠表演渔民号子赚钱的，当初参加号子队也没想过靠这个赚钱，唱渔民号子都是我们的业余爱好，现在时间长了，想的也都是怎样把号子唱好、传承好。

采访人：家里人对您唱渔民号子支持吗？有跟着您学的吗？

郑满江：家里人都很支持。我去外面演出，如果离家近的，他们都会过去看，直接去现场支持我。我老婆、儿子、孙子孙女，都会喊几句。上半年我们几户家庭组织去新昌旅游，十几对夫妻二十多个人，就在十九峰上面，我教他们喊号子，现场效果非常好，女生唱号子也非常好听，当时这一段还录了小视频发了抖音，有很高的关注度，大家都非常高兴。我有一个孙子两个外孙女，大的孙子现在12岁了，在石浦小学读书，嗓音也还可以，我准备把所有我会的渔民号子慢慢都教给孙子，让号子传承后继有人。

采访人：学习渔民号子，对您的生活或者人生产生了怎样的影响？

郑满江：以前我只是一个普通的渔民，会喊几句号子。自从进入渔民号子队后，跟着陈瑞春老师系统学习了号子，了解了号子的历史，对号子有了更深的认知，号子里面承载着象山渔民讨海生活的艰难，反映了渔民对待劳动的热情和积极的生活态度。后来我不停地参加各类演出，得到了大家的认可和肯定，知名度也越来越高，亲戚朋友碰到了都说我是明星，让我感到自豪，我也觉得越唱越自信，我自己感觉到接触号子的时间越长，对号子的感情也越来越深。

采访人：您在没有进号子队之前，跟现在成为省级代表性传承人，您在对渔民号子的认识上有没有什么变化？

郑满江：那变化大了，以前不知道什么是非物质文化遗产，什么是传承，更不知道"耶罗耶罗"扯着嗓门喊的号子可以成为表演艺术。是陈瑞春老师把我领进门，教会我。我在号子队里不断认识到渔民号子的可亲可贵，演唱也不断得到提升和肯定，渔民号子成了我生活当中重要且不可分割的一部分。我现在是省级代表性传承人，感觉身上的担子也重了，更多的是责任感和使命感。我现在不但要把象山渔民号子传唱好，唱到更大更高的舞台去，唱向全国；更要把渔民号子普及好，传承好，让更多的年轻人加入号子队伍中来，教好学生带好徒弟，一代一代传承下去。

二、深耕技艺灼其华

采访人：象山渔民号子是怎样形成和发展的？

郑满江：渔民号子很早以前就有了，我家祖祖辈辈都是渔民，都会喊号子，号子具体是在哪一代产生的不是很清楚。记得父亲那一代，上世纪四五十年代的时候，在海上捕鱼的都是木帆船，船上所有工序全靠手工操作，体力劳动非常繁重，起锚、拔篷、拉网等各种工序都要靠喊号子以统一行动，调节情绪，渔民号子日常应用非常广泛，可以说渔民的劳作离不开号子，哪里有渔船哪里就有号子。到后来木帆船渐渐被淘汰，被机帆船、钢制渔轮代替，到了80年代后期，基本上都是钢制渔轮了，渔船吨位越来越大，出海捕捞越来越远，开始到日本、韩国跨国远洋捕捞，出海一次最起码一个月，船上配备了雷达、对讲机、卫星导航仪，还有探鱼仪、吊机，都是机械化操作，不需要人力了，渔民号子渐渐消失了，现在的年轻渔民会唱号子的基本没有。直到陈瑞春老师对渔民号子进行记录整理，又成立了东门渔民号子队，开始在东门渔民文化节演出，各类演出多了，号子得到了很好的传承，被更多人知道，也有越来越多的人喜欢号子，加入到我们队伍中。

采访人：您系统地学习渔民号子是什么时候？

郑满江：2009年。在陈瑞春老师的努力下，东门渔村号子队组建成立，这是象山县的第一支渔民号子队，当时有15人，都是东门的渔民，我就是第一批队员之一，我们都是由陈老师系统地教。我们号子队里面一半以上的队员都是跟着陈老师学的，经过学习，对渔民号子有了新的认识和理解。

采访人：您师傅是一个怎样的人？

郑满江：我师傅陈瑞春就出生在我们东门小渔村，他要是出生在大城市肯定能当个音乐老师，他很有音乐天赋，会各种乐器，会谱曲作曲，在我们渔村是一个能人，小有名气，可以说是我们的渔民音乐家。他把各种渔民号子都整理记录下来，并根据号子曲调谱曲填词。原来我们平常都是干什么活喊什么号子，没有固定的调，没有固定的唱词。经过他的整理归类记录，渔民号子有了系统的文字资料，每一种号子有了名称，他还总结明确了每种号子的特点，给我们后面的传承人的学习和传承提供了宝贵的资料，陈老师真的对渔民号子做出了特别大的贡献。

采访人：您跟着陈瑞春老师学号子，从他那里学到了哪一些号子？

郑满江：跟着陈老师学习，学到的东西太多了，知道了象山渔民号子有哪些类别，更清晰地知道了每一种号子的特点和变化。同一种曲调同一种号子，可以用在不同的地方，比如说一六号，岸上的、海上的，曲调基本上一样，可以用一六号在海上拉网，也可以用一六号在岸上搬重物。节奏、长短也比较灵活，海上拉网比较费力时，曲调可以放长放慢一点，岸上搬重物，不是特别费力费时的时候，可以适当加快节奏，缩短音长。还有对号，两个人在海上摇橹时，或在岸上拉锯时，工作时间很长，唱号子当聊天，根据体力，可以适当改变节奏，慢一点悠闲一点，快一点活泼一点，都可以。

采访人：陈瑞春老师对您现在传承渔民号子以及对您带徒弟有什么影响吗？

郑满江：有影响，陈老师教我们怎么喊号子，更教我们怎么做人。他时常教育我们，号子体现的就是团队精神，在海上我们要相互依靠、相互配合，要齐心协力、同舟共济，心往一处想，劲往一处使，才能平平安安地满载而归。我们现在喊号子也是一样，大家要一齐用心、用力喊出渔民的精神和魄力。从陈老师身上学到的每一点每一滴，我都学着他的方法一一传授给我的徒弟。

采访人：您可以给我们介绍一下号子有哪些？哪几类？是如何分类的？

郑满江：象山渔民号子有很多种，干不同的活有不同的号子。按照工序分，有起锚号子、拔篷号子、摇橹号子、打绳索号子、牵锯号子、起舱号子等二十多种，根据所需要的力度大小又可分为大号、小号、一六号和对号，各类号子是可以灵活通用的。大号节奏比较慢，一般用于强度比较大的生产劳动，比如起锚、拔篷等。小号节奏比较快，一般用于劳动强度不大、比较轻松的生产劳动。对号节奏均匀，比较欢畅，常用在用力不大、两人交替用力的劳动，如敲对钉、牵钻、拉锯等。一六号节奏很慢，一般用在很多人拉比较笨重物体的劳动，或用在生产劳动强度较大的最后一段时间里，比如拔船号子。小时候就见过众人把船拔到岸上来修的场景，以前没有吊机，需要百来号人一起拉，队伍很长很长，领号的人站在高处拿个小旗，就像指挥一样，喊"吔罗嗬——"，人家就应"哎——罗"，在号子声中，大家用力一致，把四五十吨重的木帆船拖到岸上，并把船翻过来，场面非常壮观。

采访人：象山渔民号子有什么特点？

郑满江：我们的渔民号子刚劲有力，能让人感受到象山渔民大海一样广阔的胸怀，豪爽、不怕困难、不肯认输的性格，团结一致、齐心协力的精神。渔民号子节奏感强，旋律动听，号子的运用是比较灵活的，大号、小号、一六号都是可以穿插着用的，没有固定的框架结构，唱词也是由"啊家唻""依啦嗬""咃罗呵""啊家罗""沙啦啦啦"等语气词为主的，有些号子中带有一定内容的唱词，都是劳动者在劳动中即兴编了唱出来的，就像聊天一样，很随意。演唱的形式也很多，有齐唱的、独唱的，还有一人领号大家应和的。

采访人：以前经常会用到号子吗？

郑满江：经常会用到，我们渔区这边只要劳动就会用到，基本上除了闭眼休息以外每时每刻都会用到号子，活一上手就有号子，不管是在海上劳动，还是在岸上劳动，拉网有拉网号子，拔篷有拔篷号子，拉锚有拉锚号子。比如摇橹号子，以前的木帆船是靠风力行驶的，没有风或逆风的时候，只能靠体力摇橹，有时摇到目的地要花几个小时，又费时又费力，就必须要用到号子。在摇橹的时候，可以看到什么唱什么，想到什么唱什么，唱什么内容都可以，就像平时聊天一样，你唱一句我唱一句，像"咃罗——咃罗嗦，什么老酒有劲道，大家一起吃个酒呀"这样，摇橹就没那么累了，会变得轻松愉快很多。平时我们两个人锯木头呀，三四个人搬个缸、抬个木头呀，都会用号子。

采访人：现在在渔业生产劳动中还会用到这些号子吗？

郑满江：基本上没有了，现在都是钢制渔轮，船上所有需要用力的劳动都机械化了，船上什么设备都有。现在拉网有举降机，鱼捕上来，举降机一开，网就拉上来了，起锚有起锚机，根本用不到人力，也不需要号子了，所以现在的年轻渔民基本不会唱号子，有些甚至听都没听到过。

采访人：象山渔民号子作为国家级的非物质文化遗产，您觉得具有怎样的价值？

郑满江：肯定有价值，号子就是我们渔民的日常语言，每一天干活都要用号子，跟渔民生活息息相关的，在渔业生产中曾经起到至关重要的作用，渔民号子最能体现渔民豪迈、粗犷、开朗的性格。渔民号子一代一代传承到现在，虽然现在捕鱼用不上号子了，但它承载了上千年的历史，极具文化价值，对我们来说，就是一种传承，渔文化的传承，精神品质的传承。再说渔民号子曲调丰富优美，富有感染力，具有很高的艺术价值。

采访人：能介绍一下现在表演最多的曲目内容及表演流程吗？

郑满江：我们表演的曲目名称用的就是项目名称"象山渔民号子"，简单直接，就是要唱响我们的渔民号子。表演流程也简单，我们不需要道具，也不需要配乐，上台站好就能唱。我们一般10个人上台，站成一个直排或半圆形，演出时间三四分钟。表演内容一般以一六号、大号、小号为主，我们把渔业生产中几种不同的号子串联在一起，节奏不同，这样听起来可以让曲调显得丰富有变化。最关键的部分就是号子与号子之间衔接的部分，要做到自然过渡、无缝衔接，让观众觉得是自然一体的。号子表演弹性空间大，几种号子编排的调整，演唱时间的调整，演员人数的调整，都比较自由。

采访人：现在渔民号子的演唱形式跟以前相比有什么变化？

郑满江：以前我们的号子都是原生态的，是在劳动中喊，不需要美感，喊破嗓子也没事。现在渔民号子的演唱是要上舞台，不但唱词、节奏要做到统一，还要讲究美感和乐感，经过几位专家老师的编排，把大号、小号、一六号等几种号子串在一起，融合在一起，配上伴奏音乐，确实比原生态的要好听很多，也受到了听众的好评。石浦文化馆经常邀请专家对我们的号子表演进行指导，经过不断地改良、编排，每一句都经过几十上百次的打磨，在演唱的时候又加上了劳动的动作，再加上舞美，观赏度也提高了很多。渔民号子从劳动号子成了表演艺术。

采访人：您觉得学号子最难的事情是什么？

郑满江：号子喊出来需要高亢有力，有时候会觉得嗓门不够大，底气不够，没有爆发力，这就是比较难的。还有在齐唱过程中，我们一定要用力一致，音高、音长保持一致，音调如果不一致就很难听，演出效果就不会好，需要在排练的时候反复练习，每一句都训练到位。

采访人：你们演唱的号子都是从老一辈渔民那里传承下来的吗？

郑满江：对对，基本上都是，我们原生态的渔民号子味道基本上没变，就是以前陈老师教我们的，他说不能变，我们现在唱的所有曲调都是以前留下来的。

采访人：你们号子队除了学习传统渔民号子，近几年有没有学习什么有关于号子的新曲目？

郑满江：有的，除了唱传统的号子，我们也学新曲目。《唱进洋》就是在传统渔民号子的基础上创作的，现在有很多专家老师都用渔民号子元素创作渔歌，这些渔歌也非常好听。

采访人：有没有很多社会上的专家、学者来找您，研究象山渔民号子？

郑满江：有的。有很多来自杭州的、上海的老师，特别是跟搞音乐有关的老师，经常到我们这里来调研，主要了解我们原生态的渔民号子是怎么样的，具体的用处是什么。他们想从我们原生态号子里面找音乐的感觉，找灵感，提取号子元素加到他们的创作和作品当中去，看看加进去能产生什么效果。面对来访的老师，我们详详细细地讲解，尽可能地把我们的号子展现出来，有这么多专家老师喜欢我们这个原生态的号子，通过他们可以把号子传给更多的人知道，通过他们的作品可以把我们的号子发扬光大。

采访人：演唱渔民号子的场所或者内容有什么忌讳吗？

郑满江：没有没有，没有什么忌讳。因为我们号子没有什么固定的唱词，原生态的都是"呃罗呵"这类的语气词，没什么忌讳的。渔民号子走到哪里都可以唱，舞台大一点小一点都没事。记得中国农民丰收节千人宴活动那次，我们十来个队员都带着耳麦分散坐在千来个人的观众席中，我一个人走上舞台在上面喊"耶——罗——"，大家在下面齐声应和"嘿——呀"，当时演出效果非常非常好，带给观众们很大惊喜，场面一下子热闹起来了。观众们都说象山渔民号子好听，这么有劲有力，听着渔民号子感觉浑身劲道就上来了。

三、传承传播续未来

采访人：您给我们介绍一下东门渔村号子队的情况吧。

郑满江：东门渔村号子队是2009年由陈瑞春老师组建的，因为那时候捕鱼都是钢制渔轮了，船上根本用不上号子了，会唱号子的渔民越来越少，象山渔民号子是国家级非物质文化遗产项目，不能就这样失传，为了能把渔民号子传承下去，在石浦文化馆的支持下，组建了这支队伍。最初队员以东门渔村当地人为主，有15人，当时基本都是船老大，现在我们这批渔民基本都转业了，都在岸上从事各类工作。现在号子队里的队员，有东门的、石浦的，有做生意的、当老师的，各行各业的都有，都不是渔民，是因为喜欢渔民号子加入进来，聚到一起的。陈老师病后直到去世这几年，一直由石浦文化馆在指导我们号子队继续开展工作。

采访人：当时组建这支号子队有没有遇到什么困难？

郑满江：没有什么大的困难。知道陈瑞春老师要组建号子队，我们东门的几个人都是自愿加入的，都很乐意。后来石浦的几个喜欢唱号子的，邀请他们加入号子队，他们也很高兴很乐意。最初队员都是船老大，到了鱼汛，排练演出基本就停了，演出要凑齐人员还有点困难。现在大家从事各行各业，各有各的忙，但一旦有演出任务，都会来参加。因为白天都有工作，大家都是利用晚上的时间排练，尤其是要去省里比赛那一次，连续排练非常辛苦，但大家都兴致很高，劲头很足，都是克服困难积极响应的。我在群里喊一声号子"伙计人，大家来"，他们就都来了。

采访人： 号子队是怎么分工的呢？您在队里具体负责什么呢？

郑满江： 也没有什么大的分工，因为现在号子队里的工作涉及的只有排练、演出，比较简单，平常就是通知、组织一下，这块工作现在主要由周加安在负责，如果他没空，就由我负责。我平常主要负责号子队的训练、排练。

采访人： 现在这支队伍发展情况怎么样？

郑满江： 发展得很好。号子队每年都会受邀参加很多演出，也获得了很多荣誉。在石浦文化馆有专门的训练场地，每次演出前我们都会进行排练，保证演出的质量，文化馆的老师也会帮助我们提升。近几年在石浦文化馆的组织下，举办了多次号子课堂，吸引号子爱好者前来学习，培养了一批号子演唱者，其中就有几个成了我们号子队的队员，队伍越来越壮大，现在号子队里的队员都不是渔民，有好几个队员是音乐老师。现在县里除了我们这支渔民号子队，我知道的还有两三支，有更多的人来传承传播号子。还有走进校园，现在我就在石浦中心小学授课，每周都会去学校教学生唱号子。

采访人： 渔民号子队参加了哪些活动、比赛，获得了怎样的成绩，您能介绍一下吗？

郑满江： 渔民号子队参加的活动非常多。每年的中国开渔节，肯定少不了我们的渔民号子，这几年我们参加了浙江省非物质文化遗产博览会、浙江省非遗薪传展演、宁波市阿拉非遗汇、象山县非物质文化遗产巡回演出、中国海鲜节、中国农民丰收节、宁波市甬上风华展演、文化和自然遗产日活动、渔民文化节等活动的演出，还有经常进景区、文化礼堂演出，参加央视、浙江卫视、宁波电视台的采访录制等。印象比较深的是，2017年象山渔民号了《象山渔歌》荣获"非遗薪传——浙江传统音乐展演展评活动"最具人气奖，2015年获象山县非物质文化遗产精品节目优秀表演奖。

采访人： 这么多年的表演、比赛的经历，有没有哪一次让您印象是最深刻的？

郑满江： 印象最深刻的是去乡镇巡演那次。2015 年，县里举办非物质文化遗产巡回演出，所有节目都是由局里提供节目单，由乡镇自主选择的，象山 18 个乡镇有 15 个乡镇点了我们渔民号子，是点单最多的节目，那一年渔民号子队基本唱遍了象山半岛，非常自豪。其中有一场，天气极其冷，下着雪，演出舞台就是临时搭建在室外的，我们的演出服装都是夏装，很单薄，上半身光着膀子，就穿着一件褂，下面穿着短裤还光着脚，冻得鼻涕都出来了，控制不住地直发抖、直打战。但一上台喊号子就忘记冷了，天气冰冷但我们心是火热的，大家精神还是很饱满，喊起号子还是很有力，演出下场时大家还在开玩笑。这一场演出让我记忆深刻，现在想起这场景来还是很感动。

采访人： 您现在已经带出多少个徒弟了？他们对渔民号子的掌握情况怎么样？

郑满江： 已经带出十几个徒弟。其中丁敏其、周加安、奚世成、张海源，他们这几个都是我的老乡，都是东门渔村的，住得比较近，我们从小都在一起玩，互相都比较了解。他们现在既是我的徒弟，也是我的队友，现在也都在渔民号子队里，跟着我演出。因为同在一个村，经常碰到，没事了大家就会聚在一起交流。各种各样的号子，他们基本上都能喊，不管是一六号、大号、对号，还是摇橹号、打水号，基本上都可以，演出的话，齐唱、单独演唱、领唱，他们也都可以演。

采访人： 您在收徒弟的时候，有哪些标准跟要求？

郑满江： 我一般希望是有点渔民号子基础的，嗓子好一点，声音洪亮。体形高大壮实一点，最好像渔民那样有一种粗犷的感觉。还有对渔民号子比较感兴趣的，并且有业余时间参与排练演出等各类活动的。

采访人： 您平常是怎样教徒弟学习渔民号子的？

郑满江： 教徒弟我都是一句一句教唱。我的这几个徒弟原本都是有点基础的，原生态那种"吔罗呵"都会喊上几句，但音调可能会有偏差，因为现在都是为了更好的演出效果，为了好听，齐唱时，音调、音长都要统一，我就一句一句教他们，一个一个给他们纠正。号子队里多半是东门人，原本他们就有点基础，学起来也快。

采访人：您教徒弟跟您师傅教您，这个方式有什么不一样吗？

郑满江：基本上一样。陈老师教我们，也是一句一句教唱，哪里用力要一致，哪里要有爆发力，一边教唱一边细致地讲解要点。老师他识谱，我们不识谱，曲谱只有他自己知道，老师一句一句教，我们跟着一句一句学，就这样，曲调的高低，音的强弱、长短，经过不断地重复练习，我们牢牢记在心里，直到慢慢学会。渔民号子没有固定死的，变化比较多，也比较随意，不一定要根据曲谱来，同一个号子，根据情绪的需要，节奏可快可慢，音可长可短，演出的话，我们要做到统一，所以需要不断地练习，根据需要不断调整，达到最佳的演出效果。

采访人：您是从什么时候开始在石浦文化馆授课的？

郑满江：是从2018年开始的。当时石浦文化馆开设非物质文化遗产课堂，开了几期渔民号子的课程，报名来参加的都是二、三年级的小学生。我给孩子们讲了号子是怎么来的，是干什么用的，还教他们唱了几种号子。在课上，我发现现在的孩子对于渔民号子的认知完全是陌生的，他们从来没听过，甚至没听父母讲起过号子。确实，在80年代后，就听不到号子声了，他们这个年龄段的看到的都已经是钢制渔轮。所以，几堂课后，我感觉责任重大，我觉得我们渔区的孩子必须要知道号子，不能忘本，不能说完全学会，但至少要知道。要把渔民号子的传承传播工作做好，尤其对小孩子。

采访人：现在您把渔民号子送到学校进行正常教学，能介绍一下具体情况吗？

郑满江：在石浦文化馆的推荐安排下，从2020年开始，我进校园教学，现在主要是在石浦镇中心小学教课，一个学期上十节课，每次学校都会安排不同的班级授课，一个班四五十个人。孩子们对于上渔民号子的课都很开心，对渔民号子充满好奇，都很愿意学。我告诉孩子们，渔民号子是我们渔区祖祖辈辈在劳动中产生并流传下来的，这些人里可能有你爷爷、爷爷的爷爷，渔民号子是他们创造出来的，是勤劳、勇敢的象征，是他们留给我们宝贵的非物质文化遗产，我们都是渔民的后代，这渔民号子就像是印在我们身上的音乐符号，我们要把它好好传承下去并发扬光大。除了让孩子们了解渔民号子的相关知识，给他们讲述船上的故事以外，我每节课都会安排学唱一种号子，这也是孩子们最开心的时候，比如说唱一六号，我领，他们应和，别看孩子们都小小个，但唱起号子来能量都很大。我希望通过一个长期的教学，让每个小学生一听就知道这是渔民号子，而且人人都能喊。

采访人：您在传承或者传播的过程中，有没有遇到令您比较感动的事情？

郑满江：我在传播渔民号子的过程中，碰到有几个也很想学渔民号子的，我就安排时间教他们，原以为这些人只是觉得好玩不会长久的，没想到跟我学了号子后就加入了我们号子队，一直坚持到现在，我感到很欣慰、很感动。希望以后有更多渔民号子爱好者加入我们。

采访人：您觉得现在保护发展象山渔民号子的意义是什么？

郑满江：如果我们这一代不去传承不去教的话，渔民号子真的要失传了。现在在学校读书的小学生根本就不知道什么叫渔民号子。村里人也有人开玩笑说我们为什么要喊号子，现在号子也没用了，他说我们嗓子喊破了，还不如那个吊机一吊就好了。我就跟他们说，象山渔民号子是一种渔文化，不是说你喊不喊的问题，我们是在用表演的方式来传播，让号子一直能活下去、火下去。我们东门渔村祖祖辈辈是渔民，如果说渔船是根本，那号子就是根脉。以前的渔民离不开渔民号子，捕鱼啊，打船啊，造船啊，渔民号子是我们祖祖辈辈在实践中创造出来的，是一种生产生活方式，是跟我们生产生活息息相关的。现在虽然用不到了，但号子里面有我们渔民敢打敢拼的劲头，有我们渔民积极向上、不肯放弃的精神，这个正是我们要代代传承下去，是不能放弃的文化和精神，也是我们希望子子孙孙能够通过号子传承下去的。我们这一代的任务就是把渔民号子唱好，唱好了再传承好，能够传承下去。

采访人：为了传承好象山渔民号子，未来的话，您有什么计划和期待吗？

郑满江：计划带一批年轻的徒弟出来，我们号子队队员的年龄基本都集中在60岁左右，带一批年龄段在三四十岁的，让传承人队伍朝着年轻化方向发展，充满朝气和活力。继续到学校上课，教渔民号子。小朋友从小学渔民号子，学得快，记得牢。通过几年的持续教学，学生里面懂的人越来越多，会喊的也越来越多，号子就慢慢传承下来，不会失传了，以后这些孩子不管去哪里上大学，不管在哪里工作，相信渔民号子的精神一直会伴随着他们。希望有一个专门的固定场所吧，有了固定的场所，大家就有了落脚的地方，训练、排练起来就更方便一些，还可以吸引更多感兴趣的人随时过来体验。除了文化部门，希望有企业或社会机构给我们提供一些资金，让我们能更好地进行传承。

第四节 郑满江周边采访

一、《象山县志》副主编、国家级海洋渔文化生态保护区建设专家委员会副主任委员张利民访谈

访谈时间：2022年6月17日
访谈地点：象山县非物质文化遗产馆
受访人：张利民
采访人：励霓

采访人：首先请您做自我介绍。

张利民：我叫张利民，原来是一个中学语文高级教师，曾经担任过象山中学教务主任、象山县教育局副主任，在相当长的一段时间里面我在从事教育工作，同时很关心象山地方文化。退休以后我担任《象山县志》的副主编，也担任了国家级海洋渔文化生态保护区建设专家委员会的副主任，从事地方文化研究，对渔民号子也很感兴趣，有点研究。

采访人：您是从什么时候开始接触象山渔民号子的？

张利民：我小时候生活在石浦，五六十年代的时候，我就知道渔民号子，而且听过许多的渔民号子，但真正开始研究渔民号子应该是在2005年以后。我退休以后从事地方文化研究，对渔民号子开始有了研究。我小的时候住在石浦九市曲头那个地方，我们经常到城外去，城外的海边停泊了许多的渔船，不光是石浦当地的渔船，来自福建、江苏等三省六市的渔船都有，渔民号子经常能听到，很普遍的，渔民号子有的时候声音很洪亮，有的时候像唱小曲一样，小的时候经常能听到。

张利民访谈

采访人：您是什么时候认识郑满江老师的？

张利民：郑满江老师我认识时间不是很长。最早的时候，我对唱渔民号子的赵汉文、陈瑞春这几位老同志比较了解，郑老师呢，他是年轻一辈的渔民号子传承人，我听过他几次演唱，觉得不错的，但是接触的时间倒不是很长。

采访人：那您对他的印象怎么样？

张利民：我觉得他是很好的号子手。他是我们发掘培养出来的象山渔民号子传承人，我觉得郑满江具有很好的唱渔民号子的天赋，他音色很洪亮，吐字很清晰，是一个相当不错的渔民号子传承人。

采访人：您觉得他在演唱上有什么特点？

张利民：郑满江老师是渔民号子省级传承人陈瑞春的徒弟。第一点，我觉得他很好地传承了陈瑞春老先生唱渔民号子的风格特征；第二点，他这个人好学，在演唱渔民号子过程当中，在继承的基础上又有创新，他能够吸收其他地方渔民号子一些好的唱法，并融合起来，形成了他自己的特色。

采访人：郑满江老师带领这个号子队参加了许多活动和比赛，您有了解吗？

张利民：有了解。他参加过杭州的、宁波的、余姚的，还有其他地方的演出，到象山本地肯定更多了，基本上每个乡镇都到过。有一次我去东门岛，东门岛在举办中国农民丰收节千人宴活动，他们东门号子队就有上台表演。郑满江老师在那次演唱中担任领号，领号往往是渔民号子合唱队里面一个核心人物，是个领军人物，他在这个合唱队里很好地发挥了核心作用。我听了那次演唱后，觉得在他们整个东门岛的渔民中，新的号子领袖产生了，感到非常欣喜。

采访人：您觉得郑老师在推动象山渔民号子发展当中起了什么作用？

张利民：他现在的重要作用就是传承作用。老一代的传承人，像陈瑞春老先生已经过世了，现在必须要有一个中心人物把渔号传承下去，我们号子队里面最难物色的就是领号者，过去的赵汉文老师、陈瑞春老师，包括我们南田和爵溪地区的许多领唱，这个领唱是最难发现的，领唱的这个号子手，要求声音洪亮，吐字清晰，编词迅速，能够根据现场劳作情况灵活机动，他要能够将整个号子队带动起来。郑满江在东门的渔民合唱队当中，他已经发挥了传承作用，我觉得他现在起到的传承作用是象山渔民号子发展当中最重要的一环，不可或缺的。

采访人：您能不能对郑满江老师做一个比较全面的评价？

张利民：他是我们象山发掘培养的渔民号子传承人，现在作为渔民号子的省级代表性传承人,他当之无愧。第一,郑满江老师他有很高的天赋,是不可多得的一个渔民号子领军人物;第二,我发现他所唱的号子内容很丰富,陈瑞春老师教的大号、小号、一六号,包括拉锯的、开船的、起锚的、抛锚的等号子他都能唱,他掌握的号子内容很丰富、很全面,这个是很难得的;第三,我觉得他作为一个领军人物,一个领号的人,在号子队能够起到核心作用,起到组织、引领作用,渔民号子能有这样一个传承人,也是不可多得的。

采访人:从象山渔民号子当中可以感受到象山渔民具有哪些品质跟性格?

张利民:渔民号子作为一种音乐,作为一种艺术,不是凭空产生的,它源于劳动,源于生活。象山渔民号子一是反映了我们象山渔民与恶劣的自然环境搏斗的一种勇敢无畏的精神;二是体现了渔民在恶劣的自然环境中团结一致的精神,面对恶劣的环境,单枪匹马是不行的,要同舟共济啊,用象山土话说就是"同船夹条命",渔民深谙这个道理;三是渔民号子当中体现了渔民的乐观主义精神。渔民号子体现了渔民在艰苦环境当中一种斗争的性格特征,是一种精神、一种品质、一种品格的体现。

采访人:现在听到郑满江老师他们演唱的渔民号子跟过去比的话有什么变化吗?

张利民:有变化。过去的渔民号子给我的感觉是很自然,很淳朴,很原始,很粗犷,我们过去的渔民号子,原生态的特征非常明显,它没有什么造型,没有形式,它随心所欲,随心所话,随口产生,随机产生。我们现在演唱的渔民号子呢,一部分保留了这个特点和品格,一部分已经艺术化了、形式化了,这个就是我直观感受到的最大区别。

采访人:您觉得郑满江老师他们现在传承渔民号子的意义是什么?

张利民:渔民号子的消失,主要是产生渔民号子的土壤慢慢在消失。我觉得我们渔民号子传承的当代意义,第一个在于能够唤起一种历史的记忆,唤起历史上我们渔业生产的记忆,不要忘记我们历史上几百年来传统的捕捞生产,所以它起到一种唤起记忆的作用。第二个就是通过渔民号子这个记忆,能够传承我们渔文化的历史,把渔文化历史通过渔民号子继承下去。渔文化实际上是很丰富的,博大精深,渔民号子传承的是一种渔民的歌谣、渔民的音乐,渔文化可以通过渔民号子来把它记忆,渔民号子在我们象山确确实实可以对渔民产生一种丰富的渔文化历史的回忆。比如摇舢板,渔民号子除了可以表达跟风浪搏斗,有的时候也是可以很轻松的，是渔民内心情感的抒发。我记得50年代的时候，石浦有个越剧团，里面的一个旦角叫高锦英，生得很漂亮的，渔民经常在捕鱼结束后，就到石浦的剧场里去看高锦英的戏，渔民在石浦港摇橹的时候就念"摇橹加把劲啊，去看高锦英啊"，一边摇橹就一边这么念的，这时候心情是很轻松的、很快乐的。渔民在各种繁重的劳动之余，他们找到一种对美好事物表达追求之意的方式，并且把它编进号子里面去，"摇橹加把劲啊，去看高锦英啊"，它就这么来了。每一种渔民号子你仔细去研究它，它里面蕴含着好多文化。我印象最深的是，石浦当时有个海上搬运站，搬运站的搬运工人们要把轮船上面的机器运到岸上，在50年代那个时候没有起重机的，你说怎么把五六千斤重的机器运上来，潮水低潮期船停在石浦港下面的低水位，离岸的高度差了七八公尺，要等潮水涨到和码头差不多齐平的时候，才能够把这个机器运上来，问题是潮水涨后，马上要降下去的，也就只有几十分钟的时间把机器运上来。石浦搬运工人，他们用钢管、杉树铺路面，从海上铺到岸上，当潮水涨到跟码头差不多平的时候，就是靠唱渔民号子指挥搬运工人在有限的时间内把机器从船上运到码头上。那个时候我站在岸上看得是惊心动魄，弄得不好，潮水一降下去，把箱子从海上往岸上推的时候，要出人命事故的。那个时候就是靠号子，在领号的一声声"大家加把劲啊"中，把机器推上岸来，上来没几分钟，潮水就降下去了。所以许多号子，当年是产生过很大作用的，现在各种劳动渐渐消失了，劳动环境消失了，号子也渐渐消失了。所以现在我们要把渔民号子保留下来，要把过去的历史文化都保留下来，现在渔民号子产生的土壤已经消失，我们更应该好好地把它传承下去，用舞台表演的形式继续传承下去。

采访人：您觉得现在象山渔民号子的保护传承有哪些困难？

张利民：保护传承的关键困难就是，失去了产生渔民号子的土壤。这也没有办法，科学发展了，生产现代化了，这也是好事对不对？渔民号子土壤在消失，那么现在怎么去保留呢？第一个，我们有关部门要去保留它，不可能重新让渔民去做纯体力的劳动，这也不现实，我们可以通过影像把古代产生渔民号子的场景保留下来，给后人看。第二个，通过舞台艺术把它传承下来，通过培训把渔民号子这种音乐继承下来。第三个，就是政府部门要提供舞台，渔民号子必须要唱，不给它唱，就要消失掉了，给它提供舞台，让它演出，给它宣传，每年定期搞活动，舞台有了，那么他们就可以把渔民号子传承下去。其他还有，包括搞理论研究、艺术创作呀，去促进渔民号子的传承保护。

采访人： 您给我们介绍一下象山渔民号子的历史渊源和它的发展过程。

张利民： 如果要说它的历史，我最近几年比较用心地做过研究。在古代的时候，在过去的时候，渔民号子从某种角度上来说，它属于"下里巴人"的东西，它不登大雅之堂的，我们中国的传统文化里很重视"阳春白雪"的，这个在中国古代诗词、文学里都有记载，像渔民号子，山沟里的东西，历史上没人记载。我们在研究渔民号子时，既感到它有很丰富的土壤，又感到它很缺少文字史料记载。所以我从什么地方入手去研究呢？第一个是渔村调查，第二个是重点调查了古代象山的家谱、历史著作等。通过研究发现，我们象山渔民号子历史非常悠久，如果要向上追溯的话，可以追溯到塔山文化，塔山文化当中有五六千年前的新石器遗址，除了塔山遗址以外，有姚家山、赵岙、大双湾、红庙山遗址，有泗洲头、茅洋的文化遗址，这些新石器文化遗址一直延伸到南田岛的高塘、珠门这些地方。我们象山的新石器时代文化遗址有一个很大的特点，它是沿海布展的，所以我们可以想象得到，那个时候我们依海而生的先民，他们在进行滩涂作业的时候肯定会产生一些类似渔民号子的东西。跟我们比较接近的，是先秦时代也就是徐福东渡时期，我们现在有充分的证据证明，徐福曾经在我们象山蓬莱山脚生活过，所以徐福东渡从某一种角度上是象山渔民号子的先声，最初发出这种声音，是由3000个人组成的大型船队，他们航海的过程中，肯定要产生许多航海人的号子。从象山的历史上来看，唐朝的时候东门岛就已经成为我们东南沿海航行的一个站口，当时的绍兴人到福建泉州去，都要路过东门岛，许多船队都要在东门岛祚圣庙这个地方向"天门都督"祭祀，船队的往来就会产生许多渔民号子。我们最早发现宋代一些诗人有零零碎碎的诗句在描写渔民号子，但不是很明显，到了明代的时候，象山有一个著名的外交家叫俞士吉，他出使日本的时候到过石浦，是从石浦的南关桥出海的，俞士吉曾经写过很多诗，其中有一些诗就写到了渔民号子，有首诗中有这么一句话，"狼藉新腔烂漫传"，过去我们读这首诗不理解，什么叫"狼藉新腔烂漫传"，搞不清楚，后来才发现，就是在讲渔民号子，"狼藉"这个词的意思是高低不紧急的样子，渔民号子就是高高低低，快快慢慢，错落有致。俞士吉对渔民号子有高度的评价，他认为这是一种"新腔"，"新腔"就是我们象山古代的文人对渔民号子很中肯的评论，他认为尽管它不登大雅之堂，但是它确确实实是一种新的腔调，"烂漫"说的是"到处，很广泛"

的意思，在我们象山的这个海域渔民号子广泛传播，所以这句话是古代文人对象山渔民号子一种高度的评价，这在渔民号子理论研究当中，有很大的参考价值，所以从这里面我们可以看到，渔民号子在象山捕捞生产当中广泛流传。到了清代以后，我们象山就有更多的文人，他们从事了渔民号子的理论研究，我们古代象山一个诗人他就讲了，渔民号子就是"东西南北随口调"，我们在研究渔民号子时，渔民号子定位是什么我们老是把握不准，我看这是我们浙江古代文人对渔民号子最准确的定位。"东西南北随口调"这句话，你仔细去研究下，它包含的意思很丰富的，它告诉了我们渔民号子产生的土壤，它是东西南北到处都有，有海域的地方就会产生渔民号子，我们石浦是东西南北的交汇地，所以各地的渔民号子都在石浦交汇，这促进了我们石浦渔民号子的发展。清朝的时候，广东、福建等其他各省市的渔船都在石浦交汇，渔民号子得到了交流，所以当年有着石浦渔港"十里渔歌"盛景，可见那个时候渔民号子在我们象山的发展非常兴盛。到了19世纪五六十年代，我们象山渔民号子走向全世界，也是走向了高峰期，所以渔民号子在我们象山历史是悠久的，发展是很健康的，而且是出现过发展鼎盛的一个时期。很可惜现在随着时代的变迁，生产的机械化发展，产生渔民号子的土壤全部消失，渔民号子慢慢走向凋零，"无可奈何花落去"，我们也只能面对这个现实。

采访人：象山渔民号子有哪些特点？

张利民：象山渔民号子的特点应该要从音乐、表演两个方面区分。从音乐的角度上看我们象山渔民号子，它有这么几个特点，我给它概括了一下：第一个特点，象山渔民号子它的结构很单纯，是由领唱的领句和合唱的合句这么两个部分组起来，所以它"展衍性"好；第二个特点，象山渔民号子翔实有致，曲调很丰富，有几十种曲调；第三个特点，象山渔民号子丰厚有力，节奏强烈，它节奏越短越强；第四个特点，渔民号子变化多样，有时候也是很轻松活泼的，旋律很动听。从表演的角度上来说呢，它也有这么四个特点：第一个是一鸣众和，一个人领唱，许多人相和，旋律动听；第二个呢，可以随口编调，它没有特别的固定的曲调，有的时候可以随口编调，即兴发挥；第三个是一号多用，一个号可以多用，随机应变，大号、小号、一六号随时可以转换；第四个是渔民号子实词很精练，渔民号子它有实词，"加把劲啊""用把力啊"，这个实词很精练的，它的衬词也很丰富，"呔罗嗦""沙啦啦啦"这种衬词很丰富。

采访人：象山渔民号子对渔民的作用是什么？

张利民：渔民号子的作用是很大的。第一个作用，它可以指挥生产，渔民号子的产生它不是为了表演唱唱的，不是为唱渔民号子而唱，它是生产的需要，生产需要统一指挥，统一步调，用什么东西去指挥呢？就是渔民号子。所以渔民号子在某一种角度上讲，它在渔业生产的各种劳动当中，起到指挥作用、组织作用、统一作用，只要号子一声下来，把所有的力量都统一在这个号子当中。第二个方面就是号子能鼓舞人心，凝聚力量。因为渔业生产它有个特点，生产的地点是海上，海上是风浪险恶的地方，风高浪急，渔民在那样的环境中生产劳动，是拿生命同风浪搏斗，在那种恶劣的情况下，他们单一个体是无法抗衡大自然险恶的环境，他们必须要团结起来，渔民号子就可以凝聚力量，把许多人团结起来，把许多单一的渔民变成一个整体的渔民，它可以产生一加一大于二，二加二大于四，四加四大于八的效果，会产生成倍的力量。那么第三个作用呢，渔民号子它能调节人的呼吸，甚至可以调节人的心理，因为渔民号子的每一个节拍，停落的时候，就是呼吸在转换，通过调节呼吸进而调节人的心理，它的作用是很大的。在以前渔业生产这种集体性的劳动下，渔民号子的作用不是我们今天这些人可以想象的，不是随便唱唱而已，确确实实是有特别大的贡献。

二、郑满江徒弟周加安访谈

访谈时间：2022年3月16日

访谈地点：象山县石浦镇东门渔村葛家小院

受访人：周加安

采访人：励霓

采访人：请您做个自我介绍。

周加安：我叫周加安，1963年7月12日出生，是石浦镇东门人，目前在东门经营江发制冰厂，状

周加安访谈

况良好。小时候在东门经常能听到大人们喊号子，强悍豪爽，充满力量，那时候也会跟着大人后面喊喊，觉得很有趣很好玩。

采访人： 您第一次认识郑满江老师是什么时候？

周加安： 我跟郑满江老师从小就认识。我俩都是土生土长的东门人，年龄相仿，从记事起就在一起，从小一起玩着长大，相互非常熟悉。他这个人很实在，勤勤恳恳，我们都很认可他的为人，他在我们东门渔村的口碑也很好。他年轻的时候当过渔民，因为家里祖祖辈辈都是渔民，他从小就会唱号子，而且唱得非常好，他音色好，嗓门高，底气足，喊起号子来气派十足，特别是他领号的时候，领起来音调是非常高的，一般人喊不出这样的声音和效果。后来他加入东门渔民号子队，跟着陈瑞春老师学唱号子，越唱越好，现在成了渔民号子的省级传承人。

采访人： 您正式跟着郑满江老师学号子是什么时候？

周加安： 我是从2013年加入渔民号子队开始正式跟着郑满江老师学唱号子，直到现在。我们东门人对渔民号子还是有感情的，小时候就是听着号子长大的，渔民号子是我们祖先留给我们的宝贵的文化财产，现在年轻一代的渔民都不会唱号子了，我们要把渔民号子传承下去，如果我们这一代不传承，渔民号子就要彻底失传了。郑满江老师非常热爱渔民号子，一直在努力传承，想把我们祖先留下的东西发扬光大，受他的影响，我也觉得这是一件非常有意义的事情。而且我觉得自己嗓门还可以，又有劲道，对唱渔民号子又有兴趣，就跟着郑满江老师学唱号子。

采访人： 郑老师是怎么教您唱号子的？

周加安： 郑老师都是一句句教我们唱，他教一句，我们学一句，抠住每一个细节，一遍又一遍，教得非常耐心、非常细致。渔民号子我们小时候也都听过，听爷爷爸爸他们喊过，也能学样子喊上几句，也算是有点基础。郑满江老师一教，我们就懂了，领会得比较快。现在呢，大号、小号、一六号、对号，我们基本上都会了。平常我们号子队会经常聚在一起讨论交流，怎样编排好听，如果有道理，郑老师也会采纳，把我们的想法放进去。

采访人： 除了学唱渔民号子以外，您还从郑老师身上学到了什么？

周加安： 从他身上学到了很多。他为人很好的，在我们东门村口碑也很好。他这个人从小就话不多，但对村里人尊重有礼、细致周到，村里人都很喜欢他，尤其是老人。他在工作上面勤勤恳恳、踏踏实实，他在村里还担任了村委副书记，为村里做了很多事。他在我们渔民号子队里是主心骨，对于传承号子不遗余力，做事身体力行，渔民号子队在他的带领下，队伍越来越壮大，知名度也越来越高。

采访人：您现在有经常跟郑满江老师一起去参加表演或者比赛吗？

周加安：经常去的。今年2月份就在石浦海峡广场参加了杭州亚运会倒计时200天的活动。我自从加入号子队后，跟着郑满江老师参加了许许多多的演出活动，像中国开渔节、中国农民丰收节千人宴、宁波阿拉非遗汇、县非物质文化遗产巡演等等，从一开始的在村里唱唱演演，到后来登上了市级、省级的舞台，以前真的想都不敢想，从来没想过我们唱号子还能唱到省里去。印象最深的是，我们渔民号子队参加省里的"非遗薪传——浙江传统音乐展演展评活动"，在浙江音乐大厅演出，并获得了最具人气奖，当时真的非常激动，非常鼓舞士气。

采访人：您觉得郑老师在渔民号子的保护传承发展上起到了什么作用？

周加安：郑满江老师是象山渔民号子的省级传承人，他兢兢业业，一直致力于渔民号子的传承传播，带领我们号子队参加了各类活动和比赛，渔民号子受到了越来越多人的喜爱和肯定。他带徒壮大号子队伍，面向社会授课，吸引了各行各业的很多爱好者加入到了我们号子队中来，并且把号子带进学校，教孩子们唱渔民号子，一代一代传承下去。

采访人：渔民号子对您的生活产生了什么影响？

周加安：自从我进了号子队以后，号子队给我的生活带来了非常多的快乐，现在我们号子队一共有18个人，大家伙经常凑在一起排练、交流、演出，大家都是不遗余力地想把渔民号子唱好、传承好。我现在在号子队里承担了组织的工作，要排练或者演出什么的由我负责通知，大家都是非常配合，一通知都是积极响应。我从唱号子当中找到了自信，能把我们渔民的音乐唱给大家听，唱得爽，心里也爽。

采访人：您对这个象山渔民号子未来的发展有什么期望吗？

周加安：希望能有更多的人喜欢我们的渔民号子，并且能加入到我们号子队中来，壮大我们的队伍。希望专家老师们，特别是搞音乐的专家老师，多多挖掘渔民号子，多用渔民号子的音乐元素创作像《唱进洋》这样的作品，让更多的人能了解和听到渔民号子。希望我们渔民号子以后能登上更大、更高的舞台，走向全国，走向世界。

三、郑满江徒弟丁敏其访谈

访谈时间： 2022年6月17日
访谈地点： 象山县石浦镇东门渔村东门任宅
受访人： 丁敏其
采访人： 励霓

采访人： 请您做一下自我介绍。

丁敏其： 我是丁敏其，1961年出生，石浦东门人，现在已经退休在家。我是从2014年开始跟着郑满江老师学唱渔民号子的。

采访人： 您觉得象山渔民号子有什么特色？

丁敏其： 象山渔民号子有劲、豪气，唱出了我们渔民勇敢无畏的气势，唱出了我们渔民的风范。每次去外面演出，只要我们渔民号子一喊，人家都说这个号子有劲，听着很舒服。

采访人： 您为什么要跟着郑满江老师学号子？

丁敏其： 我和郑满江老师都是东门人，从小就认识，郑满江老师在我们东门渔村口碑非常好，他有修养，我们对他都非常尊重。我从小就是听着号子长大，对渔民号子很熟悉，号子队里的好多队员都是我小时候的玩伴，都很熟悉，他们觉得我嗓子好、声音响，邀我一起加入号子队，受身边几个同伴的影响，确实感觉到我们渔民号子是个好东西，要好好传承下去，我们不喊就没人喊了，不能让它就这样失传。就这样，我2014年加入了东门渔民号子队，郑满江老师当时是队里的领号，是唱得最好的，渔民号子经常要参加各种演出，上台的话那肯定是要好好练过的，就原来会的一句两句是没

丁敏其访谈

有用的,就跟着郑满江老师系统地进行了学习。

采访人:郑满江老师是怎么教的,您现在学到了怎么样的一种程度?

丁敏其:郑满江老师是一句一句教我们唱,他唱一句,我们学一句,不管哪一种号子,都是这样一句一句教的。对号、大号、小号、一六号,不管是岸上的还是海上的号子,现在我基本都会唱,演出时的齐唱、应和都没问题,如果有了新的编排,稍微练几遍也就会了。

采访人:去参加活动有没有哪次让您印象非常深刻?

丁敏其:印象深刻的事情还挺多的,跟着号子队参加了很多的比赛和活动。记得第一次上台演出是参加村里举办的东门渔村文化艺术节,第一次登台心里非常非常紧张,后来随着外出演出的次数越来越多,现在好点了,不那么紧张了。印象最深刻的是全县非物质文化遗产精品节目巡演的时候在墙头镇的那次演出,那天天气特别冷,下着鹅毛大雪,我们光着膀子光着脚上台演出,真心冷啊,但我们几个都纷纷说心还是火热的。

采访人:加入号子队后对您产生了什么影响?

丁敏其:变化还是很大的。原来对号子的话只是觉得熟悉很好听,进入号子队后,时间越久对号子就越喜欢,喜欢的程度不一样。现在唱起号子更多了一份自豪感,觉得我们渔民号子队做的是一件很有意义的事情,而且心里有了一种责任感,想着通过努力让我们号子队能不断发扬光大,让越来越多年轻人来加入我们,我们一起把号子唱好,传承好。

【附录】 郑满江大事年表

1963 年	出生在象山县石浦镇东门渔村。
1982 年	进入东门渔业大队。
2009 年	加入东门渔村号子队,师从省级代表性传承人陈瑞春老师。
2010 年	6月,参加第一届东门渔村渔民文化节,第一次登上舞台表演。
2014 年	参加央视《乡村大世界》节目录制。
	5月,参加宁波市阿拉非遗汇展演。
	10月,参加宁波市第五届农村"种文化"活动成果展演。
2015 年	6月,参加象山县非物质文化遗产精品节目汇演并获优秀表演奖。

	6月，参加全县18个乡镇非物质文化遗产精品节目巡演，共计15场次。
	8月，参加宁波电视台节目录制。
2016年	6月，参加第七届东门渔民文化节。
	6月，在石浦渔港古城给前来调研的文化部周和平副部长表演象山渔民号子。
2017年	4月，向文化部生态区专家评估组展示象山渔民号子。
	6月16日，被评为象山县非物质文化遗产代表性传承人。
	6月27日，被评为宁波市非物质文化遗产代表性传承人。
	6月，参加第八届东门渔村渔民文化节。
	6月，参加"非遗薪传——浙江传统音乐展演展评活动"并获最具人气奖。
	9月，参加浙江省非物质文化遗产博览会。
	10月，在北仑参加宁波市第四届阿拉非遗汇展演。
2018年	4月，在象山县石浦文化馆面向公众授课。
	9月16日，参加第21届中国（象山）开渔节开船仪式展演。
	9月30日，参加宁波尼斯日尼斯大道揭牌仪式演出。
	10月26日，参加第十六届宁波象山海鲜美食节演出。
	11月1日，参加石浦镇迎接特色小镇检查展演。
2019年	4月12日，在江北参加宁波市甬上风华展演。
	7月6日，在象山海影城参加夏季音乐节活动。
	9月15日，参加2019中国农民丰收节千人庆丰宴活动。
	9月16日，参加第22届中国开渔节开船仪式展演。
	10月31日，在石浦渔港古城给省文旅厅领导专家考察队表演渔民号子。
2020年	8月26日，给芒果TV采风团队表演渔民号子。
	9月15日，参加浙江省文化传承生态保护区创建工作现场会展演。
	9月16日，参加第23届中国（象山）开渔节开船仪式展演。
	11月26日，参与央视《跟着音乐游天下》栏目的录制。

	12月30日，参加宁波音乐人联盟创作采风活动展演。
	4月起，进石浦镇中心小学开展渔民号子常态化教学活动。
2021年	2月，参加央视《乐游天下》节目录制。
	2月25日，参加石浦十四夜线上直播活动。
	4月，参加"石浦三月三"活动展演。
	4月，参加"亮剑2021"全国海洋伏季休渔专项执法行动渔俗文化展演活动。
	11月22日，被评为第六批浙江省非物质文化遗产代表性传承人。
2022年	1月，参加象山县"他乡即故乡留象过大年"留象新春文艺大联欢。
	2月20日，参加杭州亚运会倒计时200天活动。
	6月，参加宁波市"文化和自然遗产日"非物质文化遗产主题活动。
	7月，给浙江工商职业技术学院国际交流学院"活火非物质文化遗产"小分队上课，传播渔民号子。参与录制的《快乐再出发》综艺真人秀片段上线。参与省级代表性传承人记录工程录制。
	8月15日，参加网易云音乐录制。
	9月16日，参加第25届中国（象山）开渔节开船仪式展演。
	10月，参加象山县非物质文化遗产保护志愿者团队开展的敬老尊老"重阳道传承"非物质文化遗产主题活动。
	12月20日，参加象山县"奔赴山海·向往新鲜"展演活动。
	12月，荣获2022年度象山县非物质文化优秀传承人称号。

第二章
蛟川走书代表性传承人张亚琴[1]

◆ 郁蓓蓓

第一节 蛟川走书概况

一、蛟川走书的名词定义

蛟川走书是宁波民间曲艺中一个独具特色的地方曲种，以"基本调"（俗称"四句头"或"哎哎哩啊"）为主要曲调，又因其产生地镇海别称"蛟川"而得名。据称已有一百多年的历史，主要流行于镇海及其周边地区，极受当地群众的喜爱和欢迎。蛟川走书的演唱（奏）人员（极盛时逾30人）均为镇海人，其代表人物张亚琴为闻名全市的著名老艺人，于2022年3月去世，享年94岁。

自20世纪80年代初始，这种演唱形式逐渐处于一种从业者和听众均后继乏人的濒危状况。镇海区文化部门组织力量对此曲种进行抢救，采取了一些积极保护措施。1987年，蛟川走书入选"浙江省民间曲艺集成"和宁波市"曲艺集成"，1999年出版的《宁波曲艺志》中对它亦有较详细的记载。

二、蛟川走书的发展历史

蛟川走书创始于何时，准确年代已无从查考，但从1988年为编《镇海县文

---

[1] 本章部分照片及资料由沈志远、张济同、沈家国、周承褆、郑智颖等同志提供。

20世纪七八十年代,张亚琴在蛟川走书会串演出时的剧照

化广播电视志》而走访的多位走书老艺人得知,其起源有两种说法:一种说法是距今一百多年前的光绪年间,有一位居住在镇海县城小南门的民间说唱艺人谢阿树(又名谢元鸿、痢子阿树)所创始;另一种说法是根据1963年柴桥镇(今属北仑区)的蛟川走书老艺人曹仁昌[2]和现居郭巨[3]东门的另一位蛟川走书老艺人汪康章追忆,由当时舟山一带的民间小调"渝调"演化而来,从现"蛟川走书"基本调中最后一句唱腔落音于"尺"调中尚可见其踪迹。由于镇海古时别称蛟川,故把这种创新的说唱形式定名为"蛟川走书",迄今已师承五代。旧社会的民间艺人处于社会的最底层,以此为业者或糊口者,都被打入"下九流"而被人看不起,故在地方志籍中,找不到它的有关记载,再往上追溯,亦无任何资料可查。

最早的蛟川走书是艺人独自在田头、渔场、船头、街口等处进行卖唱,也未

---

2 已故。他演出的《跳蚤舞》曾被选调参加1955年全省第一届民间古典音乐舞蹈观摩演出,获极高评价。1988年,专家下乡调研,想再次观摩这一表演并录像,但曹仁昌早已过世,以至于该民间舞蹈艺术湮没。
3 今属北仑区。

成立过会、社、团、队等有关组织，常常受到当局的歧视，被诬为"淫词污曲"而被强行禁止、取缔或处罚。为保障自身利益，1946年9月，艺人们发起成立了"镇海说书人协会"，由蛟川走书第二代著名的走书艺人舒瑞昌和朱阿根分别担任正、副会长，会员30余人（包括部分非僧非俗的"念其"艺人）。该组织比较松散，少约束力，成立后无重要活动，仅为虚名，所以至1949年时，大多艺人已走散，有的甚至远涉上海，另寻生计，协会也名存实亡。

该时期的著名艺人为舒瑞昌（1888—1961），他号称"书随唱"，镇海城关人，早年自弹三弦，擅唱南词和讲评话，后改唱蛟川走书。主要书目有《隋唐》《飞龙传》《金枪传》《紫金鞭》《大红袍》等。经常在庙会、堂会和农村中演唱，中华人民共和国成立后曾在城关鼓楼定点演唱，当时在蛟川走书艺人中极有声望。而与之默契配合的音乐伴奏人员为陆祖赓（1903—1964），其为镇海城关人，出身于一个贫困家庭，8岁开始在宁波新街学扬琴，基本功扎实，对扬琴五度音掌握准确，双手奏击平衡，能奏出蛟川走书的特有韵味。在他加入后，蛟川走书才有扬琴与二胡合成伴奏这一形式出现，并成为蛟川走书的一大特色。他与舒瑞昌配合，为当时蛟川走书前后场中的一对绝配。1963年其晚年时，才正式收了唯一的一个弟子。

1949年10月，成立了镇海民间艺人研究会，后改称镇海曲艺人协会、镇海县曲艺工作者协会等名，至1966年，先后有陆尧林、谢庆法、虞友甫、曹仁昌等著名艺人担任正、副会长。政府也组织艺人学习政治时事、交流演出技艺、创新曲目、鼓励"上山下乡"、选员参加市级和省级比赛，吸收培养了第一批青年学员，并先后在县境内开设了城关、骆驼、澥浦、庄市、贵驷、大碶、柴桥、郭巨等书场，安排艺人巡回演唱，使艺人生活有了保障。尤其在1958年，由城关

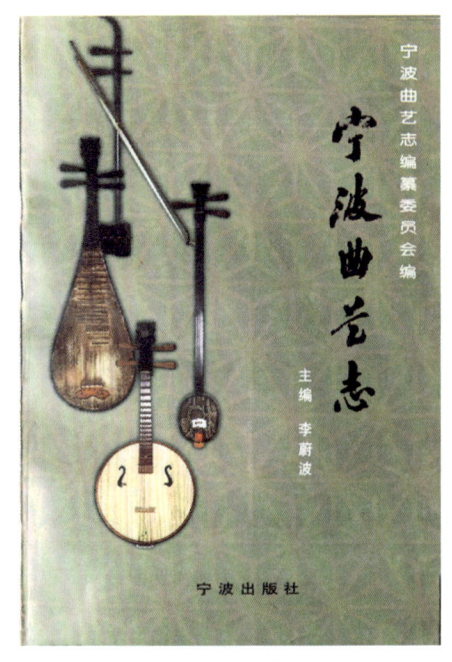

《宁波曲艺志》中有蛟川走书的记述

20世纪五六十年代蛟川走书表演剧照

著名艺人虞友甫、张亚琴等发起成立了集体经济性质的镇海曲艺演唱队,采用工资制,盈利留作集体资金。1963年,该队还出资在城关南大街建造了有500个座位的"百花剧场",其为当时宁波地区设施最好的专业书场。同时,还改编创作了《野火春风斗古城》《红岩》《血榜记》等长、短篇新书目进行演唱。

本时期的著名艺人有虞友甫(1922—1967),其为镇海人,有一副好嗓子,后拜朱阿根为师,演唱蛟川走书。他演唱时,发音高、咬字准,节奏起伏恰到火候。他于1952年任镇海县曲协主任;1953年曾参加浙江省第一届民间音乐演唱会,获演唱二等奖;1956年,他创作了新书目《抗台英雄贺玲娣》,获浙江省首届曲艺调演一等奖。他擅长的传统书目有《包公案》《飞龙传》《杨家将》《五虎平西》等,也自编自唱了《桥隆飙》《黑凤》等现代书目。

还有一位著名艺人是张亚琴,她是蛟川走书第一代女艺人,在没有扩音设备的地方,她也能把每一个字清晰地送到每一位听众的耳朵里。她演唱的传统书目有《杨家将》《大红袍》《隋唐》等,还会演唱《野火春风斗古城》《海岛春晓》等新书目,曾任镇海曲艺队队长、区曲协主席、市曲协副主席、省曲协理事和全国曲协委员,先后教带出10余名青年学员,为蛟川走书艺术上的常青树,曾被授予"浙江省民间艺术家"荣誉称号。

2006年6月,张亚琴被浙江省文化厅授予"浙江省民间艺术家"称号

"文化大革命"中,蛟川走书艺人被解散,有的回乡务农,有的改从他业。1972年,镇海县文化部门为挽救民间艺术,发起成立了曲艺改革小组,召回了张亚琴等部分艺人,编写《向阳春暖》等新书目试唱,使该曲种又活跃起来。1980年,成立镇海县民间艺人管理小组,对民间艺人登记、发证,时有各种演唱组42个,艺人上百人(包括宁波走书艺人、唱新闻的盲艺人等)。1982年,恢复镇海县曲艺工作者协会,境内蛟川走书演唱活动进入鼎盛期,时有正式会员16人,其中5人为市会员,1人为省会员。1985年后,蛟川走书这一艺术形式日趋衰落,乃至于一蹶不振。

三、蛟川走书的表演

（一）舞台设施较为简单

走书的舞台长3—4米,宽2—3米。在农村演唱时,舞台一般用两块大门板搭成,台面以木板为宜,便于演员蹬板制造效果。设半桌一张,分左右放椅子两把,蛟川走书演员在右位(面对听众时的站位),伴奏员在左位,演唱时右位为主,左位为辅。如伴奏乐器多档,则在一侧另加座位。男演员着长袖大襟长衫；女演员穿旗袍或大襟短衫,或比较整洁干净的常服,脸部化淡妆；乐队穿常服。

（二）开篇放在正书开唱前

旧时开篇的内容大多是讨人喜欢的贺词。中华人民共和国成立后所唱开篇内容大多宣传党的政策,歌颂好人好事等。开篇多数由青年学徒演唱。

（三）卖关子

蛟川走书第四、五、六代部分传人和乐队演出人员合影

演员在演唱一场书将结束时,往往在书中安排紧张的情节,制造一个揪人心弦的悬念,而后宣告"欲知……明日请早",吸引听众再来听书。

(四)走书的表演有说、噱、弹、唱、演五大技巧

1. 说功有表书、韵白、分口、方言、插白几种。

表书——俗称表白,介绍时代背景、前段书概况、书中情节、人物、情景等。

韵白——利用韵脚的音乐性,生动、流畅地发挥表书的效果。

分口——利用不同语言、腔调区别书中人物身份的对话。

方言——借用方言区别书中各种人物对话的语言。走书常用的方言有杭州话、上海话、绍兴话和苏州话,有时也使用山东话和广东话。

插白——走书演员在唱的过程中,插入表白以补充和衬托唱词不足之处。

2. 噱功。演员以幽默、风趣、滑稽的语言和动作,引人发笑,给听众以轻松感,让人回味无穷。

3. 弹功。蛟川走书以二胡为主胡,以扬琴为主打乐器,再配以其他乐器,有的也用木鱼打击伴奏。

4. 唱功。包括唱词、假嗓、表唱、说唱、衬唱、和唱等技巧。

1973年2月，张亚琴表演"蛟川走书"现场照片

唱词——唱词为七字句，四三、二二三结构，除攒落韵外，一般都是双句结尾。有的唱段也应用十字句，即三四三、三三四、三二二三结构。唱词不强调平仄声，但双句一定要押韵。声韵大体与越剧相似，但以宁波音为准。

假嗓——由于走书艺人大多一人演唱，每场要演唱两三个小时，有时还唱日夜场，用嗓比较吃力，故大多老艺人都用假嗓，音沙哑低沉，但送得远。这样可以保养嗓子，可以长时间演唱。

表唱——不饰角色，用于介绍场景、堂会、情节经过等。

说唱——一般饰角色时以唱代说，用于角色间的直接对话。

衬唱——角色的自言自语，内心活动，不向对方表露，只让听众知道。

和唱——演员唱完一个唱段落调时，伴奏员和唱，以加强演唱气氛。蛟川走书和唱用"哎哎哩啊……四上七工火"。

5. 演功。走书表演的特点是一人饰多角，集生、旦、净、末、丑于一身，边唱边表边演，表演的幅度较大。其基本功有：老三步、三道具、插科、打诨等。

老三步：这是旧时走书表演的基本步典。演员离开座位站起来表演时，一般

20世纪80年代，蛟川走书艺人们在镇海百花剧场演出时的剧照

走在三步之内，表演完毕即退回三步，到原位坐下，保持面向观众。按此原则，这三步可向前、向左、向右、横向、竖向、斜向，连进连退，最后仍回到原位坐下。因此盲艺人只要恪守这一规律，就可以大胆、大幅度地表演，决不会失足掉落台下。

三道具：系指折扇、醒木、手帕的运用。

折扇——可代笔墨纸砚、刀枪剑戟、锄橹担鞭等道具。

醒木——可代替公堂的惊堂木，可制造各种声音效果，以及用于演唱开场起板。

手帕——代替女红用具和袋、布、绳等，如店小二的揩台布、商人的搭肩袋等。

插科：书外书，借用典故、传说、历史、新闻、经历等多方面知识来衬托、解说、补充、比喻、评说书中的情节。

打诨：艺人在演唱中间往往插入一些"诨话"（即笑话），引人发笑，增强艺术效果。还有的在说书时说漏了嘴，发生差错、漏洞，此时就必须运用"打诨"

的方法，来巧妙地加以更正、补救，俗称"补漏洞"。

（五）科书

又称赋词，是历代艺人逐步集成的程式台词，是艺人必须熟读和选择运用的固定台词，内容有配架、堂会、场景等。

配架——描述人物的服饰、生相、心态等，以刻画人物的性格和社会地位。

堂会——描写宫殿、公堂、白虎堂、灯会、楼、亭、台、阁、书院、花园等情景。

场景——描绘雪景、街景、战场阵容、将相出巡等场景。

四、蛟川走书的音乐

蛟川走书的音乐，以其基本调演唱（奏）为独特风格。其音乐包括演唱和伴奏两部分。

（一）演唱部分

1. 语言、语音和唱法特点：操用吴语系宁波方言，文、白兼用；因人物或情节需要，可插用其他方言。如说到山东人时用山东方言，说到上海人时用上海方言，说到北京人时用北京方言，如此等等。

2. 声腔，有四个腔系，即蛟川走书腔系、四明南词腔系、乱调腔系和民间杂调小曲等。除蛟川走书腔系外，其余3个均为借鉴、移植而来。

（1）蛟川走书腔系：有［基本调］、［基本调悲调］（慢中板）和［快基本调］（急板），早期统称［四工火］。

［基本调］（四工火）：1=F或G。2/4拍。主胡定弦5（低音）、2。文体为七字（包括增减）奇言对偶句式。曲体为较定型的上、下句式，以四句为一段者较常见，开场时必唱。第一句：前二字散唱，第三、四字上板，定速，第五、六字共唱两小节，末字落音"2"（在强拍上），过门据"2"韵变奏。第二句：第一、二字唱一小节，第三、四字唱一小节（在强拍上，而后休止一拍），第五、六字各唱两小节，末字在强拍上唱"3"音，过门据"3"韵变奏。第三句与第一句相似，但前二字不散唱，行腔也略有差异，唱完无过门，接唱第四句。第四句（结煞句）：前四字共唱两小节，第五、六、七字各唱两小节，并加入伴唱，落音"6"，而后伴唱加腔十小节，落音为"2"结束。

有时，也可六句为一段，则第四句腔同第二句，第五句腔同第三句，第六句结煞，腔同四句为一段的第四句。

[基本调悲调]（慢中板）：1=F或G。2/4拍。主胡定弦5（低音）、2。用于悲伤处。速度稍慢，行腔低沉。第一句不落"2"而落低音"1"，用滑音从"1"过渡到低音"7"，带哭音，无过门，紧接唱第二句。第二句低腔低走，落音"3"，之后有"3"韵过门。如此上、下句可多次反复唱。至结煞句之前的一个上句，唱腔高走然后落"2"转低音"6"接唱结煞句，结煞句同[基本调]，只是行腔低回，情感沉重，伴唱同[基本调]。

[快基本调]（急板）：1=F或G。2/4拍。主胡定弦（低音）5、2。多用于紧张、急促之处。文体为七字（包括增减）奇言对偶句式。曲体为句数不限的单乐句重复，结煞句之前的上句末三字散唱，转结煞句（同[基本调]）。一板一个字位，不论上、下句，落音都是"1"，之后都有一句"啊里工尺四上里工火"之伴唱。中间，为了紧凑，也可少加或不加伴唱。结煞句同[基本调]，加腔伴唱为"四上里工火"。

（2）四明南词腔系：吸收自四明南词，常用曲调有[平湖调][紧平湖调][赋调][紧赋调][慈调]等，以[赋调]运用最多。谱例略。

（3）乱弹腔系：从四明南词中间接吸收而来，常用曲调有[三顿][快二黄][三五七]等。曲体、功能和用法，同四明南词。谱例略。

以上3个腔系的各种曲调可以相互转接。

其他曲调多吸收自戏曲或民间小调，如甬剧或杭剧的[清水二黄]、[大陆调]（武林调）、[一根藤]等。

（二）伴奏部分

蛟川走书早期无弦乐伴奏，只以竹筷敲击酒盅用来配合节奏。抗日战争爆发前夕，才改由敲击鼓板伴奏与和唱。后来又加入扬琴或二胡。三档以上还可加入箫、笛、三弦、琵琶、阮等民族乐器。主音定弦为5（低音）、2，有时二胡等也可拉2、6或1、5和弦。除开场时可演奏一段《小起板》乐曲外，无大的、长的独立乐曲。优秀的乐手先有扬琴师陆祖赓，后有二胡师邱兆和[4]。前者为加强蛟川走书特色与乐器定位做出了贡献；后者则为蛟川走书音乐的承传和规范起到了重大作用，现今被记录的蛟川走书曲谱，均出自邱兆和的演奏。

---

[4] 盲人乐师，会二胡、箫等多种乐器，已故。

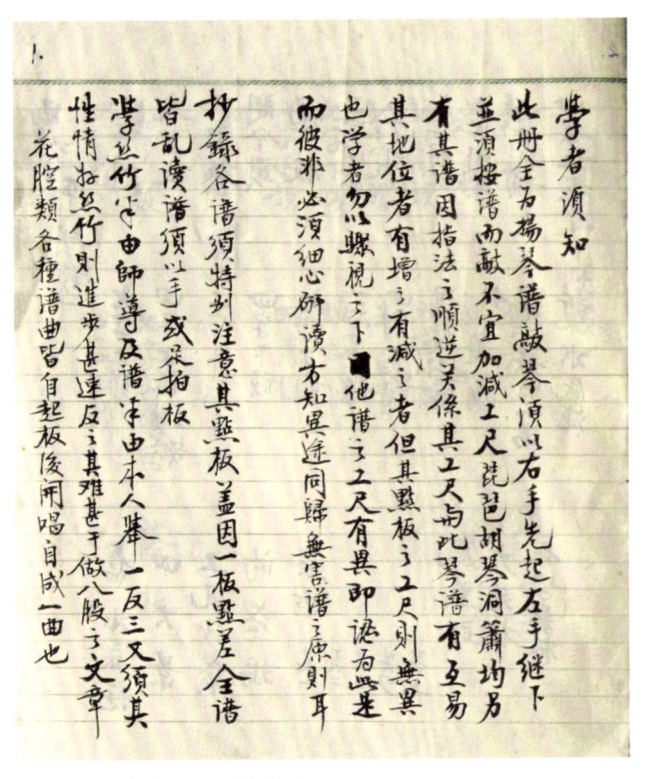

蛟川走书的古谱"工尺谱"首页

据老艺人说，20世纪50年代前，所有艺人都不识简谱，更不知五线谱，蛟川走书伴奏者的记谱用的是古老的"工尺谱"。"工尺谱"的承传方式有两种，一种是用笔写在纸上的，让学者去读识，另一种就是口耳相传，而又以后一种承传方式为多。故此，记录蛟川走书曲调的"工尺谱"传世极少。

另外，许多蛟川走书艺人会唱，又会一两样乐器，所以演唱时既是演唱员，也是伴奏员。会何种乐器，随各人爱好，一般是不和伴奏者使用同一种乐器。

五、蛟川走书的旧时演出场地

（一）茶坊、茶室、书场

宋元时期，宁波已有专供说书人演讲（唱）的"瓦舍"（即书棚）。到明末清初，宁波市区和农村较大集镇已有不少茶坊可供艺人演讲（唱），主要是评话和走书。说唱的也大多是长篇书目。如镇海城里的关圣殿书场[5]、鼓楼茶室（兼书场）等。在骆驼和柴桥等大集镇也有临时书场，常常在晚上人家店铺关门后，艺人们择一个人们往来比较频繁而又集中的较大场地处，点上一盏灯就演讲（唱）开了。讲（唱）到一半时，开始兜钱，结束后再兜一次，以维持生计。但这些都非专业书场。

中华人民共和国成立后，政府为加强曲艺管理和发展曲艺事业，着手合理建立专业书场。尤其从1958年开始，镇海各大乡镇建立了一批民办文化站，有不少地方以文化站为基地，租借房屋，建立了一些专业性书场，添置了长凳、桌椅等必要设施，安排艺人演唱。据现有资料，先后有城关、骆驼、澥浦、庄市、贵驷、大碶、新碶、柴桥、郭巨等文化站开办过书场。其中，镇海鼓楼书场开设于1951年，有座位300个，专业走书、评话；骆驼书场开办于1982年，有座位250个，专业走书，由骆驼供销社负责经营；1964年，镇海曲艺队以集体资金近3万元新建的百花书场，能容纳听众500人，为当时宁波市设施最好的专业书场。百花书场在"文化大革命"中被迫停业，1973年方逐渐恢复其书场功能，后因曲艺业萧条而被卖给了当时的镇海城关镇作为会场使用，后又被人民剧院归并，改建为舞厅、茶室等娱乐休闲场所。其他地方的书场在"文化大革命"中湮灭。

（二）广播、电视书场

中华人民共和国成立以后，为宣传党和政府的方针政策，县文化宣传部门时常组织艺人到广播电台演唱各种时政开篇等小书目，节目深受人们喜爱。

党的十一届三中全会以后，广播书场开始活跃起来。1978年余宝发演唱的蛟川走书《严惩伪乡长》，1982年汪文娟演唱的蛟川走书《称心如意》，1985年林小明演唱的蛟川走书《飞龙传》，先后在宁波市人民广播电台录音播出。

1982年到1992年，著名蛟川走书艺人张亚琴为镇海区人民广播电台曲艺专题节目演唱了《飞龙传》《杨家将》《潘杨案》《兴唐传》《五十一号兵站》《敌后武工队》《野火春风斗古城》等一大批新老书目，每天播出半小时；1996年10月1日至1998年5月1日，镇海电视台设立"蛟川书场"，录播了张亚琴的《杨家将》《飞龙传》《兴唐传》等书目，每天20分钟，受到广大群众尤其是农村群众的热烈欢迎。许多人往往在演播前，早早吃好了饭，端端正正地坐在广播喇叭下

---

5 现镇海清川路与人民路交接处一带。

蛟川走书第五代传人张亚琴先生在 20 世纪 80 年代的演出照

等候广播开始。

现在，这些珍贵的录音和录像均保存完好，为蛟川走书艺术的保护提供了可贵的资料和保障。

六、蛟川走书的代表书目

《杨家将》

周世宗柴荣命赵匡胤挂帅领兵下河东，途经虎塘寨遇杨滚交锋，赵匡胤被打落马下，杨滚正要刀劈，只见赵匡胤头顶出现一道红光，杨滚住手，双方和好。令公杨滚赐金柱，赵匡胤以玉带相换，言明日后"赵家为皇杨家将"。杨滚回话，"果若如此，上保国家下保黎民"，并即派儿子杨继业通报各路十八令公勿与赵匡胤交锋。后杨继业误走佘塘关，猛追佘赛花到七星庙，由苗先生为媒，杨继业与佘赛花成亲。

其后，赵匡胤登基，国号大宋，建都东京开封府（今河南开封）。命潘仁美初请杨家将未归，即着潘仁美奉旨背金柱二请杨家将，过黑虎山被强盗黄仁抢走金柱，幸遇汉王刘知远之妻李三娘向杨继业诉说实情。为此杨七郎出战黄仁，三天三夜不分胜败。杨继业便亲自出马，扫平黑虎山，复得金柱。

青峰关韩通因记前仇，率十队兵马来犯。杨继业奉旨命七郎迎战一队，各将勇战各队，最后战胜韩通夺取青峰关。不料潘仁美谎言奏本诬告"杨七郎在战场上自命'扳倒天'，分明要扳倒大宋天子，有欺君之罪"。宋太祖不理奏章，写了"御笔亲题当今帝，赐予大红飞虎旗，搜山救驾立大功，钦封七郎'扳倒天'"。不久，赵匡胤背疽归位，郑子明阵亡，赵匡义即位。其时，天青梁王戚得龙进犯中原，下战表约定金沙滩"双龙大会"，规定大将不超十员，兵丁不过五百，内除杨七郎。

但见金沙滩人马浩荡，杨大郎代太宗出驾，杨七郎扮旗兵混进，呼延不达和众将保驾。谁知金沙滩三天三夜一场混战，杨大郎扮太宗中袖箭身亡，二郎拔剑自刎，三郎遭战马践踏如泥，四郎失落萧邦，五郎替代皇帝五台山做和尚，只有六郎、七郎保驾回朝，杨令公继业正式辞官回虎塘寨。

此后潘仁美文官挂武帅，又因萧邦进犯中原，太宗诏宣吕蒙正和寇准再请杨家将兵伐幽州。岂知，路途中埋伏，兵困两狼山，杨令公命七郎进京讨救兵，七郎路过三关被潘仁美设计陷害，乱箭穿身而亡。杨令公碰死李陵碑。后杨六郎告御状，寇准夜审潘洪。

《杨家将》书目由舒瑞昌先生亲授张亚琴，张亚琴曾在舟山沈家门演唱，两个月为一期，连唱3期，唱了6个月。

《飞龙传》

五代后周大将赵弘殷的后花园开双台荷花（并蒂荷花），传说要出贵人。赵弘殷心想，此乃稀世大事，因此上早朝时奏明皇上，请来后汉高祖刘知远前来观赏。时值六月夏天，百花亭十分闷热，皇上脱下皇冠、龙服，将其藏到御书楼由太监看管。

此时，赵弘殷人儿了赵匡胤与结拜弟兄，吏部之子张广远、刑部之子罗延威三人也来后花园凑热闹。路过御书楼，张、罗两人要上楼看看，被太监挡住，赵匡胤说这是他家的楼，便三拳两脚打跑太监，冲上楼去。赵匡胤戴皇冠，穿龙袍嬉闹起来，自封为皇，又封张广远为东京王，罗延威为西京王。三人见御书楼外有一颗大松树，脱口便说国号大宋；又见龙服在身，便说是"见龙"（建隆）元年。一场小闹后三人便溜出御书楼。在天齐庙适逢御母娘娘进香，赵匡胤一时又犯下"强行天齐庙，仰面见娘娘，双拳打校尉，金影击御车"等大罪，被发往河北沧州充军。不料河北南王县县令单志昌深怕得罪，任其游荡。赵匡胤嫖游梧桐院与韩素梅卿卿我我，却遭韩通吃醋，赵匡胤又火烧梧桐院，夜闯御戏院，引起冲突，斩杀一百零八口后逃离。路过青石山遇强盗石守青、石守能，与之结为友好，共投河间府岳父处暂息。谁知与岳父（河间府知府）何炳楚产生矛盾，竟手持六合夜光刀，快杀六十四口半，留名杀人者张、罗、赵等……

此时，后周世宗柴荣为创大业，一统河山，结拜赵匡胤为二弟，郑子明为三弟，张广过为四弟，算卦苗先生为军师五弟。而后唐王李存勖趁机欲夺后周，将柴荣围在铜佛寺，弄得粮草绝尽，幸赵匡胤等保驾，战胜后唐王，赵被封为兵马大元帅。后赵匡胤识才，踏雪放出能人吕蒙正和赵普。柴荣因患天疱疮不治归位。

众结拜义兄弟拥簇赵匡胤登基为皇，建都汴梁（开封），国号大宋，年号建隆元年。

《飞龙传》由蛟川走书艺人舒瑞昌传授于张亚琴，此书可连续演唱两个月。

《抗台英雄贺玲娣》

1956年"八一"台风在镇海县境登陆，狂风呼啸，暴雨倾泻。三山高级农业生产合作社的南海塘首当其冲，情势万分危急。社员们纷纷奔向海塘抗台抢险。女社员贺玲娣冒着风雨从家里拿来旧被絮、旧麻袋来挖泥堵口。此时有社员急切地来通报贺玲娣，家里猪厩间被大风刮倒了，她的瞎眼阿婆和儿子情况也很不安全，要她快回去。贺玲娣她只有一个念头，只要海塘保牢，家里就出不了大事。且此时她想到还有离家不远的近邻，年迈体弱的老阿公、老阿婆的小屋更危险，就奔回家里将两老转移到学堂里，再将一老一小安全转移。返身又急忙奔到海塘。此时，风越来越大，雨也越来越紧，潮水随着狂风刮来，本来不牢靠的海塘被冲出一个大决口，贺玲娣被大潮水冲走了……

三山人传颂着贺玲娣抗台牺牲的事迹，称她是抗台真英雄。

此为镇海县曲艺队队长虞友甫专门深入生活，学习抗台英雄贺玲娣动人事迹所创作的短篇走书,由张亚琴演唱,曾参加1958年浙江省曲艺调演,荣获一等奖。

《白鹤图》原为宁波走书的优秀传统书目,是宁波走书老艺人毛全福、应兰芳的拿手书目,后被蛟川走书艺人移植为蛟川走书书目。

《双珠球》原出自四明南词,南词名家陈莲卿将其传授给宁波走书艺人朱桂英,后蛟川走书艺人也学会了该书目。

《天宝图》为蛟川走书艺人的传统书目,可连唱10余场。

蛟川走书现存书目表

书目	回数	存档时间	页数
《血榜记》		1963年	40页
《野火春风斗古城》	1—10回	1974年	267页
《海岛春晓》	1—8回	1974年	256页
《敌后武工队》	1—6回	1975年	155页
《党的女儿卢建华》		1976年	33页
《武松》	1—4回	1977年	234页
《杨家将》	1—9回	1978年	213页
《杨家将》	1—9回残卷	1978年	188页
《杨家将八虎闯幽州》	1—5回	1978年	120页
《大闹金王府》(一)		1979年	51页

第二节 张亚琴人物小传

张亚琴是镇海著名的蛟川走书艺人。有人说:没有蛟川走书就没有如今的张亚琴;没有张亚琴也就没有如今的蛟川走书。此话并不过分。张亚琴和蛟川走书紧紧连在一起,她把毕生精力献给了曲艺艺术,她是深受人民群众喜爱的曲艺艺人。蛟川走书的发展有她特殊的功劳。

一、初学蛟川走书

1928年,张亚琴出生在原镇海县高塘农村,家庭非常贫穷。父亲在上海煤炭行拉煤，母亲做家务。哥哥是盲人，20岁那年在宁波唱"新闻"，去河埠头洗碗，落入河中淹死；一个阿弟，十来岁时患病丧生；一个阿妹送人，至今下落不明。兄弟姐妹中只剩下她一个。张亚琴从小就喜欢唱《孟姜女》《哭七七》《十只台子》等江南民间小调。11岁开始，听老艺人朱阿根唱"蛟川走书"。朱阿根在亚浦唱，她在亚浦听，朱阿根在上傅唱，她到上傅听。朱阿根慢慢注意到了这个总是坐在台前认真听书的小姑娘。一天，书场散后，朱阿根走过去拉住张亚琴的手说："小娘（宁波方言），你听得懂吗？"张亚琴点点头："听得懂。""那你把听来的词曲讲给我听听。"张亚琴架势一摆，按先生的样说唱了一段。朱阿根没想到这小姑娘有那么高的悟性。他翘起大拇指感慨地说："是块材料。你学唱书前途无量！"老艺人的话给了张亚琴莫大鼓舞，从此，她更加刻苦学习。朱阿根喜欢上了这个小姑娘。小姑娘迷上了"蛟川走书"，从此跟着朱阿根学。每次翻场子，由张亚琴背扬琴。当时，朱阿根演唱的都是小书，如《玉蜻蜓》《珍珠塔》《尚元斩母图》《玉连环》《双金亭》等，曲调比较简单。张亚琴听多了，就学会了这些走书曲目。13岁时，张亚琴在书摊上买了本《越剧戏考》。因家穷，她没读过书，就叫隔壁小玉阿叔一句句教，从中开阔视野，吸取营养，这样也为她打下了一定的文化基础。后来，她虽不会写字，但识字。

17岁那年，张亚琴开始唱起了"蛟川走书"。那时，没人给她做后场，她在农家的墙门里放张小桌子，手执一把扇子，再搞个"惊堂木"就演唱了起来。

张亚琴近年演出时留影

"女人，尤其是小姑娘唱书哪里听说过？真是坍张家的台啊！"母亲闻讯后气得要死。她从家里背来一根木棍，气呼呼奔到书场，对着女儿就扫，张亚琴赶紧躲避。张亚琴的书唱到哪里，母亲的木棍就扫到哪里，但木棍打不掉女儿从艺的决心。看着女儿对曲艺的执着追求，母亲也只得同意了。

张亚琴从17岁下半年正式搭台演唱走书。唱书要挂艺人名牌，写个什么名字？她原名翠娣，她感到这个名字太俗气，于是，她有了个绝妙的想法：我在亚浦帮朱阿根背扬琴，取一个"亚"、一个"琴"，叫"亚琴"，不是很有纪念意义嘛。从此，她的名字就叫张亚琴。

二、巧拜名师

17岁开始，张亚琴唱书有了后场。傅士杰敲扬琴、曹仁昌敲鼓板，年轻貌美的张亚琴越唱越红火。过去，镇海、北仑一带行庙会，都由陆尧林、谢庆法、王家新等知名艺人说唱，现在全部由张亚琴包揽，每演出一场，村子给谷100斤。镇海城关的知名艺人陆尧林气得要命。他投诉到警察局，两名警察前去捉拿张亚琴，张亚琴闻风逃避，两名警察将唱书用的桌子、椅子予以没收。后张亚琴去镇海警察局一打听，里边的人说："这事，你只要找陆尧林就可以解决。"张亚琴来到鼓楼边的陆尧林家。陆见了，吃了一惊："你咋会到我家来？"张亚琴问："为啥要找警察捉我？"陆说："你参加过说书人协会吗？"张答："没有。"陆说："没有参加说书人协会，唱书是非法的。"张说："那我现在要求参加说书人协会。"陆问："你拜过先生吗？"张答："没有。我是自己听书听会的。"陆说："无师传授不得入会！"张亚琴生性聪明伶俐，马上说："那我拜你做先生！"张亚琴立即跑到附近南货店，包了4只包头，口称陆为先生。陆尧林说："拜先生要拣日子。"1946年春天，张亚琴办酒席四桌，正式拜陆尧林为师。陆尧林评话主要有《十月琴》《白鹤图》等，在陆先生的传授下，张亚琴的技艺又有了很大长进。此后，张亚琴正式走上了演唱蛟川走书的艺术道路，成为有史以来演唱蛟川走书的第一位女艺人。

三、精研技艺

镇海解放后，于1949年10月成立镇海民间艺人研究会，1953年又成立县曲艺协会，会长虞友甫，副会长张亚琴。这时的张亚琴已经不满足于小打小闹，因

张亚琴在 20 世纪 80 年代演出时剧照

为师公舒瑞昌是陆尧林的先生,所以张亚琴决心把《隋唐演义》《杨家将》《飞龙传》等大书从师公那里学过来。

1955 年,张亚琴去舟山唱走书,要师公随行教她大书。开始,师公不愿同行。张亚琴硬缠软磨并许下条件:"教书期间,管师公吃饭、喝酒,每月工资全部奉上。"师公这才出马。在舟山期间,上午由师公讲解传授,下午走书就同观众见面了。日复一日,张亚琴把《隋唐演义》《杨家将》《飞龙传》全部学了过来。这时的张亚琴肚子里真正有货了,她能演唱中国千余年历史故事。

1956 年,张亚琴与虞友甫搭档在柴桥镇演唱《隋唐演义》中的"破三十三门铜旗城"。第二天晚上,书场散场时听客在台下喊:"明天叫虞友甫来破!"为什么听客不欢迎她破门?说明张亚琴功夫不如人。这天晚上,她从柴桥的上街走到下街,一边走一边设计破门的每个细节,直到翌日凌晨 5 时才回到宿舍。次日的演出张亚琴终于在柴桥打响名气,她"破门"演唱得有声有色,情节紧张生动,扣人心弦,受到广大群众热烈欢迎。

张亚琴在农村室内表演蛟川走书

四、艺术特色

张亚琴的蛟川走书说得好,唱得好,演得好。她的语言通俗易懂,非常简练,而且形象生动,如"额角头""笔直""人烧得像冬瓜团一样"等。她还善于博采众长、创新曲调。早先的蛟川走书调子简单,张亚琴认真学习京剧、甬剧、越剧、四明南词,将一些优秀唱腔糅合到蛟川走书中来。因此,现在的蛟川走书曲调非常激昂、气势非凡。这种曲调,振奋人的精神,使人精神饱满,随着故事情节达到高潮,人的精神状态也达到高潮,逐步把人引入故事中去。

在表演方面,她能演众多角色,且人物性格特征明显,喜怒哀乐,皆表情丰富,感情投入,动作到位。武打时,一招一式非常清楚。她说、唱、演结合自然,融为一体。在演出时,她热了扇扇扇子,渴了喝点茶壶里的水,出汗了用毛巾擦一擦,就像同观众在拉家常,气氛宽松,贴近观众,所以观众听书,既觉得亲切又能得到艺术般的享受。

在唱功方面,张亚琴嗓音宽厚洪亮。蛟川走书演唱的多是公案、武侠、演义

张亚琴在人民大会堂广场舞台表演蛟川走书

等长篇大书,这些更是她的艺术特长。她嗓音之宽厚,唱腔之优美,吐词之清晰,咬字之准确,受到众口称赞。20世纪50年代后期,有一次她在沈家门剧院演唱,一天出售999张书票,在无扩音设备的条件下,能把说与唱清晰地送到最后一排观众耳边。她对蛟川走书的基本调、急板、哭调演唱更有独到之处。如在基本调第三句下半段突然转入高音,给故事情节起到烘托作用;如唱二黄调时,也充分发挥其激越高亢之音调,把气氛推向高潮。她演唱时功架老练,尤其对文武官员(俗称生角)出场,如杨老令公、吕蒙正、杨林等人物的捋须、甩袖等动作,举手投足,既不拘泥于戏曲程式,又遵循走书演唱的规范来表达不同的性格。而对反派人物潘仁美、庞洪等则从发音、洒步、面部表情来表达其险恶的面目。又如,某一英雄人物登场,一声"马——来哟!"随着一阵马蹄铃声,用右手执扇代马鞭,右腿作上马姿势,伴和"那旁来了一英雄"的唱腔,听众听了如同身临其境,因认定是救人除害的英雄好汉到来而感到放松。还有流水急板、帅堂摆威,是她演唱艺术之特长,在演唱大部书时,如万岁爷上早朝、大元帅升帐,都有一番耀武扬威的气势。此时,张亚琴随着快节奏的流水板(或急赋),

张亚琴和部分徒弟合影

几十句唱腔,一气呵成,场上一片寂静。听众们待唱完后报以热烈的掌声,盛赞"快不乱板"。

因唱做俱佳,张亚琴于 1982 年加入浙江省曲艺家协会,并于 1983 年加入中国曲艺家协会,还曾被选为浙江省曲艺家协会理事。她多次参加省、市曲艺会演、调演并获奖。

五、传承传播

1957 年到 1990 年,张亚琴为培养蛟川走书接班人先后招收女青年赵素婷、虞阿青、汪文娟、江亚华、李丹艳、林小明、李益珍、罗玉芬、张亚飞为学徒,2006 年又招收了北仑人张锡珠为徒。

1982 年到 1992 年,张亚琴为原镇海县人民广播电台曲艺专题节目演唱《飞龙传》《杨家将》《潘杨案》《兴唐传》《五十一号兵站》《敌后武工队》《野火春风斗古城》等书目。

张亚琴在从艺 45 周年活动中与嘉宾合影

张亚琴在从艺 50 周年纪念活动中表演蛟川走书

1988年1月16日,镇海区文广局、区曲艺队、区曲协在百花剧场举行茶话会,祝贺张亚琴从艺45周年,时任区文广局局长邹成志出席并讲话,学生江亚华、李丹艳进行了演唱。

1993年,张亚琴时年66岁,带领着艺徒张亚飞、林小明、孙佩珍等组成宣传小分队在镇海电影院广场演唱《一代天骄毛泽东》,在城关中心小学、龙赛中学宣传镇海口海防历史遗迹,演唱《林则徐在镇海》《吴杰炮打法舰》《卢镗督造威远城》等节目。

1994年5月17日,镇海区文广局、宁波市曲协在百花剧场为张亚琴同志举行从艺50周年庆祝活动,时任区文广局局长周晓芳和宁波市曲协领导参加了活动,她的弟子们演唱了走书。

1996年10月1日至1998年5月1日,张亚琴为镇海电视台"蛟川书场"录像演播《杨家将》《飞龙传》《兴唐传》,每天20分钟,成为弥足珍贵的历史影像。

第三节　张亚琴口述访谈

访谈时间: 2020年8月17日
访谈地点: 宁波镇海后大街社区蛟川走书传承基地
受访人: 张亚琴
采访人: 洪余庆

一、拜师学艺

采访人: 我们现在一起来回忆一下过去的事情。我首先要问的是您为什么会去学走书?

张亚琴: 我唱书全靠唱书大王朱阿根启发我,他唱书我从小就听,非常喜欢听。每天到场,在店里的角落里坐着,抬着头听着。后来就慢慢地熟了,他说"我唱书你都听了",我说"都听了"。他跟我说"小姑娘,你这样每天来听书听得进去啊",我说"我听得进的"。那他说:"我节目唱点什么内容,你说得出吗?你记得吗?讲给我听听?"那我讲给他听了,我就跟他说了,"你节目里出现了相公,到花园去游,跟小姐两个人私定终身"。然后他在我的肩膀上拍了拍,说"小姑娘你好的,你这个资格可以唱书的"。我说"女人怎么好唱书呢",他

张亚琴在表演蛟川走书

说"你去唱好了,你要是唱书的话,是第一个女人唱书"。我说"有些调子不会唱",他说"我教你,你书没有呢,我也给你好了"。"我跟你讲过我会唱吗?我哥哥是个唱新闻的盲人,所以我哥哥唱新闻的那些东西,我都会唱的。我陪着我哥哥唱新闻的。"所以他跟我内容讲好,我把内容复述一遍给他听。在他的启发之下,他经常给我打气,他说"你学会唱书以后,赚钱可以赚好多了"。我想想家里经济那么困难,能赚钱过日子,那我就拼命去听书。有的时候白天去听来,晚上那个时候天气热,露天场地里面有很多人来乘凉。小桌子一张,我也拿个东西在小桌子上敲一敲,我说"我唱给你们听好吗",大家说"好",就这么开始。慢慢地他们就知道了,这个人会唱书,张翠娣会唱书的,唱得非常好。在朱阿根启发之下,那个时候还唱庙会书。

采访人:这个时候您几岁了?

张亚琴:那个时候17岁。

采访人:那陪你哥哥唱新闻的时候是几岁呢?

张亚琴:那很小的,大概八九岁就开始跟着我哥哥了。

采访人：才八九岁呀，那年纪还是很小的，那你哥哥的眼睛是怎么瞎的呢？

张亚琴：哥哥的眼睛，是因为生病瞎的。

采访人：当时是不是家里经济比较困难，医生也请不起？

张亚琴：对，看不起，所以这样了。看病也不及时，所以伤害眼睛了。那个时候家里的负担，也是很重的。

采访人：当时是不是因为家里经济比较困难，所以去唱书？

张亚琴：家里经济情况很差，我爸爸是在上海煤炭行里拉煤炭的，上海这个花花世界，我父亲也没有什么钱带回家里，家里的生活全靠我母亲去别人家里打短工，现在说起来叫作保姆，奶奶在家念经，经念好再卖给人家，赚一点钱，度度生计，后来我哥哥唱新闻学出了，我就陪着他唱新闻，这样钱多一点。特别是天气热的时候，道场里就会有人坐着乘凉，一张小桌子，石头当醒木，拿起来敲一下，按照朱阿根的唱法，也学着唱唱。那时候听书的人蛮多的，我想这样赚赚钱也蛮好的，听的人很多就可以赚钱。我那个时候住在石观堂，算山庙里，唱书有个行会接戏，然后有唱书的先生跟着，摆到哪里就跟去哪里唱两句，有钱赚的，我想想看这样倒是蛮好的，然后也有朋友来帮我的忙，从镇海叫来朱阿根、陆尧林、费仁金，他们说一起去，那么就一起去唱书赚钱，那我看这倒是挺好的。

采访人：后来是不是出事了？

张亚琴：是的，后来唱好了，很多行会都来找我，镇海唱书是有"五公座"的，有五位先生特别出名，就是行会里面唱书都是他们包去的，我一唱呢大家都来喊我了，那他们这些人生意就没有了，那我接的戏多他们就气死了，就叫了警察来抓我，叫我到镇海警察局去。那我吓死了，就到村里去找人，现在叫村长、书记了，过去就是族长，我的小名叫翠娣，族长就说："翠娣你去好了，我陪你一起去，这又没犯法。"那我就去了，他陪着我一起到镇海来了。到了镇海警察局，警察说："跟我们是没有关系的，不是我们警察局不给你唱，你到鼓楼旁边66号，到陆尧林先生家里去一趟，你去问问他看，为什么道理你不能唱。"然后族长就陪着我一起去了。到了陆尧林先生家里，我走进去，说："你是陆先生吗？"他说："对，是的。"我说："警察局把我叫来，不是警察局不给我唱书，让我到你这里来一趟，我想问一下你是什么意思，到底是什么问题。"然后他就说"你书是唱不来的"，我说"为什么不能唱"，族长也帮着我一起问"为什么她不能唱",他说"你是没有牌照的",按现在的话来说叫非法的,没有牌照的,那我就问"什么叫牌照",他说"唱书是有说书人协会的,你没有参加协会"。那我说"我参加好了,可以参加吗?",他说"参加是可以参加的,就是要500斤谷",当时500斤谷是蛮厉害的。我说"要500斤谷啊,那我拿不出来的"。这个时候族长说:"你答应他好了,我们会帮你出的。"这样我就入了唱书协会。然后他还有第二个条件,无师传授不得入会,没有先生的人入会是不能入的。那我马上就说"我拜你陆先生做师父"。然后我马上出去,鼓楼边上就有一个店,买了4个罐头,往他桌上一摆,跪下来就拜,那他也没有办法了。我的师公是舒瑞昌,我师公就说:"尧林啊,好的,收下来,收下来,姑娘唱书挺好的,小姑娘脑子也很活络,你就收下吧。"然后就开始拜了先生。先生拜过,还要摆谢师酒,所有唱书先生都要叫来,然后要到现场给他们吃酒,那我也答应了,我磕了好几个头,他只好硬着头皮收下了。那我就可以入会了,再加上那个时候我师父是红牌,红人,镇海"五公座"里,我先生陆尧林是最红的了。他起初还推一推说他没有资格收徒弟,我说"我也知道你,先生是很有名气的,镇海'五公座'里你是最有名气的,我要拜你做先生"。然后我师公舒瑞昌坐在边上就说了,他说"好的,你这个徒弟收下来好的"。我师公我说话,他人是不认识的,但他说"这个小姑娘脑子很活络,她学得出来的",然后就跟我先生说"尧林你收下吧"。这样才把我收下来的。

采访人:陆尧林,当时您拜他做师父的时候,他大概几岁了?

张亚琴:先生大概跟我相差28岁。

采访人:听说您师公对您很好的,舒瑞昌还是很积极支持您的。

张亚琴:对,我师公很好的,他的鼓励很重要的。我唱书,我的先生没有教,都是我师公教的。

采访人:还是师公教的多。

张亚琴:对,师公教。师公是唱大书的,他是跟讲书一样的讲。《飞龙接金枪》,还有后面的那些书,都是师公教的。

采访人:实际上您有两个老师了。

张亚琴:对,是的。

采访人:那您学唱书的时候应该生意蛮好的吧?

张亚琴:是的,生意很好。

二、蛟川五公座

采访人：张老师，我再问您一下，镇海的蛟川走书，宁波也是出名的，舟山也有很多人唱蛟川走书的。最著名的唱蛟川走书的几位老先生，名字您还说得出来吗？

张亚琴：谢阿树。

采访人：对，谢阿树。

张亚琴：谢阿树唱书，不是像现在这样唱蛟川走书的。那个时候，蛟川走书的调子还没有固定下来，他唱起来是，一二三、五六七这样的调子。他不是现在这样的蛟川走书的调子。

采访人：对，不一样的。那个时候听的人蛮多的啊？

张亚琴：听的人是蛮多的。

采访人：陆尧林是您的老师，那么其他的老曲艺人您认识的还有吗？

张亚琴：其他唱书的还有谢庆法、王永鑫、费仁金、舒瑞昌，再加上我先生陆尧林，就是镇海五个人"五公座"。用现在的话说，他们就是书霸头，唱书唱得最好了，不过我先生都是唱中小书，不会唱大书，我的书都是我师公教的，《隋唐演义》《杨家将》都是我唱的大书。

采访人：陆尧林他唱书的时候，当时算好的吧？

张亚琴：那个时候镇海有五位老先生，那五位老先生不是我自己捧的，我的老师是唱得最好的。陆尧林唱《日月琴》，有一个礼拜可以唱。他演的角色就比较好，我也学不了他。他一个男同志，他演小姐，他就可以扭着扭着走路。我总是问先生，"你是怎么走好的，我怎么就走不好"，他说"你是女的嘛，好学的呀"。

采访人：那为什么要叫他们"五公座"呢？"五公座"是什么意思啊？

张亚琴："五公座"就是这五个人最有名气，就是在镇海最有名气。即使到乡下去，观众也都知道的。这五个人独步江湖，在他们那里，在镇海要么不唱书，唱书就是被他们控制的，团结搞得非常好，争来争去这种事情没有的。

采访人：那个时候唱书，老先生都唱些什么节目？

张亚琴：像我先生都是唱中书的，也不是很小，都是中等的。一般来讲，人家来定10天书，那他就有10场书好唱，就这样的。

采访人：10场书，具体唱点什么内容呢？

张亚琴：《日月琴》《雌雄碑》。

采访人：还有呢？

张亚琴：还有《白鹤图》，都是我先生唱的，蛮多的。

采访人：您也会唱？

张亚琴：我学唱书都是我师公教的，因为我演不了女人，扭啊扭啊的，我不会装，我害羞的。我师公是讲大书的，《飞龙传》从宋太祖讲起，一直讲到杨家将死光为止。

采访人：这个书都可以接下去的。

张亚琴：对，这个书名叫作《飞龙接金枪》(《飞龙传》中的一个选段)。以前的书场不像现在这么像模像样，几个人凑点钱，让某个人去喊一个唱书，然后就可以开始唱。

采访人：过去是这样的，过去庙里面好像就有书场。宁波、霞浦您去不去的？

张亚琴：霞浦经常去的，霞浦人很喜欢听书。

采访人：您唱书的积极性也很高，很多节目都是您自己排出来的吗？

张亚琴：是的。

20世纪90年代，张亚琴在表演蛟川走书

三、冲破阻力

采访人：您那个时候去唱的时候，我好像记得，您小时候奶奶对您是非常好的，您家大人是反对您唱书的，是不是有这么个事情？

张亚琴：是的。

采访人：听说母亲是反对您去唱书的，她为什么要反对呢？

张亚琴：对，我老娘是反对的。当时她就说了，小姑娘怎么好去走江湖呢？不能去的。我说我们家里这么苦，如果我能够学出来，也好为家里面增加一点收入，还是要让我去的，我自己有数的，我说先去学学看，如果学不出来的话我就回来，学得出的话，我就学了。那时候我住也是住在先生家里，因为我母亲不让我回家，我的师娘非常好，她把我当成女儿一样。镇海不是有个镇海庙嘛，镇海庙唱书喊我去唱滩头。我那个时候走书的调头唱不像样，我哥哥是唱新闻的，我只会唱新闻的调头，小锣鼓当当当敲起来，然后就这样去唱了。我是不认识字的，我学起来很辛苦，因为也没有读过书，不知道怎么写字，只能靠脑子记。我先生唱书我就去听，有一次他叫我唱个开篇，说让我唱一段，我就和先生说："你的调子我唱不像，我只会唱新闻。"他说："唱新闻的调子也没关系，那你就唱新闻的调子。"然后我就去唱了，他唱后面的书，我唱前面的。这一唱下面听书的人是坐满了，每天都叫我去唱开场，我先生就说"你去唱吧，老师会跟你配合好的，你放心好了"。每天去唱个开篇，那开篇我唱来唱去，就是唱新闻的调子，走书的调子不会唱。

采访人：唱新闻是学过了啊。

张亚琴：对，那就按照唱新闻这样唱唱。

采访人：有一回我好像记得，老母亲把您赶出来了，晚上不让您进来了，这个事情有没有啊？

张亚琴：有的，有的。

采访人：那她为什么要这样做呀？

张亚琴：她说，女人、小姑娘不可以学唱书的，走江湖不会好的，以后连老公都找不着了。我说我要去唱的，我说如果学会了，我还能赚钱。我母亲说："如果你去学唱书，就不许回来了。"晚上大门关起了。

采访人：那您怎么办呢？

张亚琴：大门关住了，我家在山脚下的，山边上的。门关住了我走不进去怎么办呢？我就只好走到山上去。山上有一座大坟，只能靠着坟，坟背后这样靠着打瞌睡。然后我奶奶就说我妈妈了："你这个人怎么这样的，这可是你的亲生女儿。让她这样到坟边上去坐着，万一晚上豺狼虎豹跑出来，把她吓到了，被叼走了，咬死了怎么办呢？"然后我奶奶打着灯笼走上山，把我叫下来，再叫进家来。我母亲也就不管了："随便你，去也好不去也好，家里不要给我进来，你去好了。"然后我就开始学书了，住也住在先生家里，因为我母亲不让我回家，不让我走进门去。先生每天唱书去，我每天去唱个开篇，多听听那个调子就听会了。我师娘对我很好，跟自己女儿一样。就这样开始慢慢学起来，下面群众也欢迎的，最好我每天都去唱。我说我书是不会唱的，那个时候我先生唱《日月琴》，我也跟着唱《日月琴》。他说："我跟你讲，讲完以后你会唱吗？天亮[6]跟你讲，下午你去唱。"我说："我会唱的，我跟着我哥哥学唱新闻，我是有基础的。"他天亮跟我说好，相公到外面去走，然后碰到了什么人，什么私定终身等情节都跟我讲了。我听在脑子里，一点都不会忘记。他讲过我不会忘记，那我就从《日月琴》开始唱起。

采访人：过去旧社会的时候，都是男人唱书的，女人是不可以唱书的。

张亚琴：对。

采访人：镇海自从有蛟川走书以来，您是第一个女将。后面您又一点一点培养出来的也是女将。

张亚琴：我们镇海的蛟川走书啊，讲起来有160多年历史，以前唱书的都是男人，从来没有女人的。我开始唱书的时候，女的唱书的一个都没有，就我一个人。

采访人：女人都唱书了，这个您是独创，这是打破历史纪录，冲破历史的枷锁。以前都是男人唱，现在女的可以唱了，整个宁波地区也讲不出几个人，所以您是镇海蛟川走书第一个女老师。

四、闯荡江湖

采访人：您都是唱大书的，主要有哪几部大书？

张亚琴：我唱的有《杨家将》，从《飞龙传》开始，然后《杨家将》一集一

6　方言，指早上。

集唱下去，从《飞龙接金枪》到《杨六郎归位》，这个有半年可以唱。

采访人： 那这些书您要全部都记住，您是怎么办到的？

张亚琴： 我唱书就把师公带去，也给他参一股。那个时候唱书都是要收钱的，比如一天1000块钱，那3个人的话我拿500块，他们拿250块钱一个。我给师公也一股，我说"我也要给你一股的钱，你做股东"。我师公就很积极地教我，他天亮跟我讲，我下午就去唱，下午唱好晚上还要去剧场唱。他边吃晚饭边讲，然后我就去唱。

采访人： 您的记忆力是好。

张亚琴： 唱书间就是一个房间，有一张桌子、两把大椅子，还有几样小道具，都要自己管的。他把内容讲给我听，我脑子要灵活，不能吃弹子，就是这样的。

采访人： 那拜好老师，您什么时候正式开始唱书的？

张亚琴： 一年以后，我18岁正式开始唱书。

采访人： 镇海这么大一个地方，过去唱书都是男的，您是第一个女的？

张亚琴： 对，我是第一个女的，上面有"五公座"在，我都安排好了，马屁都拍到了。"五公座"下面有他们的徒弟，也要来找我麻烦。我在上面唱书，有人在下面摆好的矮凳上一躺。那我就说："对不起各位书客，这个地方是来听书的，不是来睡觉的，你最好起来坐着，矮凳是给别人坐的。"然后他就发脾气要冲上来，说："你算什么啊，你人都还没有出名，架子那么大，小心我不给你唱。"

采访人： 这个人是来捣蛋的是不是？

张亚琴： 对，是来捣蛋的。他就冲上来让我下去，人都要被他拖到台下了，我这个人也是很厉害的，旁边有热水瓶，放着倒茶用的，我随手就把热水瓶拎起来倒下去。

采访人： 那您厉害的。

张亚琴： 他让我下来要打我，我不可能眼睁睁看着被他打。他就去告诉"五公座"先生去了，我先生一家一家去拜会遍，那这些徒子徒孙们就被老师教育了，手臂都打青了，要（他们向我）赔好。这样子冲上来，就动干戈了嘛，然后他们就来跟我赔礼道歉，衣服去买好，保证书写好，从今以后不能再捣蛋了。

采访人： 这个时候，您是跟着老先生在唱书？

张亚琴： 是的，最可怜的是他有胃病的，唱的时候胃痛，那个时候我看他痛死了，还在那里支撑着。我从口袋里拿出一包药，往他嘴里倒，他再继续唱。

采访人：说明过去的艺人啊，确实是苦的。那您的话还算有点厉害的。那个时候女艺人唱走书很不容易，您唱书的情况怎么样？

张亚琴：那时候我跟我师兄也是一起唱，师兄虞友甫，我和他一人唱一回，我唱第一回，我师兄唱第二回，唱到后来底下的书客也很奇怪，唱第一回的时候底下人早就坐满了，我书唱完下去以后，书客就陆陆续续地都走了，就没几个人听书了，他们喜欢听我唱。

采访人：男人的喉咙和女人的喉咙总有区别的，对不对？

张亚琴：对，而且女人唱书我是第一个人，所以观众就喜欢听我唱的，我下台他们就都走了。后来我师兄就说了，我不跟你搭档了，感觉我头都抬不起来了，我们就各自唱吧，你归你唱，我归我唱，假如说有人来叫我，你没有在唱那我会去的，如果你在唱那我就不去了。他就让我了。后面唱书还有个包秀英，女的，看见我唱书，她也想学唱书。她跑来跟我说："唱书先生，我自我介绍一下，我是包秀英。我看你在这里唱书，好像挺好的、挺开心的，我也想学，你说能不能学会？"我说："这个我不知道了。"她说："我拜你做先生。"我说："你错了，我自己也是初学的，还在学呢。你拜我做先生，我吃不消的，我自己都还在学呢，怎么能收徒弟呢？"后来包秀英书没学，每天都来听的。她会写字的，每天在下面摘抄，按照说书人的规矩，当场摘抄是不能的。你如果记忆力好，听回去自己摘是可以的。摆着我当场的面，是不能摘抄的，但我也不去说她，随便她，你想摘抄么你就去摘抄吧。后来包秀英去做豆腐了。

采访人：她后来唱书有没有唱？

张亚琴：她没有唱，她学不会，后来去做豆腐了。

采访人：还有别的故事吗？

张亚琴：我到沈家门唱书去，有一个红旗剧场是演戏的，这个场子喊我去唱书。我说："这么大的场子不好唱的，我说我的音也提不起来。"现在有各种各样设备了，那个时候没有扩音器，靠自己丹田音。他说："没关系的，你去唱唱看吧，你先唱唱，然后我们再找找，有没有地方小一点的。"后来天公也帮忙，风也来了，渔民把船都靠岸了，没地方去了，就弄了个台子。台子前面都密密麻麻坐满了，抬头听我的书。这个场地本来可以坐 900 个人，结果卖了 1000 多张票，台面都坐满了。我说："我等一下演起来，脚翘起来要过你的头了，那我不管的

20世纪90年代,张亚琴在农村唱蛟川走书

哦。"大家笑死了,说"没关系,你过头就过头吧"。那我自己呢也做忌[7]一点,人家就在台面上坐着,有些时候脚就翘低一点。

五、天道酬勤

采访人:张老师,您现在一共唱过几部书,您说得出来吗?

张亚琴:《杨家将》《隋唐演义》《日月琴》《五虎平西》《紫金鞭》等这些大书我都会唱的。

采访人:您现代的书目当中,《血榜记》有吗?

张亚琴:《血榜记》是我的现代书。

采访人:《野火春风斗古城》呢?

张亚琴:会唱。

7　宁波方言,自我约束的意思。

采访人：《敌后武工队》呢？

张亚琴：会唱的。

采访人：还有个《向阳春暖》？

张亚琴：对。《向阳春暖》我会唱的。

采访人：《三根扁担》呢？

张亚琴：对。

采访人：《五十一号兵站》呢？

张亚琴：会唱的。

采访人：那唱半年的，是《杨家将》还是什么？

张亚琴：一般我以《杨家将》为主。《杨家将》因为长，我去唱的话，这个地方有半年好唱。要不然就是，今年叫你去唱半个月，明年叫他去唱半个月。我就可以一直接下去，就这样一直唱，老百姓也最喜欢听老《杨家将》。

采访人：那个时候我记得是1956年，广播站刚成立，还没什么节目，广播站后来是否叫您去唱书了？广播站唱的时候是从《飞龙传》开始的，对吗？

张亚琴：对的。

采访人：那个时候广播站，您是每天去的吗？

张亚琴：对，每天去。

采访人：每天去现场直播？

张亚琴：对，现场唱。

采访人：那您记得广播站唱了多长时间吗？

张亚琴：唱了3年。

采访人：那个时候唱书给您钱吗？

张亚琴：哦，有钱的。广播站去唱，钱有的。它对外开放的，它经济可以开支的。

采访人：多不多的？

张亚琴：有是有的。过去是以宣传为主的，唱片放放，广播站没有文艺节目。过去电视机没有，录像机、收音机都没有，尤其是在农村，只好听听书。

采访人：我原先在广播站工作，搞新闻工作。我到农村去，广播喇叭，我那个时候广播站唱的还有王秋英，王秋英是广播站里的播音员。农民到了时间，就去喇叭这里等着听了。王秋英播音后剩下的就只能靠您了，文艺节目以您为主了。

张亚琴：是的，所以这个当时影响比较大的。我的徒弟张晓琴，她也是广播站里每天都听的。过去是没有录音机的，她每回听完抄去，听完再抄。我本来是不知道的，有一次我到她家里去，听见广播里在唱。我说："这是我在唱么，《飞龙传》？"她说："是的，是你在唱。"我说："你这个是什么地方搞来的？认也不认识的，那这个节目怎么是我的？"她说："我每天每夜，有两天外面事情做回来，晚饭都来不及吃，去听广播。"我现在可以把它录音录下来。

采访人：张老师，您在旧社会唱书，新社会也唱书，那您这两个社会比一下，对您唱书有什么区别吗？

张亚琴：那新社会和旧社会不一样的。在旧社会，像我们这些唱书的是江湖人，三教九流的，骗点饭吃吃的；在新社会我们是文艺工作者，这就不一样了。我1953年的时候，背着背包，走过镇海县88个乡。

采访人：88个乡啊？

张亚琴：对，过去镇海的88个乡。我唱的内容：一个是宣传新婚姻法，婚姻要自由不能强迫；第二个是宣传互助合作，"一个手掌拍不响，一块砖头难搭墙"。

采访人：就这样一路走吗？

张亚琴：背包一只，背包上面放一个脸盆，脸盆里面牙刷、牙膏等日用品这些东西放好，就这样下乡去，走遍88个乡。从这个乡走到那个乡，一个村一个村去唱，那是乡里安排的，不是我弄的。

采访人：说明您对共产党感情也很足。中华人民共和国成立以后您就是艺人了，也算是贡献了力量。宣传的东西也很多，每个运动来了，您都以这个东西来唱点什么，这个是很了不起的。领导会找您谈，现在有什么运动，什么东西您会唱吗？领导要新的宣传的节目，您是自己编写的，还是别人编写的？

张亚琴：有些东西是自己编写的，内容讲给我听，我唱的时候自己会编的。有些是已经编写好的，那还是别人编写的难，因为编好的我字不认得。首先要字认得，再学会那肯定慢了，对不对？

采访人：您原来没有读过书，那您后来的字是怎么认识的呢？

张亚琴：先生把书讲了以后我去唱了，那有些东西呢，老师也有剧本的，剧本上面字写着什么人、什么情节，那我就多看看这些字，对照着老师讲的内容，全靠自己这样一点一点学起来。

采访人：我看您家橱窗里摆着一本本书，那您现在文化水平已经相当高了。

张亚琴：现在基本上的字我都认识的，写是不会写，除了写自己的名字以外，报纸什么的我都能看。

采访人：那字基本上都认识了？

张亚琴：对。

采访人：那也是不容易的，书没有读过那是厉害的。按您现在的想法，假如现在再叫您唱，您唱吗？

张亚琴：唱书吗？

采访人：叫您继续唱书，您吃得消吗？唱得出吗？假如说明天喊您去唱书，喊您去唱《杨家将》，再去唱半个月，您会唱吗？

张亚琴：唱得出的。

采访人：这也是奇怪了。

张亚琴：那是唱得出的呀，相当于大脑里有一本书，脑子里面记好的，不会忘记的。

采访人：不会忘记的？

张亚琴：对，不会忘记。

采访人：那厉害的，您今年高龄93岁啊。

张亚琴：对，93岁。

六、难忘亲情

采访人：您爸爸、您爷爷，他们都做些什么工作啊，您说得出来吗？

张亚琴：我父亲是在上海煤炭王这里拉煤的。

采访人：您的母亲呢？

张亚琴：母亲是家庭妇女。

采访人：那家里文化人有吗？读书读过的人多吗？

张亚琴：没有。

采访人：那您哥哥是自己一直唱书？

张亚琴：哥哥是唱新闻的，眼睛看不见的，是个盲人。

采访人：那他唱了多少年，然后没了？

张亚琴：我陪着唱了三年多。我哥哥在宁波河埠头，师母非常不体谅，给了他一篮盘子、碗让他去河边洗。然后他去了，他眼睛看不见，大概是一个碗在边上，他在找，他就一路摸着去找，然后不小心人掉到河里淹死了。

采访人：这个人这么坏的，知道他眼睛看不见，还让他去啊？

张亚琴：那是呀。

采访人：那您哥哥也太老实了，眼睛看不见就不洗嘛。

张亚琴：不洗不行的，师娘说了能不听的啊？怎么好拒绝的？

采访人：那太可怜了。那时候哥哥多大年纪了？

张亚琴：那个时候哥哥22岁。

采访人：这是在旧社会，换成现在，早就打官司了。

张亚琴：是啊，都已经出人命了。

采访人：过去么就这样了，学唱新闻的时候人没有了，您也没有办法告官。那个时候在宁波吗？

张亚琴：对，宁波。

采访人：那是太可怜了。那旧社会和新社会是完全不一样的，对吧？

张亚琴：现在新社会对曲艺人，对艺术家都是很尊敬的。现在区里文化局的领导，对这个也是相当关心的。

采访人：您有三个儿子、两个女儿，这五个人做什么工作？

张亚琴：一个儿子退休了。

采访人：他原从什么地方退休啊？

张亚琴：他是供销部门的。

采访人：原来是供销社的吧？

张亚琴：对，这是最大的儿子，退休了。

采访人：那第二个儿子呢？

张亚琴：第二个儿子身体不太好，在家里，现在也退休了。

采访人：有多少年纪了啦？

张亚琴：71岁。

采访人：那小儿子多少岁了？

张亚琴：小儿子67岁。

采访人：他是做什么工作的啦？

张亚琴：他在发电厂里工作的。

采访人：哦，发电厂，那还好的。那两个女儿呢？

张亚琴：一个女儿，唱书敲扬琴的，她也退休了。

采访人：她是哪里退休的？

张亚琴：她是农业系统退休的。她接老父亲的班，她父亲退休了顶替的，农业干部。

采访人：还有一个女儿也退休了吗？

张亚琴：还有个女儿也是发电厂的，都退休了。

采访人：您家里除了您女儿，还有做文艺工作的人吗？

张亚琴：那只有她了，别的没有了。她唱两句也会唱的，扬琴也会敲的，她的水平比我高。我敲扬琴是不会敲的，她现在也是退休十年左右了。

采访人：那是好的。那您现在退休了，还唱书吗？

张亚琴：儿子要阻止我，我说我现在去唱书，不是去贪两块钱，而是到外面去活跃活跃。

七、涅槃重生

采访人：张老师，"文化大革命"您有受罪过吗？

张亚琴："文化大革命"的时候，我原来是曲艺队的队长，所以批斗先批斗我。说我是文艺黑干将，说我宣传帝王将相，是现行反革命。就是所有唱书的地方，去过的地方都要去游，把我押过去批斗。

采访人：后来曲艺队也解散了？

张亚琴：曲艺队解散了。本来说要给我 2 万块钱，后来一脚踢，样样都不管了。然后我问负责人，我说："第二个政策还有没有了？"第二个政策是，我当时的工资是 64 块钱。

采访人：64 块钱的工资，很高了。

张亚琴：他说："那就给你 30 块钱生活费。"那我就问了："30 块钱的生活费可以拿到什么时候？"他说："拿到你死为止。"那我说："我 2 万块钱不要了，我就拿 30 块钱的生活费。"我拿 30 块钱生活费的时候，我有儿子女儿，两个女儿都有工作，那个时候 30 块钱，吃得很好了。他说："那好的。"然后我就拿 30 块钱的生活费。后来政策来了，给我平反，然后又找我，叫我唱《海岛女民兵》去宣传。那时候镇海的领导人，开着小车来找我，不像现在小车那么多。我那个时候下放在高塘，领导把我接来。接来我就提出要求：一是曲艺队要恢复；二是曲艺队按我想法恢复，人员要由我挑选。用不到的那些人我不要的，他们也依我了。曲艺队恢复以后，我还是当队长，去招来人员，招进来各种各样的大学生、高中生，这些人他们很好的。他们说："张老师你这样没法保障，工资定好了就发掉，剩下的放着，以后可以拿劳保。"还说："你能一直唱下去吗？以后年纪大起来了，这个钱要用光的呀。"我说："那怎么办？"然后那些大学生帮我写报告，要有国家编制。他们给我报告打好，然后帮我去办，批下来7个编制。

采访人：那个时候批下来7个事业编制不容易的。

张亚琴：对，不容易的。那说明国家对曲艺还是比较重视的。7个编制批下来以后，高中生、大学生，有了编制，好调干了，2个调走了，宁波人调到宁波去，大碶人调到大碶去，剩下来还有5个。

采访人：这个时候您又有盼头了。

张亚琴：对，给我落实政策，可以说几句话了。上面编制批下来，我就是公家单位了，工资也给我恢复了，现在来讲我全靠共产党，否则的话我就一文不名。靠我自己，没有文化，做不起来的。我现在老保工资也很高的，我6000多块钱1个月，吃吃也够，用用也够。按照现在的话来说，我算公务员了，我是队长了，所以后来公务员发东西，我也有发的，发钱我也有拿的。

采访人：平反后您又唱革命方面的曲艺，对吧？

张亚琴：对。

采访人：这些节目是您自己编自己写？

张亚琴：对。

采访人：那您这个本事还是很厉害的。您后来得了很多奖。

张亚琴：对，得奖有的。省里得奖的也有，我现在是省里民间艺术家。

采访人：浙江省里面最高奖得过什么？

张亚琴：我唱书得的，1956年的《抗台英雄贺玲娣》，这是我唱的。到处去宣传过的，《抗台英雄贺玲娣》得了一等奖，《三八红旗手》宣传周彩英的，二等奖，这样两个奖。

采访人：《抗台英雄贺玲娣》，那个时候不管什么台风来了，您这个节目都是要播放的，宣传抗台的。您得的奖实际上很多的，您有点忘记了。镇海那个时候，在省里面、市里面曲艺比赛，您得奖得的是最多的。

张亚琴：是的。

采访人：还有一个是1958年的时候，您编了一个节目，《三八红旗手》，主人公叫周彩英，对吧？

张亚琴：是的。

采访人：像这个《三八红旗手》，现在还唱得出吗？

张亚琴：现在啊，那早就忘记了。这么多年了，老戏是能记得的，新戏比较难记。

采访人：我听过您说唱《养猪姑娘张芸香》，这个节目1954年省曲艺调演得了一等奖。

张亚琴：对，一等奖。

采访人：浙江省当时参加评选的有十多个单位，一等奖被您捧来了。学雷锋的时候，您编了一个什么节目？

张亚琴：雷锋我也唱过的，那个时候就是所有运动，或者有英雄人物出现，这些东西我都唱过的。领导交给我的任务我都完成的。

采访人：学雷锋的时候，那个节目叫作《永生的战士》。

张亚琴：没错。

采访人：其他唱书的又被您打倒了，这个一等奖又被您拿来了。能及时完成政府交给您的任务，政府也很高兴。

张亚琴：嗯，那是的。这一路走过来我已经心满意足了，出身这么苦，现在地位也有了。公开场合都要叫我，特别是文艺单位、文广局开会的时候，来叫我，那政治上的待遇也有的。经济上，6000多块钱1个月，再加上曲艺传承人每年有1万块。所以我心满意足，吃吃有、用用有、穿穿有，就好了，够了，享福了。只要自己健康，自己感到心满意足了身体就好，身体好就多活两年，其他要求没有了。

采访人：1981年，镇海曲艺队的牌又挂好了，您还是做队长，镇海曲艺又红起来了。

张亚琴：对的，这个时候百花剧场造好了，其他地方没有的，在镇海，这个最重视了，有个固定的剧场，唱书的地方，这个是不得了的了，其他地方就没有这个待遇，这是镇海曲艺队鼎盛时期了。

采访人：就百花剧场那个时候？

张亚琴：对的。这个百花剧场造起来费了多少心啊，我都安排好的。后面一排小屋给服务员泡茶，那个时候一桌桌要泡茶，泡茶（间）给服务员用。就跟厨房间一样的，小小的。楼上后间是住人的，我也要睡的，前间做办公室的。下面有事情，都会上来找我的。

采访人：这个百花剧场是怎么给您办起来的？

张亚琴：百花剧场造起来靠大家，靠听书人帮忙。一时三刻那么多钱也拿不出来的，都是你资助一把，他资助一把，这样造起来的。造好以后本来很好的，坐也有、吃也有、睡觉也有。全部都弄好了，这个场子我很喜欢呀，后来就公有化，政府要派用处，场子就拿去了，说这个场地国家要派用场。

采访人：造百花剧场政府不出钱的吗？

张亚琴：对，没有拿出钱。

采访人：是您自己去解决的呀？

张亚琴：对。

采访人：那是不容易的。

张亚琴：所以钱要补偿我的。后来好几年唱书，借起来的钱，都给人家还清了。要还给人家的，是不是啊？

采访人：以前以为是人民政府出的钱，没有想到是您一点一点攒起来，一家一家凑起来的。

张亚琴：对。

采访人：是靠人家赞助的。

张亚琴：对。

采访人：那这个功劳不小的，靠群众、靠老板赞助，就一个剧场，被您给凑起来了。这个地方也选得非常好，最热闹的地方。

张亚琴：对的。

八、识才善教

采访人：您共有多少个徒弟？

张亚琴：几个徒弟我带出来啊？这个半路也有的，从身边带起来也有的。有7个是从小带身边带出来的。我唱书的时候就像老母鸡带小鸡一样都带去。

采访人：您带的徒弟是怎么选的？

张亚琴：我收第一个徒弟，裘舒婷[8]。

采访人：裘舒婷是怎么收的呢？

张亚琴：她是考越剧团来的，越剧团考不进，唱唱呢也是很好的。她是大佃农的女儿，那个时候成分是很要紧的。大佃农的女儿，文艺单位是不会收的。收不进，她就是哭，她走到哪里都在哭。我问她："你干什么？"然后别人就说了，她是大佃农的女儿，越剧团考不进，所以她在这里哭。不知道什么人就说了："那张老师你收去吧，给你做徒弟好了，唱书好了。"我说："那要看人家喜欢不喜欢的。"我就问她："村里面去唱书，你愿意吗，要唱吗？""那好的呀，还有什么办法啦，还有什么话好讲呢。"就这样我把她收来了，这是最前面第一个徒弟。收了她，她水平也蛮好的，我唱到哪里就把她带到哪里。她现在早就已经过世了。

采访人：这是第一个徒弟。

张亚琴：对，第一个，叫裘飞鸿，下面一辈是"飞"字辈的，裘舒婷改成裘飞鸿。第二个徒弟本来是柴桥人，叫吴杏娥，吴杏娥我给她起了艺名吴飞燕，都是"飞"字辈的嘛。

采访人：她以前叫杏娥？

张亚琴：对，原来叫杏娥。现在人还在的，年纪也蛮大了。她的老公叫朱金国。

采访人：那第三个呢？

张亚琴：张飞凤。后来我办了一个班，集体收。一下子收进5个。

采访人：这是哪一年啦？

张亚琴：几几年？我一时三刻想不起来了。

采访人：那裘飞鸿、吴飞燕，飞龙有吗？飞龙是什么人啊？

张亚琴：飞龙，姓虞的，虞飞龙，虞友甫的女儿。

采访人：人还在？

张亚琴：人还在的，书已经不唱了。

采访人：这几个都是徒弟？

---

8 根据录音记录。

张亚琴先生举行收徒仪式，收徒张晓琴

张亚琴：对，都是我徒弟。我一共14个徒弟，杨青青[9]、汪文娟[10]，汪文娟她现在也不再唱了。

采访人：您怎么教导徒弟呢？

张亚琴：我徒弟做得不对，我会教育他们。有些观众抽烟，看你是女人在唱书会寻你开心，香烟抽了然后呼出来，这样呼上来多难受啊，碰到这种情况，有些时候要说一说，我徒弟就做得不对，直接叫观众走到外面去，抽香烟到外面去抽。我说："你这样对观众也不礼貌，你要好好跟他说。你要说'对不起，同志，你现在抽着烟，我要唱的话喉咙很难受，最好你抽烟的话就走开一点'，那人家会听得进去的。你那样子说人家会有意见的。"讲话就是这样，同样一句话，一件事情，你说得好、说得不好相差很多。因为你讲的时候，他思想上就顶起来了，他会反感。

采访人：那现在这7个徒弟情况怎么样啊？

---

9 根据录音记录。
10 根据录音记录。

张亚琴： 现在还在唱的就 3 个了。

采访人： 哪 3 个呀？

张亚琴： 张晓琴还在唱，还有一个杨青青还在唱，王文雅还在唱。还有李丹艳也还在唱。一个在开服装厂了，李丹艳做事业，赚钱，还有一个开服装店，退休了以后家里待着，现在都不做了，享福了。

采访人： 在您印象当中，哪个徒弟唱得最好？

张亚琴： 我觉得唱得最好的那个人，已经没了。张亚飞她唱得最好了，排下来那就是张晓琴了。张晓琴现在在唱，还可以的。生意好总是好的，唱得差的话，人家不会叫她去唱的。她在北仑区唱的。

张亚琴与部分徒弟们和乐师在 20 世纪 80 年代的合影

采访人： 那说明您现在的徒弟还争气的。

张亚琴： 对，还争气的。

采访人： 那除了这 3 个徒弟以外，接班人有吗？

张亚琴： 我的接班人啊，现在也没有了。

采访人： 接班人没有了，怎么办呀？

张亚琴： 我现在是非物质文化遗产传承人，那我传给我的女儿，这个就要看政府重不重视。

采访人： 那后面如果接不下去了，这个事情怎么办呢？现在 3 个徒弟还在唱，那这 3 个徒弟还在带徒弟吗？

张亚琴： 那天王文雅来，好像是带着徒弟的，她那天在说那个什么调子，要传下去，传给徒弟的。

第四节　张亚琴周边采访

一、张亚琴女儿孙佩珠口述访谈

访谈时间：2020年8月18日

访谈地点：宁波市镇海区后大街社区蛟川走书传承基地

受访人：孙佩珠

采访人：葛俊伟

采访人：孙老师是哪一年出生的？

孙佩珠：1951年，虚岁70岁了。

采访人：那您什么时候开始记事呢？那时候对您母亲的印象怎么样？

孙佩珠：我大概七八岁记事了，那时候母亲经常不在家，经常要出门演出，我们在家里跟爸爸一起，家里叫了一个保姆来照顾我，我就在家读书。有时候放暑假了，我妈妈写信告诉我在哪里唱书，我就一个人过去。我8岁的时候，妈妈在舟山沈家门唱书，我就一个人坐车坐到穿山，再坐渡轮到舟山，妈妈在舟山的渡轮口接我。那个时候我妈身边有一个大徒弟，她叫赵素琴，艺名叫赵飞鸿，有时候是她到渡口来接我。然后我就听妈妈唱书，她在台上唱，我就坐在舞台边上听着，这样印象很深刻。她是家里顶梁柱，生活、赚钱都是她一个人，她很辛苦的。那个时候不像现在交通发达，那个时候都是走路的，今天到这个地方唱书，明天到那个地方唱书，基本上都是走路的，那个时候铺盖还要自己背，带着简单的生活用品，上山下乡这样去演唱。

采访人：蛟川走书的演出范围主要是宁波地区和舟山地区是吧？

孙佩珠：对，基本上在我们宁波地区、舟山地区，舟山地区沈家门、六横岛、桃花岛等都有去唱的，宁波地区则包括现在慈溪、鄞州、奉化这些地方。那时候文艺生活很少，一到演出，就到处人山人海，台上都坐满了人，盛况空前。

采访人：妈妈这么忙的话，对您的照顾肯定是比较少一些，您对她会有一种不满的情绪吗？

孙佩珠：那没有，因为她要赚钱养活我们，是吧，我下面还有弟弟，那妈妈不出去赚钱，我们吃什么呢？所以她出去演出我也理解她。每次都很想妈妈回

张亚琴表演蛟川走书现场照片

家，但是她回家住一段又马上要走。

采访人：那个时候在您记忆当中，一年她有多少时间是待在家里的？

孙佩珠：那不多吧，大概一两个月回来一趟，住一个星期，就又出门去了，这样一年下来也就最多一两个月在家的时间。所以我们都自己洗衣服，我8岁就自己烧饭了。

采访人：那您从什么时候开始喜欢上走书呢？

孙佩珠：从小因为听走书，我母亲唱的那个曲调，我基本上都会唱，从小就会哼，因为我年轻的时候嗓子比较好，唱起来很嘹亮，音也很高，我都是唱那个升F的调，跟我妈妈一个调。我16岁在镇海城关中学读初二的时候"文化大革命"开始了，那我就没得读书了，那时候老妈也没得唱，因为运动来了嘛，把她打倒了，她成了"文艺黑干将"，到处受批斗，到处游街，最后就把我妈和我一起下放到高塘，现在北仑区的高塘，务农去了，就这样在农村生活了好几年。

采访人：那个时候还敢唱走书吗？

孙佩珠：那个时候都是唱样板戏了，走书不敢唱了，那个时候就唱京剧《红灯记》，还有《白毛女》《智取威虎山》《渡江侦察记》，都是唱这些东西，反正八个样板戏我基本上每天都会唱，唱得跟广播里一模一样，别人在楼下听见了，以为是广播在唱。

采访人：您记忆当中，您妈妈当时的状态是怎么样的？

孙佩珠：没再唱的时候，她下乡了以后在家里，养养鸡，养养猪，就这样打发时光了，但是心态还很好，她不能唱了就不唱，在家里就做做家务。

采访人：那小时候您很少跟妈妈在一起，下乡这段时间反而跟妈妈在一起了，那时候您对妈妈的印象有改变吗？

孙佩珠：我从来对妈妈都是很敬畏的，因为妈妈在家里基本上说了算，她说什么我们听什么，有时候我们心里想妈妈这个说的好像不对哦，但是我们也不敢反驳，妈妈就是家里的顶梁柱，我不能说她。不像现在有时候要顶几句嘴。

采访人：这段时间大概总共有多长？有几年？

孙佩珠：差不多有 10 年吧。这中间我 20 岁就结婚了，结婚了以后有一段时间我就搬出去了，不再跟妈妈住在一起了，后来到七几年"文化大革命"后期，上面政策来了，百花齐放，百家争鸣，又可以开放唱老书了，老的电影也可以放了，那个时候，我妈妈就看到希望了。

采访人：那您妈妈是几几年回到市区的呢？

孙佩珠：大概在 1976 年或 1977 年，那个时候没有分镇海跟北仑，北仑还是属于镇海县的，政府就把我们招来到了镇海县，说是要重新组建镇海曲艺队，因为以前曲艺队因为"文化大革命"解散了嘛，那个时候我 23 岁吧，我也进了曲艺队，有一段时间我也在演出。那个时候有一个百花剧院，就在南大街，是专门演出走书的一个剧院，大概可以坐两三百人，就在那里唱唱书。

采访人：那个时候经常跟您妈妈同台演出吗？

孙佩珠：我妈妈有徒弟，我跟她的徒弟一起同台演出，我们两个人一起唱，是双档走书，她唱一段，我唱一段，再连起来唱。那个时候我妈妈徒弟很多，都是轮流上台唱的。那个时候唱新书，还不是传统的书目，唱现代的书，都是自己编的。

采访人：这个时候您对您妈妈的这种艺术状态是怎么评价呢？

孙佩珠：那个时候我妈妈她精神焕发，又上来唱了，感觉很高兴，她又重新招徒弟，招了大概五个吧，都是年轻人，都是十五六岁的，最小的一个 15 岁，最大的也就十七八岁，她们都叫我师姐。我妈妈亲手培养，教她们怎么唱，怎么演，直到她们都能独立演出。那个时候我妈妈上台一招一式精神头很足，因为唱书不像做戏，做戏有老旦、小旦、花旦、武旦，唱书要把各种的角色都集于一身，什么角色都要扮，所以就是奸臣出来了，她要演奸臣的那一套，忠臣出来有忠臣的动作，她都表演得清清楚楚。

采访人：重新成立曲艺队之后，她和学生是怎么相处的呢？有没有实际的例子？

孙佩珠：刚进来的那些徒弟对走书是一窍不通的，怎么唱调也不知道，我们曲艺的调子有很多，有20来种，我妈妈就手把手教她们这个调要怎么唱，根据每个人的喉咙嗓音教她唱什么调，你的调高要唱什么调，她都给徒弟们规定好了。怕徒弟们不懂，我妈妈还写下来剧本，一字一句地教学生，开始唱的时候唱什么调，接下来要唱什么调，让每一个学生都对照着剧本学。

采访人：那这些学生是怎么招来的呢？她们是自己自发的来呢，还是家里送到这边来，还是您妈妈去找出来的呢？

孙佩珠：当时我们好像通过广播宣传的，有喜欢走书的文艺爱好者，家长又同意的，可以通过广播报名来参加。那个时候因为工作并不好找，在乡下都是农民，很多人没有正当的工作，女孩子工作更加难找，因为招的都是女孩子，所以她们有些人就自己来报名，我们到乡下去找的也有，招来二十来个小姑娘，我们让她们一个个唱，唱得比较好的，音准的，那就留下来。如果有的人音不好，要跑调的，那就淘汰了。最后就剩下来5个人，这5个人都唱得挺好的。

采访人：那这5个人教了几年？

孙佩珠：那要她们独立会唱了，起码三四年，就是20世纪80年代以后。那时候台词是编好的，就是剧本，唱句也是编好的，根据唱句来唱，说白是怎么样的，唱什么调，都规定好了，那就这样一边唱一边在台上表演，走来走去，就是这样一种形式。我们走书走书，就是要走着唱的嘛。

采访人：那个时候您妈妈是不是也带着这些学生开始巡回表演了？

孙佩珠：有的，我妈妈带着她们到外面去唱，徒弟在台上唱一个开篇，我妈妈就开始唱正书，一般开篇15分钟，今天这个徒弟唱，明天那个徒弟唱，这样轮流带着她们去唱。然后我妈妈开始唱正书的时候，就让徒弟到台下去听、去记。

采访人：您觉得那段时间是不是您妈妈状态最好的时候？这种状态维持了多久？

孙佩珠：对的，我妈妈那个时候状态最好了，这种状态维持了好几年。她70岁还要到外面去唱走书，下午唱一场，晚上唱一场，她精神头很足。人家都还会来请她去唱走书，因为她很有名气了。

采访人：她这个时候也应该退休了吧？

孙佩珠：对，她50岁就退休了，因为她是事业编制的，她退休的工资也蛮高了。

采访人：她70多岁还到处唱，说明她对走书是真爱。

孙佩珠：是的，她80多岁也还在唱，还带着一个徒弟叫张亚飞，还到处去乡下唱，徒弟唱一回，她唱一回，她唱1个小时，徒弟唱2个小时这样。

采访人：那走书在城里观众喜欢度高，还是农村的观众喜欢度高？

孙佩珠：说来还是农村喜欢的人多，城里基本上听的人都是一些年纪大的老年人，听的人也很多，我们到宁波书场去唱，只要把那个招牌到书场门口一挂，人家都知道了，听的人都自然而然会来的，都很多的，但是总的来说还是以农村为主，农村唱的时间多。

采访人：您跳开女儿的角色，作为同行，您怎么看待张亚琴这样一个老艺人？

孙佩珠：作为同行，我对她的评价也是很高的，她荣誉证书挺多的，得过省里的一等奖。我觉得她作为一个文盲，没读过书，从小靠脑筋，靠自己的记忆，把这些大书都能唱下来，那确实是不容易的，另外她脑子活络，还是有天赋的。

采访人：您有没有想过您有一天会超越您的妈妈？

孙佩珠：那现在年纪大了，也超不过了。

采访人：这个野心有没有过？

孙佩珠：有是有过啊，以前也有过。但是，有各种各样的原因，因为有段时间，我嗓子不好，有严重的咽喉炎，不能唱，一唱喉咙就哑，所以我没办法。后来就学了这个扬琴。我也没师父教我，我也是自己自学的。那个时候曲艺队有一个盲人，他就这样念谱，我就把他的谱抄下来。我有一点点识谱的基础，我就把它抄下来，我自己钻研，就这样学会了。学了以后我就跟着妈妈，她唱到哪里，我就跟她到哪里。那就这样，一边听她唱书，一边自己敲琴。她唱什么，我记在心里，但是我心里也在想，我能不能唱。我有时候也唱过，不是没唱过，有时候妈妈唱书了，我就唱一个开篇，也就15分钟开篇，15分钟唱下来的开篇，我嗓子就不舒服了。我后来想想，超越妈妈，这个可能是我实现不了的梦想。

二、张亚琴徒弟王文雅口述访谈

访谈时间：2020年8月19日
访谈地点：宁波市镇海区后大街社区蛟川走书传承基地
受访人：王文雅
采访人：葛俊伟

采访人：老师贵姓？

王文雅：姓王，三横一竖，王。王晓凤，艺名文雅。

采访人：晓是拂晓的晓，凤凰的凤？

王文雅：对的，这是本名，艺名是王文雅。因为我比较文气，文文雅雅的那种文雅。

采访人：您是从头就从事这个，还是半路出家的？

王文雅：我是从小就喜欢的。9岁就开始学扬琴了，12岁开始学二胡。本身是喜欢音乐的，然后到18岁的时候，一边考浙江大学，一边考普通曲艺队。因为考进曲艺队，就一直从事这个行业了。

采访人：宁波的曲艺队？

王文雅：不是。因为我出生地是在舟山，所以是舟山普陀那边的曲艺队。

采访人：曲艺队里面，您是扬琴（演奏）为主是吧？

王文雅：专门是给人家伴奏。因为伴奏那个时候人很少，说书的人多。所以我是哪里需要，就到哪里，如果需要唱的话，我也会唱。

采访人：这个是官方的单位还是民间的？

王文雅：官方的单位。就是普陀曲艺队，普陀区的那个。

采访人：干了多久？

王文雅：从18岁开始一直这样子，从事这个行业，但是中途的时候，有婚姻了嘛，有家庭的时候，要照顾小孩了，我就歇一段时间，平时还是要去的。

采访人：什么时候碰到的张老师？

王文雅：碰到张老师是2012年的时候，8年前。我因为家庭原因，歇了10年之后，大家又来叫我了。去了之后，张老师一直是我们尊敬的人，因为她不但是书唱得好，那个品德也是好的，她可以说是德艺双馨的人。

采访人：什么时候您知道张老师这个人的？

王文雅：我们从小就知道了。我很小的时候她就很有名气的，她在镇海，我们在舟山。知是知道了，就是没有碰面。

采访人：2012年碰到，您是正式拜师？

王文雅：以前碰到她的那些徒弟，她徒弟是我的搭档，就是张飞凤，很年轻的时候，她就跟我搭档了，她唱我给她伴奏的。后来她也是歇业了好几年。再次碰到的时候，就是一起跟着张老师了。我看她们两个感情跟母女一样的。我跟张飞凤也是姐妹，所以那个时候张老师看见我，也比较喜欢。因为我是多面手嘛，不管是乐队，不管是唱书，那个时候有一个叫杨青青的人，我在给杨青青伴奏，敲扬琴。我看她唱得蛮好，但是她没有一个正规的先生，所以我把她拉过来。我说你去拜张老师好了。结果我先生跟我说："我不收徒弟了。这么大年纪了收什么？除非你拜我为师，我才收。"那我为了杨青青可以拜到张老师，我就说："好，我拜你为师，你两个一起收。"然后她说："那好，我到领导上面去通报一下。"通过之后，就是摆了八桌酒，所以是这样子拜师了。拜师之后我们就像母女一样了，她的那些徒弟，我们都是姐妹。我给她们伴奏，她们唱。

采访人：您在正式拜师之前，听过张老师唱书吗？在什么地方听的？

王文雅：在电台上面也听过。

采访人：听到是什么感受？

王文雅：唱得太好了，她这个音啊，一出来这个音，就会很动人的心，她一唱出去啊就会唱到你的心里面去。我们都被她震住了，那个时候没有话筒，她好像比话筒还要话筒了。我们都做不到的，这个是童子功，是真的。现在在唱的人好像也唱不出来的。

采访人：那您跟她相处后，对她这个人怎么样评价？

王文雅：就是跟她相处有8年了，我这个老师啊，人是太好了，她从来不跟人家计较的。以前同行有嫉妒了，人家要讲她坏话，她都从来不计较。从我拜她为师之后，她老是教育我："你生什么气啊，让人家去讲，讲不倒你的。你要向老师学习，老师的度量有多大。"对啊，我就向老师学习了，这8年来，我的那

张亚琴和部分徒弟的合影

个脾气，都改了很多。有时候想想，哎呀，我老师教导我了，"你要外边唱书，先要做到自己量大。度量一定要大，人家来攻击你了，说明你优秀呢，你不优秀人家怎么会来攻击你啊，你就要量大"。我就慢慢地，慢慢地，量也大了。这个都是靠我老师的教导了，我老师教导有方。

采访人：现在定期有演出吗？有表演性质的，还是自己玩的性质？

王文雅：不是玩的，是在台上演出的。

采访人：现在主要的演出场地在哪里？

王文雅：现在呢，是在老年协会，村子里面。你唱书去了，就要1个月。也是剧团组织，不是个人。人家来叫的，我自己有一个单位，晓凤曲艺表演部。那来叫了的话，我自己如果身体不允许的话，就去伴奏，请先生唱。请我的那个师弟——他是拜师在后面呢，他叫吴宪宽，吴宪宽就是我的师弟了——叫他去唱，我是给他伴奏的，我们也唱了好几年了。

采访人：大概几年了？

王文雅：有四五年，一直在北仑演出。四五年长期搭档的。

张亚琴和徒弟们在广场表演蛟川走书

采访人： 那就是现在市场还是很好？

王文雅： 市场有，只是人数太少了。

采访人： 是从艺的人数太少？

王文雅： 对，从艺的人数太少。听书的人太多了，这一次在北仑，7月16日开始。在北仑那个书场，唱书先生是王海萍，我给她拉琴。听的人都是每一场都爆满的，很多人听。这半个月的时间，听的人都是满场。天气太热了，这么多人来听，我是非常感动的，很感谢这些听众。

三、张亚琴徒弟张晓琴口述访谈

访谈时间： 2020年8月19日

访谈地点： 宁波市镇海区后大街社区蛟川走书传承基地

受访人： 张晓琴

采访人： 葛俊伟

采访人： 张老师，我想大概了解一下您是什么时候开始唱蛟川走书的，您今年多大年纪？

张晓琴： 我今年50岁了，从艺应该15年了，之前我是开店的，但是我学走书是20来岁学的。我从小喜欢宁波走书，那时候我才十几岁吧，听到收音机里面有一个叫朱桂英的老师很出名，她唱那个《啼笑姻缘》唱得特别好，我在想这个走书怎么这么好听，等我年龄稍微大一点，我最好也去学走书。这是我小时候的愿望。后来我20来岁的时候，我就自学，先学短篇，也是朱桂英老师唱的叫《那个冷酷的心》，二十几分钟，我就学会了，就这样跟着收音机学，其实我家是梨园世家，奶奶是宁波甬剧团的，爸爸也是从事文艺工作的，有一点音乐细胞带过来，所以我从小喜欢唱唱跳跳，喜欢唱越剧、甬剧，然后走书里面的调头跟甬剧是差不多的，所以我唱走书学得很快，因为调头差不多，很容易学。然后三十几岁的时候开店，有文化馆老师来我店里买东西，偶然得知我会唱走书，就跟我说北仑文化馆有个走书大会串的活动，会有镇海张亚琴老师带班来唱蛟川走书，问我能不能来参加。我说："我不是正式的唱走书的演员啊，我只不过是业余的，张亚琴老师名气这么响，也是一个大家了，我跟大家级别同台，我可能吃不消啊。"文化馆的老师就说："没事的，你先到我们馆里来试试看，我们也可以排练的，你年纪那么轻，如果效果好就上台，如果实在不行，就当上台玩一次。"看他这样鼓励我，我就答应去试试看。在文化馆正儿八经地排练，也请了乐队，后来一唱还可以，文化馆就把我的节目安排进去了。演出那天张亚琴老师也带了几个徒弟过来，那是2006年的时候，这是第一次碰到。当时也没有打招呼，因为我认识她，她不认识我，我也不敢主动跟她去打招呼，我就躲在角落里一个人在化妆。后来演出开始，我是第二个节目，那个节目主持人报错了，他说接下来一个节目由张亚琴高徒张锡珠（即张晓琴）为大家表演。张亚琴老师一听，就问："这张锡珠是谁，我什么时候收了这样一个徒弟啊，我自己都不知道。"然后她好奇，就跑到台下面去看我了，一看我在台上，其实我虽然没有真正的唱过书，但是我从小喜欢文艺，上舞台也是经常在上，这段书经过排练也是唱得成功的。张亚琴老师在下面看了她很满意，然后等我下台来的时候，她就招呼我了，手这样招招叫我过来，她就问我了，她说："你跟谁学的？你走书唱得有板有眼的，在舞台上手舞足蹈很活络，你拜谁为师啊？我没有收过你，刚才那个主持人怎么说是我的徒弟？"我就解释："我也没说过，可能他们弄错了，可能张老师今天带了这么多徒弟，主持人误会，以为我也是你徒弟，那倒让我享受了一次当你张老师徒弟的感觉了，我很感谢也很感动，要感谢主持人报错了。"那张老师问我多少年纪，我说我30出点头。她就问我："你有没有这个兴趣，有没有那个信心学走书？"我就说："我真的是很喜欢，但是自己在经营服装店。"她说："你如果喜欢，我可以教你，你有空到我家来我教你，我觉得你在舞台上，能展示你今天那个短篇，还可以的。"张老师是很主动的，我其实真的很开心，也很感动，那我就答应了。我后来打电话给张老师，挑了一个日子，我就特地到镇海来拜访张老师，张老师看到我也很喜欢，我们就这样成了师徒了，也正儿八经地举行过拜师仪式，而且还是当时镇海文广局给我们举办的，2006年拜师的。后来我一边开服装店一边去唱书，张亚琴老师也指点教我。到外面去演出，张老师就跟我一起去，我们一人唱一回，我唱上半段，张老师唱下半段，这样带了我好几个月。后来唱书的生意很好，我就把服装店关了，我就专业唱走书了，十多年来一直坚持从事走书的表演。

采访人：那您碰到张老师的时候，她已经年纪很大了，应该七十八九岁了，她应该属于年纪虽然大，但是精神比较好那种？然后您觉得她是一个什么样的人呢？

张晓琴：那年张老师应该79岁了，她精神、身体都很好的。张老师给我感觉，第一眼就感觉她人很和气，而且性格各方面都很好，很容易跟人家沟通的那种，而且我跟老师感情也很好的，我们十多年师徒关系一直很好，一直保持着联系，我每年都来拜访老师好几趟的。因为我唱书都是老师一手带出来的，包括现在都是在唱老师的书，她给我的第一本书是《飞龙传》，后面就是《杨家将》，还有那个《隋唐演义》，而且都是大书，老师的书反正都给我了，每一个动作要怎么样，舞台上要怎么样坐姿、站姿，都是老师手把手教的。她很认真地教，我在舞台上面表演唱，她在舞台下面第一排看，等我唱好了，她要给我指正，什么地方你今天还不到位，什么地方倒可以，她要给我指正的，我也是一点一点这样学。

采访人：撇开师徒关系，现在您也应该说已经是一个非常成熟的演员了，从您的角度看，张亚琴老师在走书上的造诣您怎么评价？

张晓琴：给我感觉张老师真的是很好，因为她一个嗓子好，还有她很有力量，我唱到现在为止，我如果要像张老师这样的水平我还没有达到，我实事求是的，

张亚琴与部分徒弟、乐师合影，第一排右三为张晓琴

这十几年来我其实也很努力，这样一步一步在走，但是我到现在为止，那个水准还达不到张亚琴老师的水准，她的艺术水平很高，不管她每一个动作，哪怕是手指点出去她都会用力的，还有讲话中气很足的，嗓子很洪亮。

采访人：我们感觉她是从江湖风雨中历练出来的，因为她的环境跟您完全不一样，小时候走了那么多路，那条腿的力量就非比凡人。

张晓琴：是的，老师很不容易，她出身在一个贫穷家庭。我们虽然是师徒，其实跟母女差不多，我那时候特别是学的时候，住在老师家，前前后后加起来最起码有一年多，老师把生活上，包括她小时候的情况都告诉我的。我在艺术上有什么不懂了，我就会到老师家里来请教她，就住在了她家里。

采访人：我看张老师都93岁了，身体还是很不错，还能独立做饭做菜。您可以举例说说，您跟她生活在一起，张老师为人方面经历过的遭遇，或者是碰到过的让您印象特别深刻的事情。

张晓琴：那我就说说艺术上的事情好了，唱走书是南腔北调的，什么都要唱，因为我从小喜欢唱越剧、甬剧，而且农村里去唱，那些老年人都喜欢听越剧的,那么我也就唱越剧啊,什么都带进去,走书里面也可以插进去的嘛,但是我老师,她是很认真的一个人,她认为唱书就唱书,走书里面不能加进去那个越剧,甬剧也不能加进去。为了这件事情,我们师徒有了不同意见,其他我们没有矛盾的,为了这件事情我们争执过,老师不允许我唱越剧,也不允许我唱甬剧,后来老师激动的时候,我就让着她,毕竟她是长辈,我是晚辈,等我老师心情好的时候,我就好好跟她说。我说,"老师啊,年代在变,人的思想也要改变,你的年龄跟我的年龄肯定相差很大的距离,我们有个代沟,什么东西都要创新,我们那个走书应该也要创新,不能老是墨守成规",我说,"走书南腔北调越多越好,这样子更精彩,也像吃小菜一样更丰富一点,应该是好的,不是坏的事情。再说呢,农村里那个听书的人要求最好那种越剧、甬剧、地方戏也带一点进去,更加增加那个气氛,那何乐而不为呢"? 老师觉得也有道理,后来她就同意了,她自己主动打电话给我:"你这么喜欢唱越剧,这么喜欢唱甬剧,你以后就去唱,但是要唱得好。"她这样让我很开心,这个我记忆很深刻的,前面我都不敢唱,特别是跟老师一起搭档合作的时候,自从她主动打电话给我,允许我这样唱了以后,我就后来一直在唱。包括现在唱走书,我有时候也会根据剧情需要,我会把越剧或甬剧插进去这样唱。

采访人: 您觉得老师性格里面最有特点的是什么?

张晓琴: 老师气量很大,只要讲出来有道理,她都能够接受,就是一下子接受不了,她慢慢地也会接受。

采访人: 那她在平时演出、生活中,经济上表现怎么样?

张晓琴: 老师很大方的,我老师派头很大的,我们有时候到她家里来,比如我明天要到她家里去,今天晚上打个电话,第二天到她家里去,她买了好多的菜,一大桌子的菜。她虽然是个女性,她有点男性的性格,性格有点男性化,她一般的事情不会斤斤计较,大事上主意拿得很准很牢的,她是一个很有主见的人。

采访人: 那您作为小徒弟,和张老师的往事还有什么值得分享的吗?

张晓琴: 老师特意给我取了个艺名,我本名叫张锡珠,她因为很喜欢我,而且我跟她是同一个姓的,她说:"你是我的关门弟子,我帮你取一个艺名,我叫张亚琴,你就叫张晓琴,我把我的艺术要传承给你,你要努力好好学,尽自己最大的力量能学多少学多少。"后来我也一直认真地学,不忘老师的教诲,遗憾的是我们蛟川走书现在不热门，后继无人了，我这一代是年纪最轻了，后面学上来的人没有了，我就怕这个走书以后要失传。

四、镇海文史专家洪余庆口述访谈

访谈时间： 2020年8月19日

访谈地点： 宁波市镇海区后大街社区蛟川走书传承基地

受访人： 洪余庆

采访人： 葛俊伟

采访人： 洪老师，我想先了解一下您。现在应该退休状态了，退休前您是从事什么样的工作？

洪余庆： 我退休以前，在广播电台，搞一些新闻工作，对一些通讯员的培养工作。

采访人： 那您对宁波文化，也算是个百事通了吧？

洪余庆： 我对宁波文化，很早就在研究了，特别是家乡的一些比较优秀的文化，我都很清楚。我在工作时间里，大部分业余时间，调查研究乡土文化，所以对乡土文化比较了解，也是一种业余爱好。

采访人： 蛟川走书，您是什么时候开始接触到？

洪余庆： 上世纪四十年代。我那时候还只有四五岁，我现在是83岁。那时候我们住在老街，过去生活条件比较差，天气很热了，老百姓都到外面去乘凉。那时候有些唱曲艺的，有些唱新闻的，就借这个机会，他们在群众当中进行宣传。凡是唱新闻的、唱书的，这些人都比较穷困，他们去人比较多的地方，就去这种地方唱。当时唱的东西，是老百姓比较喜闻乐见的一些社会新闻，比较好奇的东西。我举个例子，我的印象当中，那时候我只有5岁，我们跟着大人到西门口的一个广场乘凉。这个唱新闻的人，他说："有一个穷苦的孩子，在河边玩。当时有一个百货铺的老板，养了一只小狗，小狗走出来以后，看到这个小孩穿着破破烂烂的衣服，就哇啦哇啦叫。叫了以后小孩就逃，小孩子越逃，小狗越是要扑上去。扑上去咬住了他的大腿，这个小孩哇哇地叫，地上的血一直在流，像一条蛇一样弯弯曲曲。老百姓旁边看到以后，说这个小孩给狗咬了，这个老板他不管，老板娘非常的好，她信佛的，赶快派丫鬟把这个小孩子抱来，抱来以后叫郎中，帮他把药敷好。"是这样子的短小新闻，老百姓非常喜欢听。

采访人：这个杭州那边叫小热昏。

洪余庆：当时条件很差的，比如他是用一只小鼓——我们本地人叫小镗锣，还有只竹鼓，他把竹鼓放在凳子底下绑起来——因为一只手拿小镗锣，一只手要拿鼓，再敲鼓是不可能的。他是小镗锣敲一下，鼓敲一下，这样子来唱新闻。

采访人：您有没有接触到过张亚琴老师？

洪余庆：我接触到过。

采访人：什么时候？

洪余庆：因为我在广播电台工作，我最早接触的时候是1956年，那时候我已经参加工作第二年了。因为当时的广播站，听农村的有线广播是群众唯一的娱乐，听音乐、新闻、气象节目最好的一个媒体。当时因为电视是没有的，收音机也没有。所以唯一这个广播是老百姓，特别是农村的农民，最喜欢的一个节目。所以我上次对张老师讲过："当时你在唱这个蛟川走书，我们这个广播喇叭，下面听的人特别多。"

采访人：您对张老师，就是那时候接触到之后，您对她的艺术是什么个看法？

洪余庆：她这个人我觉得比较朴素，她给我最深的印象，她的记忆力相当好。她在我们广播室里，是现场直播的，广播室里各方面设备有限，如果唱得不好的话，一下子我们群众有意见的。她就不会出毛病，她唱的时候，群众都集中注意力听。还有一个特点是她能掌握下面听众的心理状态。比如说农民，喜欢有气象节目报告，特别是农民喜欢听紧张且有节奏的；平平淡淡的，没有紧张内容的，农民是不要听的。所以在紧张关头的时候，对农民说："我现在要等一等，请大家下面再听我的唱书。"有些农民就会要等的了，因为他听到重要关头，杨家将杨宗保，要说到穆桂英去了，这个走进去是怎么样的呢？老百姓就听下去了，像现在的电视剧一样，关键的时候这集电视剧放完了，就停下来，期待下面一集。她这方面有经验。

采访人：宁波这个文化很特殊，地方的民俗这些很特殊。我有点惊讶，就是像张亚琴这样的人物，宁波为什么会产生这样形态的一种艺人？

洪余庆：这个跟社会制度有一定关系。因为旧社会失业的人相当多，特别是穷苦人家，穷苦人家为了生活，特别是一些残疾人，他没有办法工作，不像现在

张亚琴在蛟川书场表演

的残疾人，国家政府会给他们安排的，他必须要自己去找职业。眼睛看不到，耳朵又不行，那只好唱唱新闻比较简单，能够把它记住就可以了。比如张亚琴老师的哥哥，他是非常悲惨的，小时候生病了，没有钱到医院去医治，造成瞎眼睛了。他为了赚几个钱，新闻唱好，唱书唱完，人家放2个铜钱给他，过去是铜钱，没办法自己拿，所以张亚琴老师跟他一起去，到我们那边鼓楼下面的西门口去唱。而且还要去农村跟他一起去唱。一次她的哥哥在宁波一个老板家里，他家经常要叫他唱新闻，说："你到我家里来唱新闻，或者到什么地方我陪你去。"这个老板娘思想很坏，叫一个眼睛看不到的盲人，拿一个篮子去河边洗碗。过去，宁波河埠头比较高，我们阶梯一格一格有好几格。河岸边，他眼睛看不见，河岸边台阶一个个摸下去，结果洗碗的篮子旁边一放，他一下子找不到了，两只脚就掉到河里了，就这样子淹死了。所以像这种就反映了旧社会对盲人的不关心，新旧社会一对比就可以看出来了。还有就是过去的艺人，找不到工作，而且都有残疾，为了求生走这条路比较多。像张老师这样家里比较穷，否则她一个女孩子，她去唱书，无论如何家里是不会同意的，她母亲就不同意。

采访人：现在从你们的角度来看，你们对张老师的艺术造诣是怎么评价的？

洪余庆：过去旧社会唱书都是男的，她能够冲破"唱书只能够男的，不能够女的唱"这个封建的旧制度，打破这个封建礼教，自己能够独创进取，这是一个非常了不起的事情。她把整个旧社会曲艺的一种传统打破了，这一点就非常厉害。而且她一直能够坚持到现在，不容易，从十几岁的女孩子一直坚持到现在93岁的老太太。现在唱起来声音还是比较洪亮，这是非常了不起的。我问她，她这个唱书唱到现在，已经93岁了，什么《杨家将》，什么《七侠五义》，脑子里还记得这么清楚啊？她说，从小记牢了就不会忘记了。所以这就是她的成就，我说她能把这个优秀的传统文化传承下来，就不容易。而且一个女孩子，要走出江湖，有着很大的阻力。她母亲对她讲："你要唱书的话，我就不允许你进来，到外面去，我这个家不要你了。"她晚上没办法到家里，她母亲把门关起来不许她进来。她母亲说："你唱书不唱了，我来开门，你还是要唱书的话，我就不开门，我不要你这个女孩子。"她没有办法，晚上没地方去睡觉，只有到村旁边的山里，山里都是孤坟，到处都是坟堆，她挑了一个很大的坟，上面石板铺着，就这样子睡了一个晚上。她奶奶知道这个事情，眼泪都流出来了，骂她的母亲："你这个人啊，对自己的亲生女儿都是这样子的。"狠狠批评了她母亲一顿。在这样的情况下，她还是要继续唱书。我想张亚琴老师，当时在各种阻挡情况下，不去冲破这些阻力，她不可能成为镇海第一的女唱书家。她能打破传统观念，一直坚持下去，才一点一点培养了很多徒子徒孙。所以这些人都很理解张亚琴老师。我们去评价一位艺术家的时候，不能仅是看她是在唱书，或者她的唱书水平。

她有另外一个特点，当时她第一次得到省里奖项的时候，全省有十多支比较好的曲艺队进行比赛，她能够得奖，就说明她有一种魅力，能使观众对她有赞誉。她是个真正的从草根里来走出来的艺术家。另一方面她能够跟党走、跟政府走，这也是一个优点。作为一个没文化的人，能够对党的宣传投入，能够积极配合宣传。这就是毛泽东讲的，艺术就是为人民服务。这一点相当重要，假使你有水平，你有艺术，你不是为人民服务，不为党不为人民去做工作，你这个艺术就没有价值。从这点来讲她是很好的，特别是编出来的一些小品啊，蛟川走书啊，得过的奖非常多。所以从感情上讲，我也是感到钦佩的。

2010年11月，张亚琴先生在从艺66周年座谈会上演出

张亚琴带领徒弟和乐师们参加宁波市曲艺新秀走书艺术交流会

【附录】 张亚琴大事年表

1928 年　　6 月，出生于原镇海县大矸头鸽镇岙小山村。
1939 年　　学唱小曲，唱新闻。
1944 年　　学唱蛟川走书。
1946 年　　在高塘庙会唱书，因无师传授又没入行会，警察前来干涉，遂在镇海正式拜前辈艺人陆尧林为师，此后，正式走上了演唱蛟川走书的艺术道路，成为有史以来演唱蛟川走书的第一个女性艺人。
1953 年　　镇海县曲艺协会成立，张亚琴先后担任协会财务委员、曲艺队长、财务队长，县曲协主席，市曲协理事、副主席。
1982 年　　加入浙江省曲艺家协会，还曾被选为省曲艺家协会理事。
1983 年　　加入中国曲艺家协会。
1982—1992 年　　为镇海县人民广播电台曲艺专题节目演唱《飞龙传》《杨

张亚琴参加镇海县曲协会议

家将》《潘杨案》《兴唐传》《五十一号兵站》《敌后武工队》《野火春风斗古城》等书目。

1988年　1月16日，镇海区文广局、镇海区曲艺队、镇海区曲协在百花剧场举行茶话会，祝贺张亚琴从艺45周年，时任镇海区文广局局长邹成志出席讲话，学生江亚华、李丹艳进行了演唱。

1993—1994年　带领艺徒张亚飞、林小明、孙佩珍等组成宣传小分队在镇海电影院广场演唱《一代天骄毛泽东》；在城关中心小学、龙赛中学宣传镇海口海防历史遗迹，演唱《林则徐在镇海》《吴杰炮打法舰》《卢镗督造威远城》等节目。

1994年　5月17日，镇海区文广局、宁波市曲协在百花剧场为张亚琴同志举行从艺50周年庆祝活动，时任镇海区文广局局长周晓芳和宁波市曲协领导参加了活动，她的弟子们演唱了走书。

1994—2004年　张亚琴每年带徒弟一起去镇海、北仑、舟山、鄞州等地的农村唱蛟川走书，一唱就是十天半个月，主要以唱《杨家将》

张亚琴从艺45周年纪念活动上，徒弟向她呈献贺礼

《飞龙传》为主。

1996 年	10 月 1 日至 1998 年 5 月 1 日，为镇海电视台"蛟川书场"录像演播《杨家将》《飞龙传》《兴唐传》，每天 20 分钟。
2004 年	3 月 1 日至 10 日，应北仑新碶镇小山村邀请，张亚琴去那里说了 10 天的《潘杨案》。头一天只有八十几名老年观众，后来人数一天比一天多，到最后一天有老中青观众 160 多人，书场爆满。
2004 年	5 月 18 日，被宁波市曲艺家协会授予"宁波杰出曲艺家"荣誉称号。
2005 年	70 多岁的张亚琴参加镇海区农家乐系列活动专场演出。
2006 年	张亚琴亮相宁波市曲艺大会串。 同年，张锡珠在大碶文化礼堂参演文艺大会串，报幕员口误称她为张亚琴徒弟（当时并未拜师）。没想到张亚琴就在台下，她特意留心看张锡珠表演，发现姑娘长得端正，唱腔、说白都不错，打心里喜欢。经人说合，二人正式结为师徒，张亚琴亲自给徒弟取艺名为张晓琴。从此，张亚琴时常带着张晓琴跑农村文化演出场子。
2006 年	6 月，蛟川走书被列入市级非物质文化遗产名录，张亚琴成为宁波市级非物质文化遗产传承人。同月，浙江省文化厅授予张亚琴"浙江省民间艺术家"称号。
2009 年	9 月 23 日，浙江省文化厅发布《关于公布第三批浙江省非物质文化遗产项目代表性传承人的通知》，张亚琴正式成为浙江省级非物质文化遗产传承人。
2007 年	张亚琴指导徒弟排演反映镇海海防历史题材的蛟川走书《炮魂》参加省第三届曲艺新作大赛，获金奖。
2008 年	6 月，在镇海区文广局、镇海区文化馆的支持下，张亚琴在镇海职教中心参与"蛟川走书"传承基地的建立工作并亲自担任授课教师，每周三去学校无偿为同学们上课。
2009 年	中国文联在中国文学艺术界联合会成立 60 周年之际向张亚琴颁发从事新中国文艺工作 60 周年荣誉证书。

2009 年	8 月 26 日，宁波市曲艺家协会聘请张亚琴为曲协名誉顾问。
2010 年	11 月，镇海区曲协为她开了"张亚琴先生从艺 66 周年座谈会"。
2012 年	7 月 4 日，张亚琴收下了王文雅、杨青青两位弟子。
2014 年	5 月，镇海区招宝山街道后大街社区成立蛟川走书传承基地，张亚琴和女儿带着乐队，每年都会进行蛟川书场演出，为期半个月，场场爆满。
2014 年	11 月 14 日，镇海区委宣传部、镇海区文化广电新闻出版局、镇海区非物质文化遗产保护中心和后大街社区联合为张亚琴举办从艺 70 周年纪念活动，张亚琴时年 87 岁。
2015 年	薪火相传——张亚琴、江亚华等师徒蛟川走书专场演出在北仑影剧院大厅上演，吸引了数百名听书迷前来捧场。
2016 年	2 月，作为"东亚文化之都"2016 中国·宁波活动年系列活动首站的宁波市非物质文化遗产博览会在镇海鼓楼广场举行，被誉为"蛟川走书之母"、89 岁高龄的张亚琴现场演绎了一曲《镇海十景》，掀起高潮。
2017 年	张亚琴参加宁波话少儿语言艺术大赛，担任特邀嘉宾，与现场的参赛选手进行互动。

2004 年 5 月 18 日，被宁波市曲艺家协会授予"宁波杰出曲艺家"荣誉称号

2009 年，中国文联在中国文学艺术界联合会成立 60 周年之际向张亚琴颁发从事新中国文艺工作六十周年荣誉证书

2020 年	8月，镇海区非物质文化遗产保护中心启动省级非物质文化遗产代表性传承人抢救性纪录片拍摄工作，邀约张亚琴和她的女儿、徒弟等录制。通过几个小时的讲述，忠实还原张亚琴的艺术人生、蛟川走书的发展脉络与传承等，历时10个月。
2020 年	10月，宁波市举办全国非物质文化遗产曲艺周之第七届宁波"阿拉非遗汇"活动，在城隍庙举行全国非物质文化遗产曲艺书场试点挂牌仪式暨宁波曲艺专场。张亚琴时年92岁，是年纪最大的参演者，演唱了《杨家将》选段。
2021 年	宁波市文化广电旅游局推出第二批宁波市非物质文化遗产"薪火计划"，进行中青年传承人群培养工作。得知消息，招宝山街道文化站积极物色蛟川走书的学徒人选，为张亚琴寻找"年轻、没有走书基础"的戏苗，33岁的余佼入选。
2022 年	3月6日凌晨2点38分，镇海"蛟川走书"、浙江省级非物质文化遗产传承人张亚琴因病逝世，享年94岁。

2009年8月26日，宁波市曲艺家协会聘请张亚琴为曲协名誉顾问

张亚琴先生从艺 66 周年座谈会

2017 年，张亚琴参加宁波话少儿语言艺术大赛，担任特邀嘉宾，与现场的参赛选手进行互动

张亚琴与三位徒弟合影,左一为江亚华

镇海区非遗保护中心工作人员在张亚琴先生家中采访交流

2020年10月，张亚琴在全国非遗曲艺周之第七届宁波"阿拉非遗汇"全国非遗曲艺书场试点挂牌仪式暨宁波曲艺专场中演唱《杨家将》选段，时年92岁

第三章

宁海狮舞代表性传承人陈昌福

◆ 章亚萍　周益

第一节　宁海狮舞概况

一、宁海狮舞名词溯源

狮舞是流行于我国各地的民间舞蹈，它起源于唐代，经过千余年的发展，现已成为深受我国广大人民群众喜爱的舞蹈样式之一。狮舞在宁波城乡流行较广，其中尤以宁海的狮舞最具特色，影响最大。历史上盛行的高峰时期，宁海全县有400多个狮舞班，素有"狮舞之乡"的美誉。

宁海舞狮是一种传统广场舞蹈活动。狮舞班，也称"狮子会"，一般以村庄为单位组建，村里出钱置办表演道具，推选负责人组织活动。狮子会人数多少不定，多则50多人，少的也有20多人，基本上农村的青壮年都会被吸收到狮子会来。农闲里众人习拳、棍棒等武术套路，练习打狮子；传统佳节或举行庆典活动时外出打狮子。正月里的宁海乡间狮舞最为闹腾，尤其是元宵节前后，随处可见狮子班活动的身影。他们外出活动，赚来钱后用来修行做善事，造桥铺路。闲暇不演出时，他们则担当起保卫村庄、防御强盗入侵及调和乡间纠纷的任务，在乡间有非常强大的震慑力。

每年的新春佳节，宁海各地都会组织形式各异的狮子班，娱乐于舞。他们串村走户，投帖联系，一时锣鼓喧闹。狮子班表演有着传统的程式：狮子班往往配

佳节舞狮

有一个能说会道的人，专门给各村报信，传递舞狮子信息，俗称"放帖子"。狮子班正月去放帖，主人是不能拒绝的，如果拒绝了，就认为不客气，对村子的名声会产生不好的影响。村长、族长或主人都会接下帖子，狮子班就进村表演，要吹喇嘟（又称长尖号），敲锣打鼓，放鞭炮，以示吉祥降临。号声象征着狮子的吼声，寓"狮子作吼，群兽慑服"之意。

一次舞狮子，往往要舞好几场。首先是要去庙宇、祠堂舞狮，俗称"窜庙""窜祠"。"窜庙"是说狮子虽是兽中之王，但它毕竟是野兽，要受土地菩萨管束，它要进村，首先去庙宇拜谒境主菩萨，否则舞了狮子也得不到菩萨的保佑。"窜祠"是拜祖，表示对本村祖宗的尊敬。窜庙、窜祠后，狮子班就去村中开阔的空地上扫场舞狮子给全村人看。村中生活条件优越的人家还会请狮子班到自家天井道地里表演。如果是到人家天井道地里表演，那还要窜堂[1]，拜观音，拜灶司菩萨，窜屋柱[2]，之后才在天井道地上表演。

---

1 窜堂：狮子在堂前或中堂里舞动，意思是舞给观音菩萨或祖宗观看。
2 窜屋柱：狮子绕着房檐下的屋柱进行"8"字形舞动，寓意带给主人家吉祥如意，亦有镇宅之意。

宗祠

宁海狮舞俗称"打狮子"，又称"狮子灯"。根据地区的不同，可分为三种风格，表演也各具特色。山区为"武狮"，这种"武狮"以宁海岔路干坑村、力洋的山后村、一市箬岙村等为代表。沿海为"文狮"，这种"文狮"以宁海越溪下湾村、胡陈西翁村、长街连浦村为代表。另外，宁海平原还有"文武狮"，这种"文武狮"又以宁海梅林陈村、山水南岙村为代表。

以拳、棍棒武术

箬岙舞狮队表演传统套路"追青蛙"

山后张舞狮队武术表演

　　表演结合舞狮子是宁海狮舞特有的表演程式，"翻捣臼""跳桌角"最能证明狮子班的武术功底。每场狮舞表演进行的中场，还要有精湛的武术表演，有拳术、棍术、爬竿和滚叉等，或单人表演，或群体上场表演，气势强大。每一表演者各有一套拿手绝活，表演时步伐稳健，招式娴熟准确，动作勇猛有力。

　　"跳桌角"是舞狮和武术的紧密结合，也是最能考验狮子班的舞蹈水平，狮头和狮尾必须很好协调，才能完成。主人搬出一张八仙桌放空地正中，要求狮子舞动时跳上桌子，在有限的桌面上舞动，做出各种舞蹈动作。更有试探狮子班主人水平的，在两张并排八仙桌的基础上，上面再叠加一张，要求狮子跃上一层又一层的桌子，在上面舞动。

　　"抢灯"则是宁海狮舞最具民俗特色的表演套路。"抢灯"表现的是新春佳节里，狮子看到精致的彩灯，追逐嬉闹的整个过程，有单狮抢灯和双狮抢灯之分。一般是争抢五盏彩灯，场地四角和中间放上彩灯，狮子在中间狂舞嬉闹。其表演程式有观灯、嬉灯、抢灯、咬灯、舞灯、送灯（寓意"送丁"）等，寓意美好。

传统套路"跳桌角"

传统套路"抢灯"

宁海狮舞的狮子造型有别于南狮，也不同于金毛狮。狮子头部为扁平形，所以又称"板面狮子"。整条狮被像一袭斗篷，把两位表演者罩在里面，仅双腿可见。给人凶悍可怕的感觉，有种独特的神威。在有些表演场合里，小孩们看到后马上躲到大人背后，有些甚至会被吓哭。

宁海狮舞的音乐以粗犷为特点。后场乐队依随舞狮动作敲打，铿锵有力，震撼人心。往往是敲锣打鼓的和舞狮子的一样起劲卖力，很有看点。

狮子，被称为兽中之王，民间以兽舞寄托吉祥太平、五谷丰登之意。在年丰人寿、国泰民安的时节里，人们常以舞狮子为乐，恭贺新春，祈愿吉祥如意。宁海狮舞根植于人民百姓，乡土气息浓厚，表现了人们淳朴敦厚的审美情趣，也表达了他们祈求风调雨顺、五谷丰登、吉祥平安的美好愿望，至今仍是宁海各种民间艺术活动中最为突出的表演形式，具有很强的生命力。

板面狮子被

二、宁海狮舞的发展历史

宁海建县于西晋太康元年（280），迄今已有1700多年。海宁地处山陬海隅，古时海盗猖獗，百姓多受掳掠。为保卫家园，大家崇尚习武，因而引发了武术性质的舞狮、舞龙等民间艺术。在漫长的历史长河中，这一方丰厚的水土孕育着这一门瑰丽的文化艺术，璀璨至今。

据史料考证，宁海狮舞最早可追溯到梁代。《晋书·地理志》载："宁海人气淳性轻，好佛信鬼。"宁海城乡寺院、庙宇及庵堂众多，历史上有不少高僧来过宁海，特别是天台山国清寺智者大师（天台宗开山祖师）曾先后几次到宁海寻找宝地建造寺院。另外，鉴真和尚东渡日本，也几次绕道宁海，住城南福泉寺讲经。宁海福泉寺原住持认为："过去福泉寺庙会，各地赶会的队伍均由狮子舞在

狮子锣

前开道，而爬竿、走索等杂技表演在其后。相传这一狮舞的表演习俗是由鉴真大师来宁海时传授的。"民间还有狮舞是国清寺智者大师所传之说。

清康熙《宁海县志·风俗》引明崇祯《宁海县志》说："正月演剧，敬祖迎神，乡间十二起，城里十四起，至十八乃止。"这里所说的演剧，当指演戏及民间的龙舞、狮舞、灯舞等多种民间文化，而这种敬祖迎神活动，又以狮舞为最盛，这种舞狮的习俗一直传承至今。舞狮活动一般在正月里进行，"狮子灯"的叫法就是源于正月的灯会，至农历二月初二结束。宁海习俗二月初二为除旧节，这一日要把留下的年货吃完，然后农民下地、百匠出门，进入生产季节。平时如庙会、迎神赛会或岁时节令等也有舞狮活动。

据老艺人回忆，至20世纪30年代，宁海有狮舞班子400多个，这里必须提到一个舞狮教头王加寿对宁海狮舞发展起到的巨大作用。王加寿，民国初年生人，祖上是县衙内的马夫兼保镖，据说武术精湛，走路能与马同速。王加寿继承了祖上的武术天赋，又谦虚好学，博采众长，传承并发展了所学习到的舞狮、拳、棒棍等武艺，从功夫到表现形式，自成一家。他长期在店前王、汶溪周、南

街头舞狮活动

岙、长街、瓦窑头、王社、下王、下徐、应家、梅林陈、桥头胡岙口、马家、大佳何、后洋一带教习武艺、舞狮技巧。正因为王加寿的无私传授，宁海的舞狮才有了一番可观的局面，舞狮队遍布，真正称得上"狮舞之乡"。

直到20世纪80年代，宁海还有狮舞班50多个，但至21世纪初，宁海城乡仅有10多个狮舞班还在活动。在众多的狮子班中，越溪乡的下湾狮子班、力洋山后张和岔路干坑的武狮班，以及南岙村和梅林陈的文武狮子班最有代表性，其"抢灯"程式也代表着狮舞舞蹈艺术的最高水平。

20世纪80年代，宁海狮舞声名鹊起，经常受邀到各地表演。1982年，宁海狮舞参加宁波市"四明之春"汇演，荣获优秀民间艺术挖掘奖。1984年，宁海狮舞参加宁波市国庆游行活动，誉满宁波城乡。而在宁海各大文艺活动中，宁海狮舞更是身影不落。然而作为自然形态的民间艺术，宁海舞狮面临着失传的危险。由于人民群众物质生活、文化生活的不断发展和丰富，人们的欣赏口味发生了变化，舞狮闹佳节的热闹盛况已不多见了。舞狮队伍在迅速减少，表演市场也越来越狭窄，而且表演队伍中年轻人很少。

面对窘境，2007 年，宁海县文化部门联合宁海县第一职业中学开展非物质文化遗产进校园活动，认定宁海县第一职业中学为宁海狮舞传承教学基地，聘请梅林陈舞狮队队长陈昌福为教练，每周半天，开展对学生舞狮队的训练。如今梅林陈舞狮队的一批年轻队员就是从该校培养的。2010 年，文化部门正式开始实施"百龙百狮"非物质文化遗产品牌计划，发展农村舞龙舞狮队伍。聘请了梅林陈舞狮队队长陈昌福和南岙云峰舞狮队葛忠奎为教练，在宁海城乡开展狮舞的传承教学工作，开展"百龙百狮"培训、比赛和展演，联动发展和积极建设年轻的舞狮队伍，重振了宁海狮舞之威风。统计至 2019 年，全县发展有舞狮队 21 支，共 62 只狮子。根据各支队伍自身的风格，有单狮、双狮之分；也有根据表演需要，组建有四对八只狮子的大队伍，梅林陈舞狮队如今还发展成八大四小同台表演的盛大局面。同时，县文化部门又积极开展舞狮比赛和活动，传承弘扬宁海狮舞文化。2011 年 11 月在潘天寿广场举行"欢乐新农村"宁海县第四届农民文化艺术节"农林杯"百龙百狮汇演，有 10 多支舞狮队参加，展现狮舞群雄争霸的热闹场面。2015 年，梅林陈舞狮队作为宁海代表队参加宁波市"甬城杯"南北龙狮争霸邀请赛，夺得金奖。2018 年 10 月，宁海县文广局在梅林街道长寿村开展"宁海县舞龙舞狮展演大赛"，将百龙百狮非物质文化遗产品牌培育成就和宁海狮舞风采展现在大家面前，共有 9 支舞狮队参加本次大赛奖项的角逐。一些建队历史久远的"老底子"舞狮队，经重新发展培训后又出现在舞台上，风采不减当年。

　　宁海狮舞表演队伍不断壮大，但仍面临着一些独特的优秀传统元素缺失的问题。其中之一便是宁海狮舞的后场敲打。宁海狮舞的后场敲打风格独特，也称"狮子锣"，主要有大鼓（也可用战鼓代替）、大锣、小锣和钹、喇嘟。舞狮表演时，后场敲打乐队要配合舞狮的动作进行敲打，节奏铿锵有力。一支优秀的舞狮队，其后场敲打也是值得欣赏的。但是近年来宁海舞狮队伍不断发展壮大，但后场乐队的传承发展不能同步跟上，有些舞狮队基本上依靠播放录音来支撑后场，狮舞表演者听着录音来表现动力[3]，动作节拍上常常会出现不协调的状况，失去了宁海传统狮舞的表现韵味。之二，随着各地文化的不断交流融合，这几年南狮的表演风格逐渐渗透到宁海传统狮舞表演中。相比较于宁海传统舞狮子的凶猛，南

3　在宁海舞狮子的人来讲，就是有力度的动作，他们有专门的术语，称"动力"。

梅林陈舞狮队参加 2011 年宁海县百龙百狮汇演

宁海县第一职业中学舞狮队训练

狮可爱有趣的形象更受到百姓的喜欢，所以南狮的表演占据了宁海狮舞很大一片市场空间。而且传统宁海狮舞表演技巧难度比南狮表演大，不易学成，磨炼时间又长，体力消耗很大，一般人都吃不消。如今能坚持传统宁海狮舞表演的都是性格坚韧之人，就如陈昌福舞狮队的队员们，坚持着宁海文、武狮子的传承和弘扬。之三，随着时代的变迁，农村文化生活空间发生了改变，原本是广场活动的宁海狮舞等传统舞蹈都逐渐被搬上了舞台表演。为适应舞台空间的表演，宁海狮舞的传统表演套路好多被忽略或改变了，尤其是狮舞相关民俗方面的表演套路，已不适合出现在舞台上，观众看不到宁海狮舞原本的民俗韵味和套路技巧。何况这些年，很多活动里，将狮舞归纳到传统体育竞技上去评定表演奖项，这大大削弱了狮舞的民俗表现力。另外，因为宁海没有了制作青布狮子的原材料和制作者，具有宁海特色的青布狮子被也渐渐被专业生产的金毛狮子被所取代，现在，宁海青布板面狮也是所剩无几，只有一市箬岙、前童小汀、岔路干坑这几个地方还保存着传统的青布狮被，但很少运用到表演上，只作为老物件保留着。传统民间文化的发展前景堪忧。

民俗活动中的舞狮

三、宁海狮舞的风格特征

宁海狮舞演出在宁海各种民间艺术活动中最为突出。旧时，新春一到，宁海各乡镇都组织形式各异的狮子班，走村串户，锣鼓喧闹，舞狮子，打拳棒，敬祖迎神，表达人们祈求风调雨顺、五谷丰登、吉祥平安的美好愿望。舞狮习俗一直传承至今。其基本特征主要体现在表演风格、套路特征、伴奏音乐、本色道具等方面。

1. "武狮""文狮"及"文武狮"

"武狮"，其制作较简单，仅一"头"一"被"，称"板面狮子"，狮头外形凶猛且舞狮动作勇猛，腾、扑、滚、跳，呼呼有声。有扫场、追青蛙、翻滚、鲫鱼溅、上山进洞、舞拳棒、滚响叉、捉狮等套路。"文狮"，其制作精巧，形象逼真，表演中狮子的举止颇文静，有扫场、拜观音、踏四角、打瞌睡、搔痒、舔毛、抖毛、望月、舞拳棒、捉狮等套路。"文武狮"，融文狮的温驯与武狮的勇猛于一体，既有强悍、粗犷的动作，如"抢灯""舞狮"，又有细腻的刻画，如"嬉狮""叠狮""咬灯"等，两种风格截然不同的动作互相交错进行着，一文一武，一静一动，一灵一拙，紧密相联，贯穿全舞。文武狮子抢灯的道具花灯是用皱纹纸剪成花瓣形，用糨糊粘在铁丝上，将铁丝圈围成花形扎紧。花灯中间固定一照明用的物具，"狮子"被这一盏花灯吸引，舞出优美形象的动作，诠释美好

传统套路"搔痒"

小汀狮子队表演传统套路"捉狮"

的寓意。

　　舞狮结束后，接着表演民间精湛的武艺，如舞拳、弄棒、跳桌、爬竿、倒走等，最后由一表演者滚响叉捉狮而终场。表演时宁海特有的舞狮音乐贯穿始终。无论是"武狮"还是"文狮"，都以"捉狮"为共同尾声。人们怕狮子逃走，要冲破一切艰难险阻把它捉回洞里，表现了宁海人民坚毅不屈的性格特征。

　　2. 传统的舞狮表演和武术表演相结合

　　从有关史料推断，宁海舞狮习俗和拳棒等武艺多从台州府传入，最初原因是人们为了保卫村庄安定，不受外敌入侵。宁海西门通往台州府，所以此处也叫"登台门"。因为西门以前是关卡，有武场，习武风气很盛，舞狮、武术都在此地表演。宁海有句老话："哪里有狮子队，哪里就有武术班。"可见宁海狮舞和武术是密不可分的。

　　每场狮舞表演进行的中场，还要有精湛的武术表演，有拳术、棍术和滚叉等。每一个表演者各有一套拿手绝活，表演时步伐稳健，招式娴熟准确，动作勇猛有力。武术表演的棍棒，称"齐眉棍"，长度为1.6米左右，一般采用白茶等

传统套路"腾起"

硬树木制成,由舞狮人表演或队伍中专门的武术队员表演。以山后张舞狮队的棍术为例,传统的套路有"牙郎结青""仙人把舵""进步一绝""抽柴归身""老鹞翻身""深山叼鹿""八字分株""三分柴""倒吞竹丝""老鼠偷米""鸟凤出洞"等。拳术往往是手脚并举的体现,拳的套路有"凤凰挚翼""狮子大开口""燕子叼泥""单拳""双拳""双龙抢珠""阴阳手""龙头手"等,腿的套路有"单腿""双腿""三蹦一腿""悬飞腿""雷公腿""半边腿""双飞腿""落地腿"等。滚叉,又叫"响叉""擂叉",叉头铁铸,叉头柄上套能活动的两片铜响片,叉头拴在木棍上。滚叉,一在引狮和捉狮表演环节中体现,另则突出在武术表演过程中。表演者左手拿起木柄铁叉,把木柄端横放在右臂上部,叉头朝左前方。木柄向下滚动到右手上,左手立即接过滚动的叉柄,同时左手渐抬高使叉继续滚动到左上臂,然后左臂用力向上一抖,使叉腾空而起,又落在右上臂再继续以上动作。连续滚动、高抛表演,以臂接住,具有超高的表演难度。

  舞狮技巧中的传统套路"捞赏钱""麒麟送子"等绝技也融合了艺人高超的武艺。旧时舞狮,无论为谁舞,对方都要给一定的报酬,至于给多少就随主人。但

传统套路"抛滚叉"

赏钱是不可能轻易得到的，考验的是舞狮人的力气和技巧。主人家的赏钱压在几百斤重的大石臼下。舞狮者要一脚踹开石臼迅速捞走赏钱，又赶紧将石臼翻回原位置，动作仅仅是瞬间不着痕迹地发生。如果拿赏钱的动作被主人发现，或是翻倒了石臼，或是拿不走，就说明这狮子班表演水平不高了。

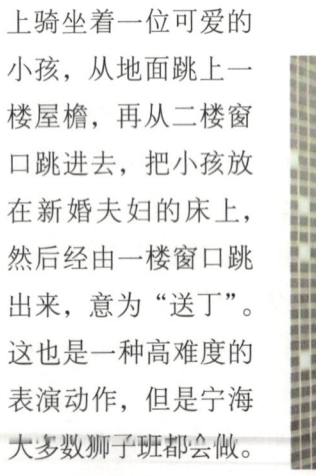

如果到新婚人家，狮舞班就要为其舞"麒麟送子"。就是狮子身下藏着或背上骑坐着一位可爱的小孩，从地面跳上一楼屋檐，再从二楼窗口跳进去，把小孩放在新婚夫妇的床上，然后经由一楼窗口跳出来，意为"送丁"。这也是一种高难度的表演动作，但是宁海大多数狮子班都会做。

宁海舞狮队都有

传统套路"麒麟送子"

小汀传统狮子被——帐篷狮子

约定的训练规矩，队员们不外出表演时，每天晨起走马步，练武术。"夏练三伏，冬练三九，武技应月有长进。"还要进行习武比赛，一般不裁定胜负，只是指点要领，示范动作，纠正错误。

3. 狮子造型

宁海狮舞的狮子造型，称青布狮子。其结构上分狮皮和狮头两部分。狮子皮是青麻布做的，再身背适当嵌流苏作狮毛。青麻布、流苏是农民自己生产的。苎麻织成粗布，用靛青染色成青麻布；流苏是蚕丝编织的，一般染成红色或金黄色。用竹篾或铁丝扎制成狮头形状，狮子下颌用粗铁丝扎成骨架，跟部拧成小圆环与狮头相接，固定为轴，使下颌能上下活动，呈扁形方口状。再用硬纸剪成下颌形状，固定在粗铁丝外围，并剪出狮牙，将其整齐地固定在狮头上颌、下颌的嘴内。狮子两眼球前凸，如圆形的金鱼眼。狮头外表用粗棉布和小麦粉的糨糊层层贴塑，干后涂金底彩绘装饰而成。狮皮前部和狮头用绳扣相接。

4. 宁海狮舞的音乐

宁海狮舞的音乐以粗犷铿锵为特点。后场敲打音乐统称"狮子锣"，由喇嘟、大鼓、大锣、大钹、闹钹、小锣、战鼓等敲打乐器组成。大锣的声音低沉，余音长；大鼓不用鼓槌，而用拳头或手掌击打，特别是大锣、大鼓的闷击，能形象地表现雄狮凶猛笨拙的特点。狮子出场时喇嘟低沉的长音，似雄狮怒吼。舞狮表演进入高潮时，喇嘟急促激昂的高音骤起，又能增添热烈的气氛。狮子出场和捉狮归山时敲打的鼓点欢快轻松，烘托出节日热闹气氛。（附：宁海狮子锣规范基调。具体敲打时依据舞狮动力以作适当调整）

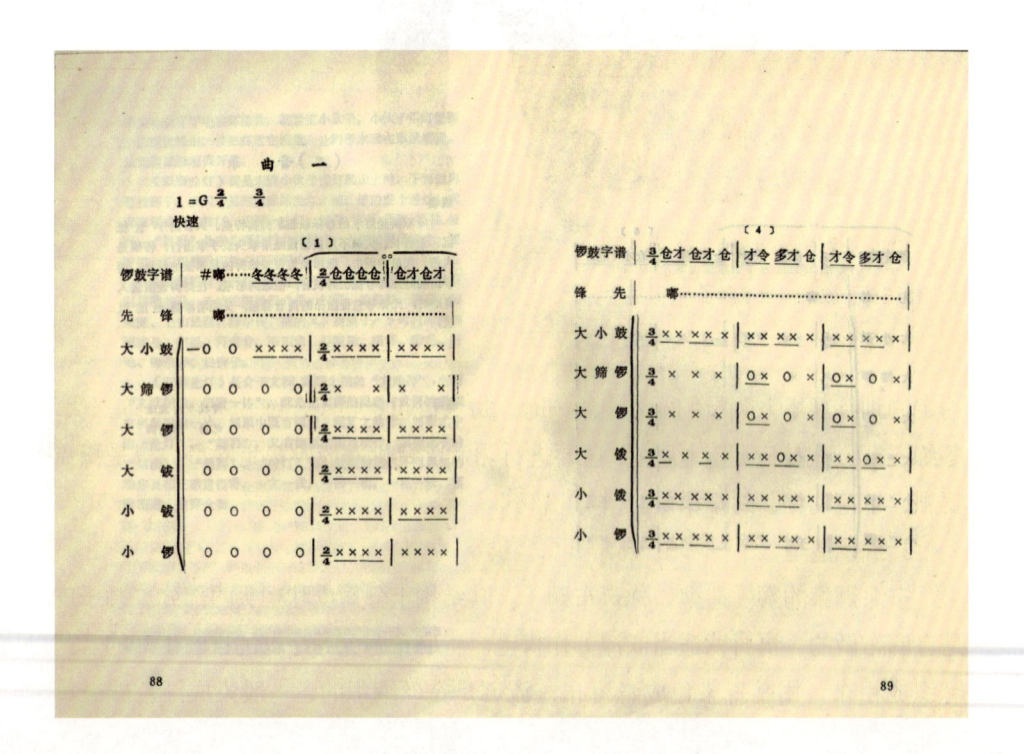

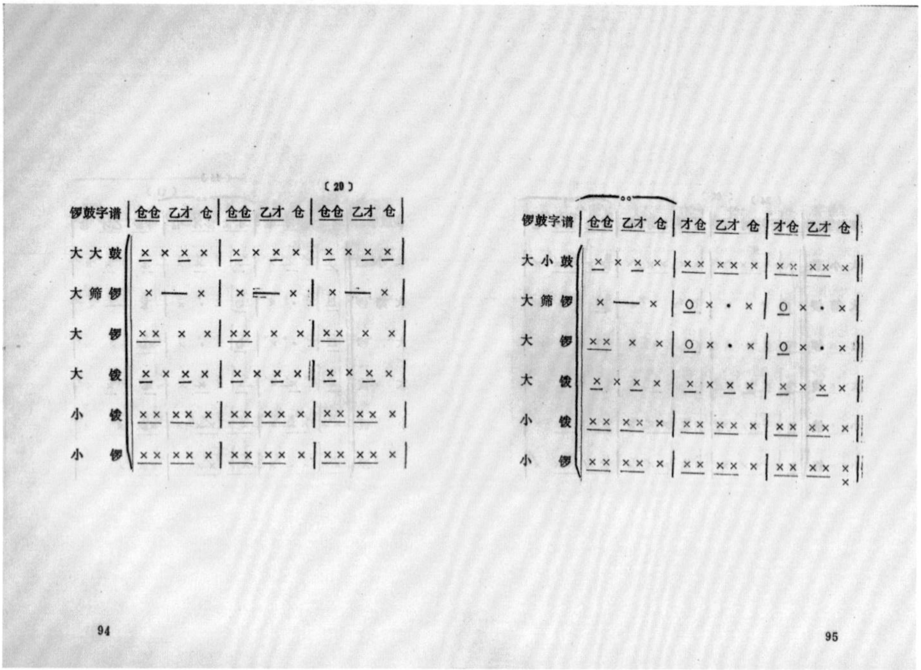
〔20〕
锣鼓字谱 仓仓 乙才 仓 仓仓 乙才 仓 仓仓 乙才 仓
大大鼓
大篩锣
大 锣
大 钹
小 钹
小 锣
94
锣鼓字谱 仓仓 乙才 仓 才仓 乙才 仓 才仓 乙才 仓
大小鼓
大篩锣
大 锣
大 钹
小 钹
小 锣
95

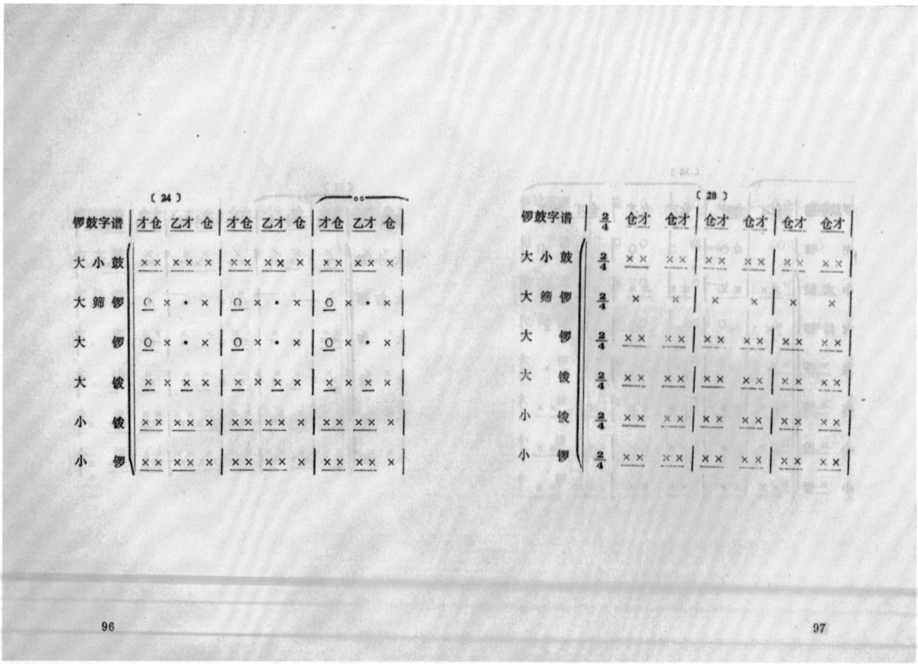
〔24〕
锣鼓字谱 才仓 乙才 仓 才仓 乙才 仓 才仓 乙才 仓
大小鼓
大篩锣
大 锣
大 钹
小 钹
小 锣
96
〔28〕
锣鼓字谱 2/4 仓才 仓才 仓才 仓才 仓才 仓才
大小鼓
大篩锣
大 锣
大 钹
小 钹
小 锣
97

曲 二

$1=G \frac{2}{4}$
中速

第二节　陈昌福人物小传

陈昌福，浙江省级非物质文化遗产代表性传承人，宁海梅林陈舞狮队队长，在舞狮队里担当狮子头的角色。

一、从艺经历

梅林陈舞狮，早在明末清初就已经非常有名，300多年来一直在梅林陈村延续着。代代相传的舞狮技艺，在陈昌福家族里传承颇盛。陈昌福继承了父亲的舞狮职业。他从小就跟随父亲陈其宽打狮子，看大人们到处表演，并逐渐喜欢上了舞狮，于是，父亲陈其宽传授他舞狮子的一招一式。陈昌福一直坚持不懈苦练舞狮技巧，与同村志同道合学习舞狮的青年们一起，起早摸黑地进行舞狮练习。当时生活条件艰苦，平日练习中，舞狮道具仅是一只畚箕加上一条旧被单，只有到了要上场表演时，才会拿出保存着的较简易的舞狮道具。白天要干活，晚上天黑没有灯，清早和傍晚的些许时间往往是最宝贵的排练时间。夜里练完各种套路，

梅林陈舞狮队队长陈昌福

梅林陈舞狮队在乡间表演

二三十个年轻人经常顾不上一身汗臭,就在祠堂里挤挤睡了。那时村里条件不是很好,平日里的伙食也是僧多粥少,甚至有时还得饿肚皮。但大伙儿就是喜欢舞狮,就算空着肚子也照样把它舞得生龙活虎。在当时,村里人都将舞狮视为荣耀之事,故舞狮风气尤盛。

学习舞狮,领悟和实践祖父那一代传下来的基本功是必修课。陈昌福祖父那会儿,舞狮就有个固定的流程:舞狮之前先要打一套拳,再耍一套棒法,精神振奋后,才开始舞狮。舞狮时一般会通过走、跑、跳、滚、看、咬、眨眼睛、摇头摆尾等动作,来表现出狮子栩栩如生的神态,以吸引观众,并时而要做出有难度的动作,才会得到观众们的喝彩。舞狮者不仅要熟练操作狮子头,还要具备充沛的体力。之前表演只有一只狮子,到了陈昌福这一辈时,舞狮也由原先的单狮发展成双狮,更加活灵活现,但表演的难度也相应增加。舞狮时,举着狮子头的人要长时间做各种动作,狮尾也不可闲着,要一直弯着腰配合狮头,并要一同进行跑跳、直立等一些高难度动作,两人配合至关重要。因而在舞狮训练时,一开始就要找好搭档,以确保在之后的训练与表演中配合默契。

狮头狮尾配合默契，完成高难度动作"盘腰"

  陈昌福除了学习舞狮动作，还要练习打拳、耍棍、跳八仙桌、翻捣臼等动作练习也是不可或缺的。训练时磕磕碰碰，受个小伤是难免的，而这都是为了能够滴水不漏地完成整个舞狮表演套路。由于自小环境的熏陶，陈昌福学习舞狮的天赋很高，14岁就登台表演，初中毕业时便能单独充当狮子头的角色。当时在村里，舞狮队除了在岁时节令或庆祝重要事情中表演之外，主要还是在过年的时候亮相，走村串户闹佳节，为百姓们舞狮，预祝新的一年里有个好兆头。1986年，20岁的陈昌福主动请缨担任舞狮队队长。由于多年积累的名声，邀请陈昌福他们前去表演的机会也渐渐多了起来。舞狮队的表演多了，收入也变得可观，梅林陈舞狮队朝着"半职业化"的模式良好发展。正是由于一直以来的开拓创新，梅林陈舞狮队没有像县内其他的一些舞狮队那样消失，而是变得更加出类拔萃，并一直保留传承到现在。

  陈昌福不仅在宁海县内开展舞狮传承教学工作，还曾到奉化、鄞州等地进行舞狮技艺的传授，带出了多支舞狮队伍。2007年，陈昌福受聘于县第一职业中学的宁海狮舞传承基地，担任舞狮教练，教学生舞狮技巧和套路。陈昌福除了舞狮，对村里的活动也十分热心。不论是街道里，还是县里，只要自己派得上用场，陈昌福总是会出点力。陈昌福现在作为舞狮队的队长，对舞狮也热爱了半辈子，希望这项技艺能够稳稳当当地传下去。

二、艺术成就及特色

陈昌福倾注心血于宁海狮舞的创新、传承、发展。1986年，陈昌福担任舞狮队队长后，筹措资金，培养新队员，将原先由1只狮子独撑场面扩大到2只狮子对舞，增添热闹气氛。1985年、1989年，他与舞狮队两次赴宁波比赛，获得嘉奖，得到4只狮子头。趁这一机会，他将狮子表演由2只增加到4只，后又再增加到8只，即4只大狮子4只小狮子，发展到现在则是8大4小，是宁海当地规模最大的舞狮队舞狮表演方阵，形成梅林陈舞狮的一大特点——表演的狮子多，形象活泼生动，情节丰富有趣。

同时，陈昌福与队员们在之前舞狮动作的基础上，吸取宁海其他地方的舞狮表演特色，创新了"跨脖旋转""狮滚背""盘腰""嬉狮""叠狮"等新动作，使表演更加生动，舞狮内容更加丰富有趣。现今的梅林陈舞狮队舞狮套路更为精彩、丰富，糅合了武狮的刚猛与文狮的细腻。传统武狮的扫场、翻滚、鲫鱼溅、追青蛙、上山进洞、滚响叉等彪悍、粗犷套路都尽现其中，也有搔痒、舔毛、抖毛、拜观音、踏四角、打瞌睡等文狮细腻的动作套路。两种截然不同的风格互相交错进行，动静结合、文武兼备，又有吹奏打击音乐进行伴奏，具有较高的观赏性。梅林陈舞狮队由此成为浙江省内远近闻名的舞狮队，荣获县级以上金奖20余次。

现今，梅林陈村的舞狮队也开始了产业化运作。梅林陈舞狮队年舞狮场次达150场次以上，年收入80万元以上。这些收入除分发劳务补贴之外，留下一部分作为队里的共有资金，用于狮子被、敲打乐器装备更新等用途。为了维持舞狮队伍的生命力，陈昌福努力将梅林陈舞狮队推向"半职业化"状态。舞狮队员都有各自的事业。平时大家忙于自己的工作，有舞狮表演时，一齐上阵。晚上空闲时则练习技巧。大家的心愿就是：只要人们喜欢看，我们就会一代代舞下去。2022年，在父亲陈其宽的帮助下，陈昌福从原先父辈的老艺人处找到宁海传统狮舞套路"抢灯"的道具——花灯，于是重新模仿做成5盏花灯，并在老一辈艺人的悉心指导下，联合队员挖掘并恢复了"抢五灯"的传统套路，将之搬上表演舞台。

传统套路"跨脖旋转"

传统套路"倒立行走"

半职业化的梅林陈舞狮队

三、传承传播

从 1986 年陈昌福担任舞狮队队长开始,他就坚持不懈带领舞狮队员到处放帖打狮子。如今梅林陈村舞狮队的名声越来越大,本地的节庆活动少不了他们的表演,不仅在宁海县举行的每一届徐霞客开游节上大放光彩,还在宁波市文化艺术节、宁波市农民艺术节、余姚杨梅节、奉化水蜜桃节、象山开渔节等节庆活动中展现宁海狮舞的矫健身姿,连杭州、绍兴、衢州、舟山等地也常出现他们的身影。梅林陈舞狮队已然闻名县域内外,有时这支近 30 人的队伍一时还不能满足多地的表演邀请。陈昌福便立马整合资源,紧锣密鼓地开展对宁海县第一职业中学舞狮队的训练,保证演出质量和效果,圆满完成各项演出任务。外出表演归来时,大伙儿聚在一起时,也会商量如何将舞狮在村里传承下去的法子。现在村里后起的年轻人因上学、上班或外出打工,学习舞狮的已逐渐减少,况且舞狮是强度很大的体力活,年轻人大多吃不起这种苦。面对这种情况,陈昌福利用学校传承教学的机会,物色年轻的苗子,将之充实到表演队伍中。而且在他的有意培养下，如今他的两个小外孙也学会了舞狮子，和大狮子一起活跃在表演舞台上，带给观众无穷的乐趣。

2007年，陈昌福受聘于宁海县第一职业中学担任舞狮教练，教习学生舞狮技巧，传授舞狮套路，发展宁海舞狮的年轻传承队伍，至今已培养了18批年轻的舞狮传承人。目前，这些优秀的年轻舞狮传承人已能独立在各种场合表演，给宁海狮舞增添了鲜活的生命力。传承教学过程中，这些学生特别喜欢舞狮，课前课后都爱与陈昌福交流舞狮心得，切磋表演技巧。陈昌福也毫无保留地把传统舞狮套路传授给这些学生。有时候村里的舞狮队表演缺人，陈昌福就会叫上班里的学生，让他们增加实地表演经验。只有真正上台实践，才会掌握舞狮的要领。

2010年，宁海县文化部门实施"百龙百狮"培训计划，陈昌福作为狮舞教练，又奔波在城乡开展舞狮培训。这期间，他很是辛苦。因为参加训练的队员都是晚上才有空闲时间，陈昌福自己白天也要上班或者演出，所以只能晚上开车去各地方教学舞狮。如今活跃在宁海的水车村舞狮队、下园村舞狮队、武警驻宁海部队舞狮队等都出自他的传授教学。他还被邀请到奉化、鄞州、象山等地做舞狮教练，带出了许多支舞狮队伍。

担任着舞狮队队长，陈昌福也自然成了舞狮队的后勤总管，不仅要管理舞狮队的日常事务，还要保管舞狮演出的道具。这些道具看着不起眼，但一下就把陈昌福家的两间屋子放满了。在陈昌福家中，表演用的狮子按照新旧分成了4排，最显眼的位置保留着1985年宁波获奖时得到的狮子。

他还不忘那些年事已高，退出表演舞台的梅林陈狮子队成员，鼓励他们发挥余热。因为这些老队员对舞狮的热爱，陈昌福就安排他们在舞狮后场做敲打伴奏。舞狮人都希望看到舞狮队伍越来越壮大，舞狮技艺一代代传下去。陈昌福自己也做了规划，要是哪天舞不动狮子了，也会去后场敲锣打鼓，给舞狮队助威。

生为舞狮人，那就做一头生动的雄狮。

参加"甬上风华"宁波市非遗展演

梅林陈舞狮队全家福

第三节　陈昌福口述访谈

访谈时间：2021 年 11 月 20 日
访谈地点：宁海县梅林街道梅林陈村陈昌福家
受访人：陈昌福
采访人：章亚萍

一、艺承父之门

采访人：您是一名仓管员，这是您的主要职业，其实您还有一项更重要的、有意义的职业，那就是舞狮子。

陈昌福：我 18 岁开始做仓管员，到现在已经做了 40 年左右了，舞狮子是 14 岁开始的。

采访人：您舞狮子这个职业，跟您的仓管员的职业是不是有交集或者是矛盾的？

陈昌福：有时候有点矛盾，一边仓库进出货，一边要出门舞狮子，那之后我就先以舞狮为重要事情，如果要外出表演，就向公司领导请假，自己觉得还是舞狮重要。我热爱舞狮子，我从小看着我爸妈这一代人舞狮子，从小看着长大，然后再学舞狮子的。

采访人：您的舞狮子是跟谁学的？

陈昌福：小的时候见过爸爸这帮弟兄，他们经常在练习舞狮，后来是我爸爸亲手教我舞狮。

采访人：您自己是 14 岁开始舞狮。

陈昌福：14 岁就会舞狮子了，正式开始拜师学舞狮是 15 岁。

采访人：在您小的时候，您这个地方就有舞狮队了？

陈昌福：我小的时候，七八岁的时候，就知道我们梅林陈村一直有舞狮的传统。

采访人：当时的舞狮骨干成员是哪些人？

陈昌福：就是我爸爸他们，有五六十个人。他们生活是很辛苦的，但坚持每天晚上到祠堂里面去排演。

采访人：他们除了舞狮，平时干什么活儿？

陈昌福：他们平时都在生产队里干活，到晚上有空到祠堂里去排练舞狮。

采访人：舞狮子练成了之后，什么时候出去表演？

陈昌福：像我爸爸这一代人，一般都是在正月十四闹元宵，正月开始发帖子，到每个地方去表演。

采访人：发展到您这一代舞狮子，已经有几代了？

陈昌福：我爷爷这一代，我爸爸这一代，我是第三代了。

采访人：您是出自舞狮之家，您女婿外孙有没有继承？

陈昌福：女婿没有学，我外孙在学，他是6岁开始跟我学的。

采访人：您外孙现在会做哪一些基本的动作？

陈昌福：基本上我做给他看，比如抓痒、打滚……他一点点学起来了。

采访人：这样就能传承下去了。我们宁海的狮舞其实是很兴盛的，从表演的风格来讲，有些侧重于武艺的，我们称之为武狮；有些是比较文静的，叫文狮；有些是介于文武之间，两种因素都用上去的文武狮。您所在的梅林陈狮子，是属于哪一类？

舞狮队在王万里老师指导下排练

陈昌福：我们梅林陈村狮子是文武结合的。

采访人：这文武狮的特点是怎样的？

陈昌福：文狮出场有踏四角，绕"8"字。武狮就是上桌子，有拳术、棍术、滚叉、翻滚，这些都是属于武狮这一类。

采访人：你们文武狮去外面表演，按照传统的舞狮的套路来说，完整的程式是怎样的？

陈昌福：我们正月十四去舞狮子，一般先放帖子到每个村庄。如果有个村庄请我们去舞狮子，一般我们狮子先到庙里拜佛，庙里先舞一下，走一下，走好再到祠堂绕"8"字。绕好以后，再到广场上去表演，狮子表演结束后休息一下，然后武术队员舞拳术、棍术，结束以后再滚叉，引狮出场表演。

采访人：与以前相比，你们舞狮队的规模是否有变化？

陈昌福：上个世纪初我们只有一只狮子，发展到上世纪八十年代，变成双狮。到现在我们已经有8大4小，4对狮子了。

二、艺成技与窍

采访人：这样一支舞狮队走出去表演的话，一般有多少人？具体由哪些人组成？

陈昌福：一般出去只有15个左右，包括8个舞狮，5个乐队，1个领队，1个后勤。我老爹这一代，人是比较多，有30个左右，响叉两把，滚叉两把，长号1个，乐队5个，拳术8个，4个棍棒，8个舞狮，以武术为主，队员交替舞狮。

采访人：也就是说除了舞狮之外，也要会拳术、武术，这些都是由舞狮队队员来承担。

陈昌福：对，都由自己的舞狮队里面的队员舞棒舞拳，他们都会这些。

采访人：舞狮队到一个地方表演的时候，有一个"扫场"的动作，这个动作是怎样去做的？

陈昌福：扫场程序好比我们戏班子演出一样，到一个地方表演之前要闹头场，这闹头场和扫场差不多，长尖号一吹，来看舞狮表演的观众就多了，舞狮表演的场地被观众占去了，所以我们用狮子扫场。用一只狮子也可以，一对也可以，左

小汀舞狮队表演传统套路"扫场"

一圈，右一圈跑，把观众别[4]到边上去，空出我们舞狮的空间，以便能发挥我们舞狮的动作。

采访人：宁海狮舞风格上分为武狮、文狮和文武狮三种，尤其以武狮著称。武狮的动作很勇猛，有一些比较典型的动作，比如说捉青蛙、鲫鱼溅，还有滚响叉、拳棒等等，请您讲讲捉青蛙这个动作是怎样完成的。

陈昌福：捉青蛙和捉狮子差不多，捉青蛙表现的是奔跑着的狮子被捉狮人捉住归山或进洞的过程。狮子沿着观众围成的场地内圈奔跑，站在观众群里的捉狮人瞅准机会，单手紧握滚叉，奔向狮子，有力地擒拿住狮子。狮子仍是不肯驯服，奔跑着。捉狮人不断甩动滚叉，发出响声以镇服狮子，又以滚叉在地上"嘭、嘭、嘭"蹾三下，驯服狮子，威风凛凛地把狮子捉住，完成捉青蛙的全部动作套路。

采访人：鲫鱼溅的动作属于传统竞技，也运用到了我们舞狮当中，这一个动

4　别：挤或者是聚拢的意思。

传统套路"鲫鱼溅"

作具体表演又是怎样的?

陈昌福:鲫鱼溅是舞狮最精彩的部分,也就是鲤鱼跳、覆翻滚,要前后两人合作一下,才能把一套的鲫鱼溅的表演动作完成。鲫鱼溅的动作就是狮子侧身蹲立,突然狮头晃动一下,随即迅猛地翻身站立,有力地舞动。如此反复几次。从静到动,动作迅速完成。

采访人:我们宁海狮舞还有一个很突出的特点,就是跳桌角,具体是如何跳桌角,如何表现这个技巧的?

陈昌福:一般人家邀请我们去舞狮,四合院里面都放张八仙桌,要我们先上桌,跳四角的四门。一般狮子跳桌子难度很高,因为桌子是八仙桌,有1米多高,也很难跳,在家里要练上最起码半年以上。半年以后有技巧了,一般跳上来不会失误了,才可以出门去表演。有时候这个动作弄不好就会手脚碰伤,碰到桌子上。我们平时训练时,有好多队员都碰伤过身体,但舞狮人都不怕受伤,不怕苦,仍坚持训练。这个技巧前后两人要配合,前面的狮子头如果不配合,一个上一个不上,也很难看。后面的人手扶前面那人的腰部,前面那人手抬举狮头,然后一起说"一二三，跳"，就瞬间跳上。没本事是跳不上的，这个动作有一定难度。

采访人： 陈老师，我从您表演的梅林陈舞狮来看，我们宁海狮舞还有一个传统的动作，就是抢灯，这个传统动作是不是梅林陈狮舞也是要表演的？

陈昌福： 这就是我爸这代表演的狮子抢五灯。5盏灯放在5个角落，我爸这代是1只狮子上台抢，只有1只狮子表演的，抢了5盏灯。这个狮子抢灯有一点难度，狮子上台之后，灯不是亮着的吗？狮子怕火，灯看上去好像是火，这个狮子怕了，退缩回来。狮子退回后再上去，用狮子爪去抓这个灯，抓一下，然后它又退回来，狮子看到灯好像很怕的样子。5个角落5盏灯，狮子把5盏灯都用嘴巴叼起，一盏一盏灯抢过来，5盏灯抢回来以后，咬到一个地方放着。整个表演最起码要半个小时。到我这一代狮子抢灯就没有上场过了。

采访人： 这么一个传统的套路动作，您这一代没有出现过？

陈昌福： 接下来我们要恢复这个传统动作。只要人家喜爱这个动作，我就把它再加上去吧。一般抢灯都是晚上好看，白天灯亮起来也看不到，晚上好看的。因为我们传统的舞狮抢灯，在正月十四夜的晚上用。抢五灯有点难度，做狮子头的人有点累，要三上三下。这狮子怕火，一看到火它就怕，要退，然后再慢慢靠近，随后用狮子爪去抓一下，或者用眼睛再去看，嘴巴去咬一下，这动作，学习有点难度，只要我们有信心，肯定能学好，也可以用上的。

采访人： 武狮区别于文狮，有个比较明显的动作就是舞拳棒、滚响叉，什么情况下舞拳棒、滚响叉？

陈昌福： 舞拳棒是狮子进洞的一种程式。首先，要用长尖号吹好，滚叉滚好，再舞拳棒，多人或单人都可以，整套动作完成后，狮子上山进洞。这过程有一些高难度的动作，现在我们梅林陈村也只有陈忠良师傅继承了父辈的滚叉技艺。他做出来的高难度的动作，超过了上辈的人。响叉是用铁片打制成"山"形的叉子，缀上铁片，镶栓在硬木圆棒的一端。捉狮人舞动时，铁片撞击发出清脆的声响。表演狮子出洞、捉狮归山等传统套路时一定要用上响叉。表演狮子出洞时，捉狮人摇响响叉，引出狮子。又以响叉在地上有力地蹾几下，威震狮子，驯服狮子。同样捉狮归山也一样。中场的武术表演也要用上响叉表演。这是滚响叉最精彩的部分。捉狮人以两臂滚动响叉，从左臂滚到右臂，又从右臂滚到左臂，以速度快、不掉下来为高水平。难度最高的是捉狮人在这样的滚动过程中，以臂力把响叉抛向高空，又以手臂接住，继续滚动。反复完成这些动作。

采访人：棒，又称之为棍，为什么又叫"齐眉棍"，和滚响叉一样有哪些表演套路？

陈昌福：木棒做的长度到我们人的眉毛这里，所以叫"齐眉棍"。表演时，齐眉棍、长尖号、滚叉，三种形式联合在一起舞动。舞狮之前，必须先滚叉，中间一般不滚叉，舞狮结束又要滚叉，响叉飞舞起来，让观众眼花缭乱，很威武的样子。响叉头部是两块铁块，翻滚起来，哗啦哗啦响，声音洪亮。滚叉一响，狮子马上出场，开始舞动了。

采访人：舞狮还有其他许多的动作，从武狮这个角度来看，还有哪些动作？请您讲解一下具体的动作。

陈昌福：一般出门，武术表演都是先打拳为主，然后棍，再刀术、九节鞭，一般舞狮都要用上这些武术动作。

采访人：请您具体讲一讲武狮的每一个动作吧。

传统套路"齐眉棍"

陈昌福： 比如"站腿"这个动作，要狮头狮尾结合，狮头的人一般要轻一点，狮尾人大点，有力气，可以把那个狮头举得高一点，如果狮头太重的话，后面的人举不起。这个技巧一般在于尾巴和头相结合以后，再高高举起坐到头上。还有一个"狮子蹬腿"，这个动作也要前后紧密配合。"跨脖旋转"这个动作，四只狮子要相互配合，一起旋转。一般四只狮子表演前要说好，什么时候上头，什么时候摔下去，什么时候一圈一圈再转，转三圈或者两圈等。三圈一般是两圈转好以后，再跳下来。站腿也好，跨脖旋转也好，这些动作都有一定的难度，队员之间一定要紧密配合。还有两个狮子对打，一个头举得高点，后面的一个狮尾，要把前面的狮头托起来，然后再往另外一个狮子头上面跳过去，这也有一定难度。如果你尾巴没有技术，没有弹跳力，一般是跳不过去的，狮子头要举得高，高1.5—2米。这需要有多年的表演经验，一般人是跳不过的，像与我配合的这个尾巴，他舞狮也有30多年了，他每天坚持家里锻炼，技术确实很好。现在我们一般参加活动都有这个动作。上桌子，先倒挂狮子，这也是武狮的动作，然后两个人一起跳上桌子。在桌子上舞动一番后，狮头跳下来，狮尾还在桌子上，这个动作叫倒挂。狮尾在高处，狮头在地上。这时狮头狮尾默契配合，狮头突然跳起来，狮尾借助狮头腾空的力道把他擎托上来，又顺势擎顶上去，顶到高处，然后站在桌子上，再站腿，这个动作有点难的，有点高难度。还有"叠狮"，我们四个狮子一起，这个叠狮动作不算难。结束的时候，我们四个狮子造型的站腿、站狮子背，这些动作，只要有力度就能做到，也不是很有什么难度，但这个造型好看。

采访人： 这是我们武狮的表演程式，从文武狮的角度来讲，有哪一些程式？

陈昌福： 我们文武狮，基本的动作有托举、坐头、卡腰、打滚，一般都是这些动作。文气一些的动作还有倒立、抓痒、打瞌睡、嬉戏等。文狮的基本动作一般是打瞌睡、眨眼、两只狮子嬉戏等，还有其他的动作也很多。

采访人： 比如说如何嬉狮，如何打瞌睡，如何抓痒？

陈昌福： "嬉狮"，两只狮子好像在抢什么东西，如果抢球，比如狮子抢球，这两只狮子在一起玩的时候，你咬我背，我又咬过来，咬来咬去，好像狮子在抢这个东西，很有喜庆的气氛，就是嬉戏。狮子"抓痒"一般由后面的人来做，前头的人拿着狮头，后面的人用狮脚翘到他的耳朵上，用脚去抓狮子耳朵或者背。狮子"打瞌睡"，则表现一只狮子在家里休息的动作。狮子饭吃饱了，没事情做了，就蹲或躺在那里，左看右看，然后有点打瞌睡样子，这些动作都是文狮动作。

采访人：到一个村子里面去舞狮，会有劳务费，这个劳务费怎样才能拿到？

陈昌福：这个劳务费不是那么好拿的。早些年，一般人家请我们去了，红包不直接给你的，都压在这个石臼下面的，来了狮子班，你有本事，把这个石捣臼翻倒，就把红包拿走；如果你没本事，这个红包拿不出，说明你的狮子班水平太差了，没有力气拿红包。这石捣臼重量有三百斤以上，舞狮人使用高难度的技巧动作来拿劳务费。狮子在舞的过程中，早就看好了哪里可以见缝插针，绕捣臼转几圈，看看哪里好下手。狮尾那人用手掰，狮头那人呐喊，两人配合好，"一二三"，口号一出，把这个石捣臼翻倒后，拿走劳务费，再轻轻地把石捣臼覆回去，让观众感到这班狮子劳务费没有拿走一样的。我小的时候看我爸爸一辈表演舞狮，就是这样拿劳务费的，他们这一代人，一般都参加农业生产的，力气很大。

采访人：宁海狮舞非常有特色，跟民俗有关的套路"麒麟送子"是怎样表演的？

陈昌福：狮子代表吉祥，人家结婚邀请我们舞狮，要我们去"麒麟送子"。我们就先到他这个古老的院子里去舞一场，然后我们要从窗户跳进去，做麒麟送子的动作，然后再从窗户跳回来。"麒麟送子"非常非常难，在家里起码练半个月，才可以把这套动作用起来。舞狮时，从人家的窗户跳进去，把事先由狮尾藏好的人偶娃娃放到床上，再从窗户跳出来。跳窗时，后面人要跪下去，托一把前面的人，纵身跃上窗台；再继续配合，狮头跳下，狮尾跃上。窗有1米多高，狮头、狮尾要密切配合，否则跳不上。

采访人：麒麟送子的小孩子事先藏在哪里？

陈昌福：后面的狮尾抱着的。我们麒麟送子动作，先把小孩子由狮尾抱起来，先抱着，一只手先托起来；另外一只手抓住前面狮头的腰部，然后再跳到这个房间里，从窗户跳进去，送子送到房间里以后，摆放好，然后我们再跳出来。

采访人：希望这户人家能够生个小孩是吧？

陈昌福：希望这家人丁兴旺。

采访人：宁海狮舞的音乐也很有特色，称之为"狮子锣"，请您谈谈宁海狮舞的音乐有哪些特点。

传统套路"滚叉引狮"

传统套路"站位上双腿"

传统套路"倒挂狮子"

传统套路"狮子嬉戏"

陈昌福：宁海文狮和武狮的音乐的敲打法都差不多，都以锣鼓为主。一般呢，舞狮人听锣鼓声来表演。后场锣鼓要配合我们狮子的表演敲打，让舞狮每个动作节奏都能紧密连贯。一支舞狮队都配备有专门的后场乐队。后场乐队敲起锣鼓，铿锵有力，配合吹起长尖号，有很强烈的节奏感，这就有了完全不一样的气氛效果。狮子威猛勇武出场表演。当表演狮子出山的时候，后场乐队紧紧敲起铜锣大鼓，"咚咯呤叮咚""咚咯呤叮咚""咚咯呤叮咚"，连敲三遍。配合着鼓点声，狮子舞动起来，追逐着奔跑着，充分展现狮子的阳光之气和勇猛之势。捉狮归山时，后场锣鼓要联合长尖号敲打，结合滚响叉、舞拳棒等等。狮子进洞呢，锣鼓敲打要有快的节奏，逐步加快，咚咚咚的，紧紧敲，敲得越来越勇猛，越来越急，配合长尖号"啊嘟嘟嘟"的声音，再加上精彩的滚叉表演，舞狮表演达到高潮。总之，表演时，后场锣鼓队要看我们舞狮的表演敲打，舞狮动作怎么做，后场就怎么敲，相互默契配合。

采访人：过年的时候，一支舞狮队来村子里面表演的时候，会听到这种长尖号的声音，长尖号在这里又叫喇嘟，这长尖号在什么情况下吹？

陈昌福：长尖号也是我们舞狮的传统。一般长尖号一吹，好比是狮子出山的吼声，也代表我们狮子很威风、威武、勇猛。长尖号一吹，狮子好像听到命令一样，就准备要出场了，所以一般在舞狮之前要吹长尖号，在中间舞狮舞到高潮的时候，长尖号也要吹一下。结束我们也要听其指挥，长尖号一吹，我们的狮子就要准备结束了。所以一般长尖号在一场舞狮之中要吹三次，比如开场，中间造型的时候，以及结束。

采访人：长尖号在舞狮中起到了什么作用？

陈昌福：我们农村有一句土话，"铜锣响，脚底痒"。这就是说呢，我们到农村操场长尖号一吹响，这个观众在家里心里有些急了，马上要出来看我们舞狮。所以长尖号吹起来特别尖，吹起来特别重，在舞狮之前吹长尖号，哄得观众来看我们舞狮，有这作用。

采访人：你们如何培养乐队？您有没有参与乐队的活动，比如一起参与敲打？

陈昌福：老一辈我爸在的时候，他们请了一个师傅教乐队。很早的时候，我爸请过宁海王家寿老师，请来教他们舞狮，乐队也是他教的。我七八岁时候看见他到我们村里来教过。现在我爸这一代的乐队队员，他们都年纪大了，退休了。

我自己也会敲，但敲得不是很好，现在我们乐队队员只要有空，就把老一辈人请过来，跟着我们舞狮子班敲，同时也手把手教给我们下一代人。

采访人：乐队主要有哪几样乐器？

陈昌福：我爸这一代好像有军号、长尖号、大鼓、大锣、小锣。先军号、长尖号吹起来以后，再敲大鼓，大鼓、大锣、小锣一起按节奏敲。军号、长尖号吹起来呢，就有热闹集聚的活动气氛了，也预告着狮子要出场了，也有引出狮子的意思。

采访人：您在这么多年的演出过程当中，觉得宁海狮舞的音乐在演出中起到什么作用？

陈昌福：一般来说，音乐一响，我们狮子上场的时候就会显得特别勇猛，没有音乐，我们上场狮子也没有舞狮动作了，配合就会不好。

采访人：我们知道舞狮跟我们的民俗是息息相关的。问一下，在舞狮的过程中，哪一些程序，哪一些套路是跟我们的民俗传统相关的？

陈昌福：舞狮是我们农村的一种习俗。我们舞狮队每到一个村表演的时候，要先拜菩萨，要敬重佛，拜菩萨，拜观音。到庙里拜好出来以后，要表演一场狮子，然后再到那个村的祠堂，去拜祖宗。进出这祠堂的套路也有民俗传统的，一定要东门先进，从东门进去，再到祠堂的屋柱围着绕"8"字，绕好，再去拜祖宗，拜好，要从西门出。这一套程序也是老祖宗规定下来的。如果正月十四、十五，人家农村里的四合院邀请我们去表演舞狮的时候，要先拜观音的，中堂观音拜好，然后再拜灶神菩萨，表示狮子对菩萨的敬重，拜完后再在天井道地上表演。

三、艺以传后人

采访人：从梅林陈狮子的发展历程来看，先是单狮，后来才有对狮，您应当是单狮出身的吧？

陈昌福：我爷爷这一代是单狮，我爸这一代也是单狮，到我这里变成一对狮子，到现在慢慢发展到8大4小。

采访人：您从一对狮子发展到8大4小，经历了多少年？这当中的具体的发展过程还是否记得？

陈昌福：1982年左右，开始发展了；到1986年前后，发展到一对狮子；到1990年，有4只大狮子，两对出门打狮子；到1995年以后就有4大4小了。在

传统套路"翻捣臼"

王力里老师指导狮子锣敲打

梅林陈舞狮队后场乐队

传统套路"拜观音"

这过程中碰到很多困难，有人员问题、经济问题，克服各种困难以后，再把狮子队慢慢扩大起来。2005年以前，舞狮队员都是我们本村的人，都是跟我差不多年纪的人。到2007年以后，我在宁海县第一职业中学教舞狮，我们当中，有些人年纪大了，就退出了，到现在，一般都是村里的舞狮人和职高毕业的学生联合在一起表演了。

采访人：我们文旅部门早在十几年前就实行了"百龙百狮"的计划，就是发展宁海传统的舞狮队，您觉得这个计划的实施对您这个舞狮队有什么影响？

陈昌福：这个是好事，壮大了我们宁海的舞狮队伍。我希望通过实施"百龙百狮"计划，让宁海每一个村，每一个地方，都有我们舞狮队。我们梅林陈舞狮队也因此有名气了，队员被人家请去做老师，教他们打狮子。我们队员也很重视这个培训，教会学员舞狮动作、乐队的敲打啊。要求他们学员都是每日练，最起码练足1个月，才可以上舞台表演。政府重视"百龙百狮"工作，农村百姓也重视起来，我们的北狮就能传承发扬下去。

采访人：在实行"百龙百狮"的计划过程中，您承担着什么样的角色？

陈昌福："百龙百狮"传承活动，我承担我们梅林陈村方面工作，我按照县里的要求，首先要考虑这个舞狮队员和舞龙队员怎样安排。我召集了我们村的年轻的小伙子，最起码招了10个以上，让他们吃点苦，整日整日练，练习时间不少于3个月才能练好，才可以出门去"百龙百狮"舞台上表演。

采访人：在宁海其他地方的"百龙百狮"实行过程中，您起到什么作用？

陈昌福：我会到全县各个村庄走一下，了解他们的舞狮特点、他们的动作，讨教一下他们的高难度动作。如到南岙，到店前王，他们都是以武狮为主的，和他们聚在一起，探讨我们文武狮动作和武狮动作的区别和共同之处。

采访人：您在舞狮传承教学这块，您有没有参与过？

陈昌福：我是2007年到我们宁海一职高去教舞狮，到现在已经教了10多年了。在舞狮教学过程中，学生当时也不适应舞狮，因为舞狮比较吃力，学生一般都怕苦。夏天天气热，学生们头披上狮子被，什么都不做就满身是汗了，后面的人要弓腰，前面的人要有手劲。我当时到职高去教舞狮的时候，队员比较小，也不适应，直到第二年学生才慢慢适应了。现在学舞狮的有20到30个了，有10对狮子了，经过这么一个过程，学生们已完全适应舞狮。

采访人：您如何去物色这些学员做狮头或做狮尾？

陈昌福：我到学校去教，会先请出学生，我要看看他们的体质怎么样。一般做狮头要稍微年纪轻点，尽量身子轻一点，狮尾巴能托起他，我选择体形小的人，稍微瘦点的人做狮子头；人高大一点的做狮尾巴。

采访人：您从2007年到现在培养了几届学生打狮子？

陈昌福：2007年到现在教了10多年，每一届能独立完成整套舞狮表演的有4对狮子，学的学生是有16个人，8对，到现在教了有100多人。到现在没有放弃，能上场面表演的有16个，8对左右的，8对都是小伙子。

采访人：哪一些学生，您还记得他们姓名吗？

陈昌福：他们现在年纪也30岁左右了，第一届有吴旭波、王志冰，后面几届有俞汶江、周全建、童晨辉、顾正峰、娄建枫等，他们这些小伙子也是很好的。培养后出门表演的时候，都有很好的技术。吴旭波，他是做狮尾巴的，童晨辉做狮头的；周全建也是做狮头，俞汶江做狮尾巴；另一对是娄奔奔做狮尾巴，刘立祥做狮头。这3只狮子相对来说，是比较好的，学员里面是尖子生。现在都在我这里表演。都是和我一起合作，跟我一起出门表演。他们都在公司里上班，每个星期叫他们一起，到我们村里老年协会练一下，练基本动作。如果不练习，出门就手脚不方便，不韧，舞也舞不动的，所以每个星期叫他们到我们村排练一下，然后出门。

采访人：看得出他们对您是很尊敬的，因为他们每个星期都会来，而且吃住都是在您家里的。您除了传授他们舞狮技巧，训练他们之外，在生活上您是怎么样照顾帮助他们的？

陈昌福：他们住在我们家，没有床就打地铺，主要是因为第二天早晨6点就要出门的，他们不是同一个村庄，只能提早一个晚上都到我们家吃晚饭，住到我们家，大家还会商量明天怎么安排，在家里面先练一下基本动作，保证第二天出门能顺顺利利地表演。记忆深刻的一次，他们过来住把我妈妈烤的一大锅土豆都吃光了。

采访人：这是在学校里面的传承教学，那么在学校以外呢？

陈昌福：我也到过许多地方教舞狮，比如到我们宁海的武警部队，到舟山的武警部队，去年到过石浦海军部队，也到过奉化农村，把我们的宁海舞狮发扬到全国各地，各个省区，我也参加过好多地方的表演。

采访人：您对今后宁海舞狮队的传承发展有什么样的愿望？

传统套路"双狮亲嬉"

陈昌福指导宁海一职高舞狮队队员训练

陈昌福：我希望我们县里、文旅部门重视起来，让我们到每个乡村去教北狮，把其发扬起来。否则，这个狮子慢慢要失传了。现在我们宁海县的狮子呢，也没有几个村在演了，已经越来越少了，我们要重视起来了，让更多的观众了解我们的北狮，传承保存下去。

采访人：我们在实行"百龙百狮"计划过程中，请您作为舞狮的教练到宁海各地去教授舞狮子的技巧，那么在这些新培养的舞狮队当中，印象最深刻的是哪一支？

陈昌福：我印象最深刻的就是我们宁海跃龙街道水车村，这个水车村学狮子的人全部是当兵复员回来的，与普通人不一样，其体格好。他们也非常用功，我从头一点一点慢慢地教他们，让他们懂得狮子的动作，教他们如何开场，怎样走路，怎样收场，怎样拿狮子头，每个细节都教。他们这些人都非常用功，不停歇学习。你教，他就学，不怕苦。我也喜欢这些徒弟，他们也特别尊重我这个老师。

采访人：青出于蓝而胜于蓝，这一支舞狮队现在的发展情况怎么样？

陈昌福：现在他们也到处在表演。店铺开业或村庄里祠堂落成，他们被人家邀请去表演。有时候人手不够，还叫我去指导一下。

采访人：您组建了这么一支舞狮队，在训练的过程当中，有什么样的规矩和规章制度约束学生队员？

陈昌福：学生队员在学校里是星期三下午学习，出门表演前两天要到我这里训练，在村里的老年协会训练2个晚上，这个制度一定要坚持的，他们一定要执行。白天没空，就安排在晚上，晚上一般从7点舞到9点钟，2个小时。

四、艺愿之前景

采访人：您在这么多年的舞狮生涯中，到过哪些地方？

陈昌福：一般在我们本省里面，一般的地级城市都去过了，杭州也好，余姚也好，镇海、慈溪、宁波、象山、奉化，衢州最远。衢州橘子节邀请我们去了，还有新昌、台州、三门，这些地方近近远远都去过，每个地方好像都去过，一般都是大城市。到的最多还是宁波。

采访人：到过这么多的地方，您是否还记得，在自己的舞狮生涯当中，遇到的一些非常难忘或者有趣的事情？

陈昌福：难忘的事情，就是1999年澳门回归，我们去了，参加"省统战系统迎澳门回归晚会"。刚好是12月份，我们就在杭州武林路省文化馆剧场里面经过4天时间排练。每个动作、每个造型都要按照他们导演的指挥来练，所以终生难忘。4天时间的反复排练，上台表演虽只有短短5分钟，但这是令我最难忘的一段经历，毕竟意义不同。

采访人：其他的还有吗？

陈昌福：还有就是1997年香港回归，我们舞狮队参加了宁波市人民政府主办、宁波市群艺馆承办的"庆祝香港回归文艺表演"，我们一路表演出去的，到宁波、慈溪、余姚、镇海，每个城市都进行一天的表演。舞了四五天，当中一直没回家，一路走，一路表演。

采访人：很受欢迎吗？

陈昌福：到余姚那个晚上，广场上人山人海，都来看我们舞狮，说这个舞狮有本事的，技巧方面，他们都说我们狮子舞得很好。受到他们的欢迎，掌声热烈，也是我最难忘的事情。

采访人：因为别的地方之前也有舞狮队在，你们出门表演的话，有没有遇到人家想要跟您切磋技艺，想探探您的底子，这样的情况有吗？

陈昌福：也有。像我们宁海，舞狮队很多，如南岙舞狮队，我们经常一起出门表演，也会探讨，把我们舞狮动作切磋一下，怎么样把狮子舞好，他们也会提出很多意见，我们接受他们的意见，我们两个舞狮队会经常切磋。除了南岙舞狮队，还有干坑舞狮队、店前王舞狮队，这些舞狮队我们都认识的，在很多地方表演都会碰到。

有一次在象山舞狮，主办方那边的狮子只有两只，跟我们一起参加开渔节，他们舞的是文狮，没有我们武狮勇猛。他们要向我们学习探讨，要我去指导一下他们舞狮动作技巧。那次去象山，我们也教过他们的。

采访人：您到过浙江的许多地方进行舞狮子表演，那么您作为梅林陈狮子队的领队，是不是受到其他地方的邀请，去教他们练习狮舞？

陈昌福：这几年到舟山部队，舟山的武警部队，还有海军部队，我都去教了，他们部队里面当兵的人，都很有力气，他们高难度动作也会学，比如跨脖旋转、坐头、站立、站腿、打滚，都学得很好。我们宁海也有一个部队，我去教过两年，他们部队里面一般小伙子都年纪轻，都有力气，很有技巧的高难度动作，他们都会学得很好。

采访人：您讲的都是在一个特殊的群体里面，就是在部队里面教学的，那么除了部队之外，您平常还去哪些地方教学呢？

陈昌福：除了部队之外，一般在农村，像象山茅洋村，也叫我去教舞狮，他们村里人喜欢舞狮，我去教过。还有我们自己宁海水车村，也教他们舞狮，水车村的两只狮子也学得很好，武狮、文狮动作都很多，他们都是农村人，学起来很用力。

采访人：您教学的时候，针对不同群体、不同身份，您这个套路技巧是全部传授，还是有选择性的？您是如何去教他们的？

陈昌福：一般是看村民们自己的情况，看他们学习的实力。如果他们喜欢学，不怕苦，我一点不留地教给他们，把全套的文狮、武狮动作，全部教给他们。有的人吃不消，那么难度大的不教，也怕他们受伤了。如果他们会学，不怕苦，碰伤也没关系，那我就一点一点地全部教给他们。

采访人：您在长时间的舞狮生涯当中，获得过哪些荣誉？

陈昌福：最高荣誉就是省里庆澳门回归那个奖项，好像是省城建系统颁发，奖是什么名称我忘了，是一面锦旗。还有参加宁波大活动获奖的。一次是2015年，宁波市组织的"甬城杯"南北龙狮争霸赛，得到一个最高奖金奖。在宁海，2007年也好，2011年也好，2018年也好，我们村也是每次都得了金奖，在宁海我们是突出的一支舞狮队。在宁波也有一点小名气，因为队员们都不怕苦。

采访人：在我们宁海狮舞的队伍当中，您这支梅林陈狮舞还是比较完整的，那么接下来几年当中，您的发展目标会朝向哪一个方向？

陈昌福：我的目标是：只要有我在，一定要把舞狮发扬光大，发扬下去。要再创新，把古老的五灯，古老动作都要用上去，我们传统的狮子不要忘记，把它发扬下去。

采访人：当下，因为我们的狮子舞都在舞台上表演，观众认为哪个好看，就接受哪个，所以我们宁海也出现了许多南狮的表演队伍，这一现象的出现，您有什么样的看法？

陈昌福：本来我们宁海以舞北狮为主，现在呢，我们前童已经出现了一班南狮的队伍，因为前童是一个旅游景点，前童旅游客人很多，这个南狮外形好看，他们喜欢南狮，也喜欢我们的北狮，但南狮的出现，对我的舞狮子的影响确实非常大，一般人家舞台上看看呢，还是南狮好看，看上去，南狮跟北狮的狮子皮、

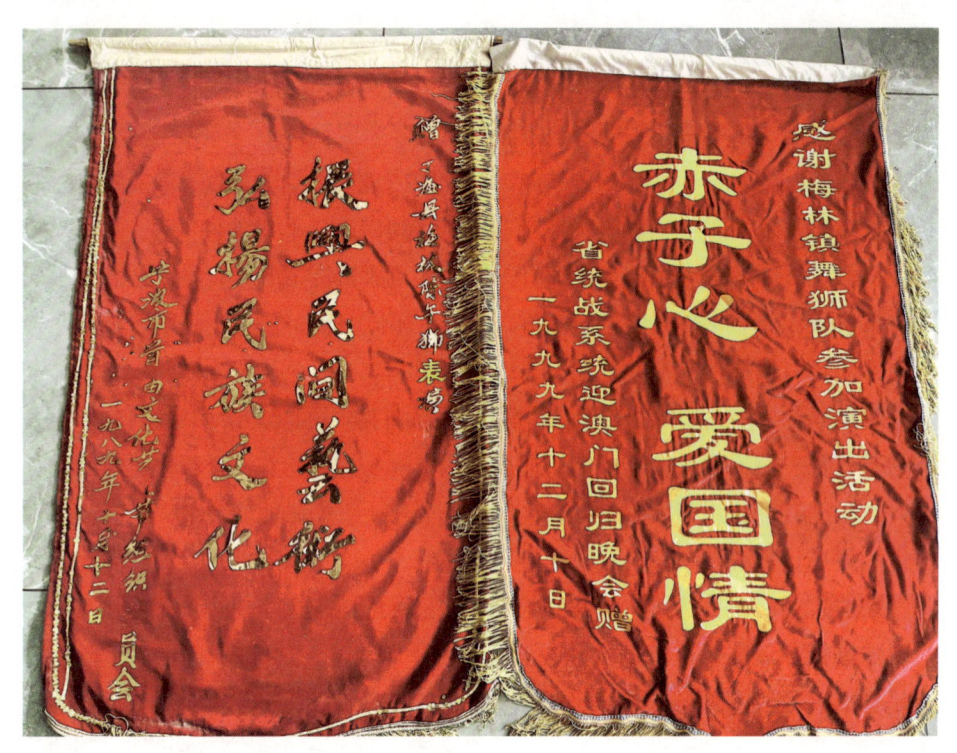

部分荣誉

翻跟头,很多动作也不一样。这对我影响非常大,过年过节也好,开业也好,不少地方要南狮,这都对我们北狮有影响。

采访人: 从非物质文化遗产保护的角度上来看,我们应当传承和弘扬北狮。对眼下出现的北狮跟南狮一起上舞台,都出现在我们农村的表演当中这个现象,您有什么样的好的建议?

陈昌福: 我们宁海传统一直是北狮为主,现在这个南狮出现了,我就怕北狮受影响,怕有一天北狮传承不下去,怕市场也要被南狮占领了。因为北狮的表演难度大,北狮上场表演的时候,3到5分钟,就要累得满头大汗了;南狮它轻轻松松表演,没有像我们武狮这样吃力。现在市场上出现了南狮,对我们的影响非常大,我担心以后是不是能把北狮顺利传承下去。

采访人: 针对这种现象的出现,我们要重振北狮的威风,您觉得哪些方法可取?

陈昌福：那也要看我们领导的重视，要政府的重视，要文化部门的重视，把我们那个北狮重振起来，这也是可以的。只要重视起来了，人员招拢来，把北狮再传承下去，也应当可以的，我们也能把这个北狮搞好。

采访人：这是一个方面，另外一方面，您要发扬下去的话，必须以经济为支撑的，那您如何拓展传承舞狮的经济基础？

陈昌福：一半是靠政府补贴点，一半是我们自己外面出场费里面去结余一点，把我们买的道具等东西开支出去。包括我们想要建设一个宁海狮舞的展示基地。

采访人：这是从您这支队伍上来讲，但是从整个宁海狮舞发展的情况来讲，您觉得应当负起怎样的责任？

陈昌福：要能够把我们宁海狮舞搞上去，我想一定要靠政府支持我们，经济上面补贴一些，然后我们把每个村的舞狮队教起来，舞狮队数量上争取多一点。

第四节　陈昌福周边采访

一、宁海狮舞地方研究专家王万里访谈

访谈时间：2021 年 11 月 20 日
访谈地点：宁海县城隍庙
受访人：王万里
采访人：章亚萍

采访人：王老师，我们宁海的狮舞，在宁海的乡间是非常盛行的。历史上我们宁海有"狮舞之乡"的美誉，这一点可以看出我们狮舞的流传非常广泛，非常深远。据有关的史料推测，宁海狮舞是鉴真和尚传过来的，请谈一谈这一段历史。

王万里：这段历史我小的时候听过，我们宁海的狮舞是从天台过来的，天台鉴真和尚带到宁海，他东渡日本回来以后，又到宁海把狮舞带到我们宁海西南前童这个地方，鉴真和尚的寺庙就在福泉寺。还有一种说法，前童柘湖杨这个地方有个人考上了武举人，武功水平很高的，舞狮和武功有相通的，所以宁海狮舞就是从西南前童开始发展起来的，后来发展到北乡、东乡、南乡，狮舞在宁海发展

得很广泛，基本上每一个村都有舞狮班的。直到中华人民共和国成立以后，狮舞也是很多的，我们宁海城关有四大村，每个村里面一般都有狮舞，有一个狮舞班子的。

采访人：从我们狮舞的发展历程来看，最鼎盛的时候是什么时候？

王万里：应该是明末清初最鼎盛了。民国的时候也厉害，根据我过去搞的一个文化普查数据来看，过去啊，就是民国时期，舞狮班子很多的。

采访人：可以描述一下民国鼎盛的时候，这舞狮班子的具体情况吗？

王万里：具体的情况是这样的，各处舞狮队走在一起，经常在搞竞赛的，比比是你打得好，还是我打得好，数量很多的。这宁海城里面的四大村，也是经常在交流的。我们宁海过去有一个王师傅，武功老师王加寿师傅，宁海梅林陈这个狮子就是他教出来的，宁海的几个村里面的狮子都是王加寿教出的，他先到南岙等地去教，是很有名气的。他可以说是民国时候的狮王了。他教出来的狮子最多，一直到现在了，还留下了一粒种子，是吧？留下了一些种子。

采访人：哪一些狮舞的种子？

王万里：梅林陈啊，南岙啊，黄坛的后沈啊。下湾那个狮子不是他教的，这个不是他的风格。王加寿教的还有丁家，桥头胡的丁家，都是同一类的。

采访人：这个是清朝到民国期间的宁海狮舞的情况，中华人民共和国成立以后，到我们改革开放之前，这段历史上，我们宁海狮舞的发展情况又是怎样的？

王万里："文化大革命"以前，狮舞也是很多的。到"文化大革命"那个时候，这个东西反而慢慢地消停下去了，"文化大革命"结束了以后，为了发展，挖掘传统文化，那个时候文化部门开始来搞普查了。普查的时候，我也参加了。

采访人：您具体谈谈改革开放以后我们狮舞的情况。

王万里：改革开放以后，我们开始挖掘这个狮舞文化了，我在搞这个工作。先研究南岙的狮子，根据南岙狮子的特点，重新设计动作，搞出来，慢慢又发展了一点了，就把南岙的狮子搬上舞台。现在梅林陈狮子就是典型的我们宁海的狮子，我们宁海狮子特点就是梅林陈这样的。

采访人：从您的看法来讲，宁海狮子有什么特点？

王万里：就是它不是技巧性的，是以实力（动力）为主的，舞狮与武术结合起来的。现在我们已经发展到有一点技巧，本来它是没有技巧的。你去看一看，有的地方还是技巧比较少一点，它是以实力为主的舞狮。那么文狮跟武狮的区别，就是文狮静一点，武狮武一点，我的看法不是这样子的，是按实力表现程度来区分的。宁海狮舞的特点就是这个特点，就是文武狮，有的是很武的，有的又是文的。文的就是搔痒啊，调情啊，这一类的。搔痒了，睡觉啊，躺在地上睡觉突然醒起来，就是醒狮啊，这都是文狮类的。武呢，就是跳桌子，远远地从桌子跳过去；蹬狮，跳狮臀，拎起来，这些都是武狮的动作。宁海狮子呢，一般在正月十四夜出门的比较多，晚上出门都带灯笼的，"狮子抢灯"，这是宁海狮子比较出名的动作。还有一个是"麒麟送子"。小孩子坐在狮子背上，狮子从窗口跳进闺房中，这样子一个动作。宁海人结婚的时候一般都要请去表演这个项目，武狮的项目就有这个在。还有翻跟斗、翻捣臼，就宁海狮子有的，别的地方没有的。就是看看这狮子有没有力气，是不是真的好狮子班。舞狮子的人一般武力都比较好的，主人把他请来，就是要看看这个舞狮舞得好不好，看看是不是真的有本事。翻捣臼是最后一个动作。狮子咬走主人家给的红包，打狮子也就结束了。舞狮子是宁海人的习惯了，一般庆丰收、喜庆的时候舞的。

采访人： 从您的介绍来看，我们宁海的狮舞以文武狮为主，那么一场打狮子表演下来，它基本的传统的程式是怎样的？

王万里： 整个流程嘛，一般都是先放帖子。狮子班要到那个村子来打了，要到这里来舞了，就有一张帖子送过来的。村里同意到这里来打，就来打；没同意，主人不接的，狮子班就不能进去的。有这样子的风俗习惯。所以现在很多舞狮的队伍，到工厂里面放帖子，都要拿红帖进去的；若红帖接走了，就证明这个队伍可以开进去打狮子了。结束后，他们就会给红包了。传统打狮子，狮子班一进大门，先中堂拜观音，中堂拜主人。再出来踏四角，四角踏了以后，在空地上面舞一舞。舞狮的动作就是勇猛，四拜，一拉一跳，一拉一探。完整的狮子拜动作：先是整个狮子队向主人家拜；拜了以后，再向各个方向四方大利拜，不是拜三下的，拜四下的叫四方大利拜。这样子搞了以后，开始整套舞狮动作，跳桌角啊，挠痒啊，调情啊，这样子一些动作，再加上滚背。休息一下后，开始武术表演，打拳棒，滚响叉。全部完成后，滚响叉的走出来，把狮子带出来。带出来后，再打狮子。最后收场，就是响叉的人一手握紧响叉，一手抓住狮子，"哗……"带着狮子奔跑着，这个叫捉狮，最后狮子被捉了，捉了进去山洞，表演结束。接下来狮子翻捣臼，拿走红包，整个打狮子的过程就全部完成了。

采访人： 为什么有捉狮这一个环节？

王万里： 这是有点象征意义的。就捉狮子这个动作，我从前也问打狮子的老师傅，他说捉狮的原因就是，不能让狮子来到百姓生活的地方闯祸，把狮子捉回去了，寓意把一切不好的灾厄带离百姓身边。是这样子。

采访人：传统上，一支舞狮队必须由许多的队员组成，根据他们分工合作的情况，基本上由哪一些人组成？

王万里：舞狮嘛，要看你有几只狮子。一支队伍如果有4只狮子，就要8个人；8只狮子就要16个人。各有替换的队员，要换人表演的，不换没用，很累的。还有锣鼓音乐，锣鼓要5至8个人敲，还要拿旗的，还要吹号的，还有旁边服务行的，如倒开水的，拿毛巾的，有很多，这样子算起来三十几个人一支队伍。

采访人：从您的经验来看，您觉得狮头和狮尾哪一个角色比较重要？

王万里：两个都很重要，狮头很重要，狮尾也很重要。狮头是撑在那里的，与狮头相比，其实还是狮尾累，狮尾蹲在那里的，体力好点的人要放到下面，一般你力气大一点，体力好一点，要放在狮尾的。他要把狮头整个人拎起来，是吧？还有，狮尾比狮头重要，学也是狮尾比较难学一点。打狮子时，狮尾都是坐在地上或蹲着的，动作本身就很费力；狮头抓住狮被的头部就行了，抓住就好了。狮头带路了，后面狮尾就跟着。人家都说打狮子，打狮子，狮尾打不打得动很重要。狮尾很重要，狮尾比狮头重要，都是这样子说的。梅林陈舞狮队的一个狮尾就打得很好的，这个是宁海的舞狮队狮尾里边算好一点的。

采访人：确实，我们宁海狮舞在表演上有其特殊的地方。我们狮子的狮被，与别的地方又有什么不同？

王万里：狮被，我们宁海本来都是自己做的，现在服装厂有定做的。大部分狮被是从永康、金华那一带买来的。过去我们的狮子，一块木板面充当狮子头，自己弄点花布算是狮被，吊点苎毛什么上去，就搞成这样子的，"文化大革命"前基本上就是这样子的。我们现在这些狮被基本上是外面来的，买来的。如果我们自己做的话，要分好几部分制作的，最难的就是做狮口啊。原先竹口这个地方就做了四只狮子的被。

采访人：我们的狮被、狮头和狮身，它的用料，整个形象特点是怎样的？

王万里：聪明点的搞得相像的，不聪明的搞得不相像点。有的狮头呢，就用一块板把狮子头的形状画上去，牙齿什么的也画上去，头这样子包上面，板上面缀上一点苎毛啊啥的。后面拉着的狮被，一般都用花布的。我从前看见很多我们宁海制作的狮被，都用花布做的。我看见涨坑那个狮子，还有梅林的裴家那个，

箬岙舞狮队队员和他们的板面狮子

都是这样做的。用青布、花布做的狮被都有的，青布狮子被蛮多的。用青布、花布做的狮子被都是比较牢的。青布、花布都是苎麻纱线编织起来的布。过去村里人聪明，都这样做的，青布花布都是我们自己做的。我们村里面的舞狮队员他们聪明，大家都这样子做，就地取材，做出来的狮子被都是大同小异，都是自己制作的。到"文化大革命"以后，一般都是买来的狮子被了。现在的好看，都是用玻璃钢压起来的。

采访人：与现在比较，两者明显区别在什么地方？

王万里：明显就是这个狮子头，我们宁海过去用的比较多的就是板面，也叫板面狮子。一块板，画了一个狮子头，两旁边放一点毛，后面也放点毛，就这样子的，后面扎一扎，这样子，都是板面比较多。有的舞狮的人比较聪明，用一些东西制成眼睛啊，鼻梁啊，贴上去，用胶水胶上去。这些人比较聪明。一般的，我看到的都是画上去的，很抽象的板面狮。

采访人：画上去的这是板面狮子，有些地方后来发展了，狮子面部轮廓稍微凸出了一点，这个是什么？

王万里： 是舞狮队员聪明搞出来的，本来不是这样子的狮子。跟人家搞的狮被一比较，跟买来的狮被一样的，比较好看一点。舞狮队员们自己搞，若搞得好就像样；搞得差一点就不像了。大家都这样子搞的。有些地方是在板面的基础上，加上竹渣，加上布料，或者是用纸、布料糊的。纸糊的，是用纸在板面这个地方贴上去，一层层纸贴上去的；布贴上去的也有，有的是多贴点上去。脸部，特别是鼻头，它是用纸、布贴很多的，一层一层贴上去，这就有凸出来的效果了。一般都是画上去比较多，我看见的都是画上去的比较多。我过去搞调查的时候，看见的还有很多，到现在大家都抛掉了，丢掉了，没了。本来这个东西都可以成文物了。

采访人： 从您的记忆来看，现在的狮子和以前的狮子比较，在形象上，哪一个比较凶猛？

王万里： 过去的凶猛，过去的是打狮子，过去打得狠，样子很凶猛。不是现在这样子的打法。我们现在已经发展了一些了。这不能怪他们，怪我们搞艺术的人，我们把它搬上舞台以后，就把一点技巧的东西放上去了，本来这些技巧的东西是没有的。什么高蹬起啊，什么叠狮啊，都是后来发展起来的，我们宁海狮子原本没有的。宁海狮子搔痒、调情，这都有的；滚背、跳跃、跳桌角，这东西都有的。我们后来发展的，都像南狮一样的，跳起来，"咣咣咣"这样子，转起来啊，这都没有。舞狮队员他们聪明，经过艺术加工，加工进去了。我们从双狮抢灯开始，把南岙狮子搬上舞台。搬到舞台以后就引进这样的动作，形成这样的故事情节，是吧？现在来看，搞得最好的就是梅林陈了，他继承了传统的东西，也进行了一些的发展，梅林陈比较能够坚持得住。现在没人搞了，没人去学了。

采访人： 我们宁海狮舞音乐有其特点，称之为"狮子锣"，请您讲讲宁海狮舞的音乐与其他地方比较有什么特点。

王万里： 粗犷，很粗犷，"咣咣咣咣，咣咣咣咣"，一定要大锣大鼓大钹，"呛呛呛呛呛，呛呛呛呛呛，呛呛呛呛呛"，有急急风，跳魁锣，冲头啊，这一类锣鼓比较多。冲头、大炮锣，这样子的锣鼓比较多，那比较闹猛的。简单很简单，闹猛很闹猛，就是急急风，大炮，"咣咣咣咣咣咣咣，咣，咣，咣咣，咣；咚，咣，咚，咣，咚咚咣咣，咚咚咣咣，咚咚咣咣，唧咚唧咣"。音乐嘛，是根据舞狮的动作来设计敲打音乐的。很简单的锣鼓，但听起来很闹猛。但有一个东西我们没有，我们没有梅花（就是喇叭，也叫唢呐），唢呐没有的，这到后来才发展起来的，是我教出来的，这个东西不是传统宁海狮舞音乐有的。我们在表演的时候，打狮子的时候，"咣咣咣咣咣咣咣"，打得活跃的时候，搞了梅花谱，是我突击搞上去的，过去没有的。过去，单调很单调，清爽很清爽，闹猛很闹猛，但是有一个东西是有的，就是号喇嘟（长尖号），号喇嘟是在狮子出门、出场的时候吹。"哈哈哈呜呜呜"，好像狮子在叫，"呜呜呜呜，咚咚呛呛呛呛呛"，这样子的。号喇嘟一定要有的，每一个狮子队伍一定有一支号喇嘟。

采访人：您现在虽然是退休了，但是还是一直关注着我们宁海民间文化的发展。从您的角度来看，我们目前狮舞的发展情况是怎样的？

王万里：我看不能乐观，我不乐观。我们本来好几个地方都蛮好的，后沈啊，南岙啊，下湾啊，这些地方都有狮子表演，都蛮好的，基本上这里好几个表演团队都蛮好了，就是没人学了。就是梅林陈现在好一点，人家请他去表演，去学的比较多。但年纪轻的人不喜欢学了。如果要保住它，我看这个狮舞还是要进学校，到校园去，到职高去，才能够发扬光大。过去我们也搞过试验，但学校不欢迎了，意识不一样嘛。我总感觉到，我们宁海的传统文化比较多啊，我们宁海什么东西都有。要么放到一个地方，搞一个狮舞基地，教一些学生。放在昌福这个地方也是好的，他这个人很好，很热心的。我的意思是要搞个基地，很多东西要发扬光大。还有很多东西可以挖出来，我们一个一个把它挖出来，一个一个把它搞定，比如说麒麟送子，也可以形成一个节目，专门表演麒麟送子，用动力布置进去，打狮子的动力、小孩子的动力、送子娘娘的动力，把它们都布置进去。搞一个节目，很好看的，一个狮子、一个小孩、一个送子娘娘，可以搞一个舞蹈了。麒麟送子，也只有我们宁海有这个东西，是很好的东西。麒麟送子、翻捣臼，都是很好的东西。我们现在没有独立的东西了，只是简单地舞狮舞一下。如果能够编一下，创作一下，就更好看了。

采访人：这么来看，我们狮舞还是很濒危的，但它在农村的群众文化生活当中，还是受到欢迎的，可能源于它的深厚的民俗文化内涵。那么在当下的社会发展过程当中，您觉得狮舞传承的重要性和必要性表现在哪里？是不是对当下的人们的生活具有影响？

王万里：狮舞传承当然重要了，这个狮舞，对宁海来说，真的是传统文化了，我们几百年几千年传下来的东西，如果突然在我们时代没有了，多难受啊，人家说我要想看打武狮子，打狮子，请都请不到，脱节脱掉了。不传承下去的话，总

传统套路"双狮蹬背"

有一天，我们请都请不到了，是吧？我们要保住它，这就要看我们领导的文化意识啦。现在还可以，我们还留了一点，我们总归抢救过来，把它抢救出来了。过去一般的舞狮队，我都是去过的，这个工作，我搞了四十几年呢。这传统文化嘛，肯定是好的东西。现在领导重视了，这比不重视要好很多了。我们可以按照梅林陈的模式来发展好了，那边有形成一本书的，有教材样的，可以用。

二、舞狮队员张志成访谈

访谈时间：2021 年 11 月 18 日
访谈地点：宁海县力洋镇山后村
受访人：张志成
采访人：章亚萍

采访人：张师傅，我从宁海的清朝《光绪县志》里面了解到，你们山后张舞狮的历史是很悠久的，那么我问一下，你们的祖先为什么会有舞狮的习俗？

张志成： 那时候我们的祖先，全住在靠海边的地方，海盗很多的，我们的祖先为了保证家园安全，从小就在少林寺学了点武艺，传给家中下一代。

采访人： 你们的舞狮，可能跟你们祖先所掌握的武术有关。我们宁海的狮舞，根据各个地方的不同特点，有文狮、武狮和文武狮的区别，你们的舞狮，很明显带有非常强烈的武术色彩，应当是属于武狮这一类。据您了解，您的祖先是从什么时候开始把武术与舞狮相结合的？

张志成： 那是很早以前，第一代太公到我们这里就开始了，距今300多年了，我们现在已经是第九代了，那时主要是从武术开始的，舞狮是顺带着表演看看的，我们主要练的是南拳。

采访人： 那就是说你们在舞狮的基础上，着重表现的是自己的武术。您是否听说，在他们表演过程当中的一些有趣的事情？

张志成： 祖先的事情很多很多的，但我不太了解，只是听到一点，我们的第四代祖先出了一个名人——文成太公，那是武艺高强的人。

采访人： 我们宁海就是把武艺高强的人，都称之为老本，张文成被宁海人称为文成老本，他除了在本村传承之外，还到外面的哪一些地方传授过？

张志成： 在我们宁海县教出了很多徒弟，桥头胡那边的丁家、店前王村的都教过的，还有涨坑，涨坑也是我太公教的，还有越溪那边的一些技艺也是跟我们上代学的，这样的事很多啦。

采访人： 关于您的祖先，在练武、舞狮的过程当中，流传下来的一些有趣的故事，请您跟我们讲讲。

张志成： 听说我太公在守家门的时候，有一个外地的老本，要跟他比武。当时他在村外田里犁田，那个人问他："文成在什么地方？"我太公脑子一动，说："我是他的作头（请来干活的）。"顺手把犁梢拔掉，一个手指放进孔内，犁就旋转了。那个人一看就怕了，连作头本事也这么大，赶紧溜了。

采访人： 您听到过有关用石捣臼当成凉帽的故事吗？

张志成： 那个是我太婆的故事。太婆在家时，有外面来人也想来比武，问我太公在不在家。太婆说太公不在，不知道到什么地方去了。太婆一飞腿把堂前的石捣臼蹬起来，戴在自己的头上。那个人一看，哇，这女的本事那么大，他也要试一下。一试，没蹬住，把命都伤掉了。

采访人： 在我们宁海的清朝《光绪县志》里面，讲到您的祖先练武有严格的

山后张武狮捉狮训练中

要求的，请您讲讲练武的要求。

张志成：为了传承一支武功高强的舞狮队，我祖先规定，每天要求张氏后代，尤其是男丁，要到祠堂里面去练武，就是夏练三伏，冬练四九，每天早上天黑就起来，然后必须要有一炷香的时间用于练武。所以我们舞狮队的武艺是非常高强的。

采访人：您这样一支武艺高强的舞狮队，总共要有多少个人？表演的传统武术舞狮套路，又有什么样的特点呢？

张志成：一般最起码30个人左右。祖先传下来，舞狮主要还是锻炼身体。基本套路一般就是把狮头顶在头顶上，还有把石捣臼翻起来，跳桌角，有很多套路。翻捣臼呢，有这么一个典故，当一支狮子队到某一村演出，主人家要看你的武艺高强不高强，他不会很客气地把舞狮红包直接给你，而是把它放在石捣臼的下面，然后要让我们把赏钱捞起来。以前打狮子，到一个村庄里面表演，人们把你狮子毛拔下来，拴在喂猪、养猪的地方，听说猪会养得特别大。如果我们打狮子的没本事，那狮子全身的毛都被人家拔完了，出洋相了。所以要有武艺的，有本事的，要练好打狮子。我叔叔甩两个火球，转动起来，把人家都甩得避得远远的，我们狮子表演就顺利了。

采访人：舞狮之前先要给人家放帖子，再是人家接受您的表演。按照传统，先怎么表演，然后怎么表演，讲讲表演的过程。

张志成：我们是这样子的，一般从大门口进来，先向当家人拜三拜，接下来再表演。如闹四门、窜屋柱、踏四角、拜观音，还要踏灯、老狮子拖灯等，什么动作都有的。表演之中要突出武打动作。

采访人：在您的舞狮生涯中，有没有接触麒麟送子这一套动作？

张志成：有的，现在还能做。印象当中，麒麟送子最后表演是40年前了，当时也是我的兄弟，骑在狮子背上当那个小孩。若两夫妻结婚了很多年，没有小孩子，叫我们狮子捧个吉祥，到庙里面去讨子，再送到房间里。

采访人：您麒麟送子的时候，您是做狮头还是狮尾？

张志成：我是大的狮头。大狮子引进门去。狮头也要武功，狮尾也要武功，跳上窗台的时候，狮尾要帮狮头送力，然后狮尾顺势跳上去，下来的时候，狮尾要把狮被撑开一些，轻松跳下。

采访人：我们舞狮子一定要有一定的武功在。那么我们是如何学习的呢？

张志成：这个一般先学扎马步。要扎一年至一年半，不断练习。老祖宗是这样子规定的，先不教你学舞狮和打拳、棍棒，先扎马步。等有一定的功底之后，再教各种舞狮的套路，再是拳和棍、棒的打法。

采访人：您能否讲讲宁海的舞狮的音乐，跟其他地方有什么不同？

张志成：乐器嘛，一般有鼓、锣、钹，还有铙，前三个是最主要的。还有长尖号，也叫喇嘟。喇嘟一吹响，表示我们的舞狮队来了。

采访人：您小时候表演用的狮子，跟现在用的狮子有哪些区别呢？

张志成：现在的金毛狮子都是买来的，以前的是自己做的狮子，原材料上我们是用木头搞的，用竹编盖起来的。我老爸在的时候，是他亲自做的，狮子头用木头搭架，然后竹编，外面用纸褙上。用颜料把它做成灰色的。

采访人：把狮子引出来的时候，有一个滚叉，这个起到什么作用？

张志成：滚叉本身是哄狮子下山用的，狮子在山上，它听到这声音很是惊讶，

传统套路"托捧站位"

很好奇有这个东西，于是顺着声音看看听听，就把它引下山了，驯服了再表演。

采访人：从您的角度来看，您山后张的舞狮发展到现在，总体情况是怎样的？

张志成：衰退。以前没有手机，没有电视，舞狮子闹闹轰轰的了，很多人看。现在是不好讲，舞狮的人都是年纪大的了，下一代传人不多，我想现在还是应该到小学等一些地方教孩子们学一点。

采访人：您是哪一年出生的？什么时候开始舞狮表演的？

张志成：我是1962年出生的。舞狮表演我是跟父辈开始的。我从三岁半就开始学武术。从小扎马步，到七八岁的时候，人家舞狮队去表演了，我就跟着去打拳，打棒了。

采访人：接下来的打算呢？

张志成：老祖宗的传承，到我们下一代就没有了，这样真的不行。我想动员他们再搞起来。但村里现在人不多了，他们到外面去读书，通通赚钱去了，不在家，这事很伤脑筋。我从2017年开始，在力洋镇中心小学设立一个舞狮武术的传承教学基地，有100多人。我一星期两次去教舞狮子。

【附录】 陈昌福大事年表

1966 年	10 月 10 日，出生于宁海县梅林街道梅林陈村。
1973 年	进入梅林小学、中学读书。
1978 年	读初中二年级开始，就正式跟随父亲这一辈的狮子班打狮子。后 14 岁开始舞狮，并登台表演。
1982 年	参加宁波市"四明之春"汇演，荣获优秀民间艺术挖掘奖。
1985 年	参加宁波民间艺术节表演，荣获二等奖。
1989 年	参加宁波市首届文化艺术节，获民间艺术奖。
1999 年	参加浙江省统战系统迎澳门回归晚会。
2007 年	受聘宁海县第一职业中学，开展宁海狮舞传承教学。同年，参加县舞龙舞狮大赛，荣获银奖。
2009 年	5 月，被认定为宁海县级非物质文化遗产代表性传承人。6 月，被认定为宁波市级非物质文化遗产代表性传承人。被认定为浙江省非物质文化遗产代表性传承人。
2010 年	受聘于宁海县非物质文化遗产保护中心，开展宁海"百龙百狮"传承计划工作。
2011 年	参加宁海县百龙百狮汇演，获得金奖。
2015 年	参加宁波市"甬城杯"南北龙狮争霸赛，荣获金奖。
2016 年	参加宁海县民间艺术展演，荣获金奖。
2017 年	荣获宁海县五星级民间人才称号。
2018 年	参加宁海县舞龙舞狮展演大赛，获得金奖。
2019 年	参加浙江省第六届龙狮锦标赛，荣获三等奖。1 月 30 日，宁波电视台《5 爱体育》栏目播出梅林陈舞狮队。5 月 18 日，宁海新闻栏目播出宁海县梅林陈舞狮队。9 月 30 日，参加宁波市庆祝中华人民共和国成立 70 周年大型主题晚会。参加中共宁波市委宣传部、宁波市文化广电旅游局主办的"向祖国报告——宁波市庆祝中华人民共和国成立 70 周年大型文艺晚会"。

狮子望月 （拍摄者：邱文雄）

| 2020 年 | 宁海狮舞代表性传承人列入宁波市"省级非物质文化遗产项目代表性传承人抢救性记录工程"。
同年，杭州谷雨公司开展对宁海狮舞的拍摄和记录，全程跟踪代表性传承人陈昌福表演、传习舞狮的过程。 |
| 2022 年 | 受聘宁海县梅林中心小学，开展宁海狮舞传承教学工作。 |

第四章
水浒名拳代表性传承人傅信阳

◆ 朱伟

第一节　水浒名拳概况

一、水浒名拳名词考

浙江，自古以来就是我国南方的武术之乡。《吕氏春秋·顺民篇》："无攻越，越，猛虎也。"《汉书·地理志》："吴、越之君皆好勇，故其民至今好用剑，轻死易发。"可见早在春秋战国时期，古吴越人尚武就已蔚然成风。经历了漫长的历史洗礼，伴随着民族大融合，北方的种种武功传到了江南，并且在这片土地上生根发芽。宁波北仑区梅山街道梅中村，这个位于海岛上的小乡村可不简单，岛上的村民几乎个个都会两下子武功，在村里转悠一圈，也许能碰上好几个"武林高手"。这里就是浙江省"水浒名拳之乡"，因为梅山武术——里岙拳头有一个响亮的名头"水浒名拳"。

按照人们的一般理解，"水浒名拳"应该跟水泊梁山的好汉有关，而水浒故事的发源地在山东省西南部梁山县境内，怎么与浙江北仑的梅山有了瓜葛呢？梅中村的村民又是何时开始习武的呢？因为年代太久远已经没人能说得清了，民间比较通行的说法是始于宋代，盛行于明朝。

1121年，宋江带领梁山好汉在浙江打败方腊义军后，相当部分将士没有进京城请功，更多的是选择隐退，在浙江当地隐姓埋名，因此，多种北方武术套路和击技技能被带入民间。1275 年,元兵兵临临安(今浙江杭州),京都几十万百姓害怕元兵抢劫和屠杀,纷纷南迁。沈氏子孙也举家南迁至福建漳州。元顺帝时,1351 年,刘福通、韩山童组建"红巾军"起义反元。各路英雄揭竿而起,全国各地义军纷纷响应,元朝的统治摇摇欲坠。当时文武兼备的沈恭敬(沈氏五世孙),毅然投奔南方的起义军领袖方国珍麾下,任参军。在十多年的戎马生涯中,他结识了不少武艺高强的将士,经过切磋武艺、取人之长、研习武功,从而练成多套拳术和器械套路。1368 年,元朝灭亡。此前,朱元璋为争夺帝位,先后消灭了陈友谅、张士诚、方国珍等部。沈恭敬痛恨朱元璋背信弃义、自相残杀的险恶秉性,辞官退隐于慈溪。10 年后,辞别兄弟,举家迁移至沈家店(今梅山岛里岙),教训子孙"耕读尚武",其遂成家风。

清咸丰年间,太平天国运动席卷全国,浙东沿海匪盗猖獗。梅山是一个沿海孤岛,为了抵抗海盗疯狂的抢劫屠杀,保家卫国,沈家从慈溪山后顾童村聘请武师前来为自家十兄弟传授武术,时间达三年之久,而这位武师据传为当时隐姓埋名的梁山好汉后裔。其间,武师遭人陷害,幸得烧饭师傅沈天童相助,方才脱离险境。为报答沈天童的救命之恩,武师将平身所学悉数相教。从此,梅山武术拳

水浒名拳

术、器械套路更加丰富多样，功夫、口诀、技法、散手、战术、医药疗伤土方日益完善。习武者增至数百人，防卫力量成倍增强，多次杀得海盗尸横遍野，投海而逃，不敢再犯。梅山武术被当地人称为"里岙拳头"，集多种武术流派，即在最早的沈氏武术基础上融合水浒梁山拳术，再加上抗击海盗的实际需求，经过不断融合、衍变和传承，逐渐有了很大的发展，并形成了自己的特色，如"三十六记宋江拷""边城""闹天堂""乌风棍"等一系列拳式、棍式。因其传自梁山后裔，且拳术套路多与梁山有关，所以称其为"水浒名拳"。水浒名拳御敌护家、健身益智的神奇功能，促进了沈氏的家道中兴。沈天童曾著书《拳谱》，并在祠堂开设国术武馆，名扬梅山，被后辈尊为"天童太公"，是为水浒名拳第一代武师。

2004 年，浙江省武术协会在全省范围内挖掘、整理、调查传统武术，多次到梅山调研。2005 年 10 月，浙江省武术协会正式授予梅山"浙江水浒名拳之乡"称号。梅山武术，有了"水浒"之名，也就很自然地引来了"梁山"之人。子午门第二十一代掌门人、山东省梁山县的宋义祥，听说宁波一个海岛之上有水浒

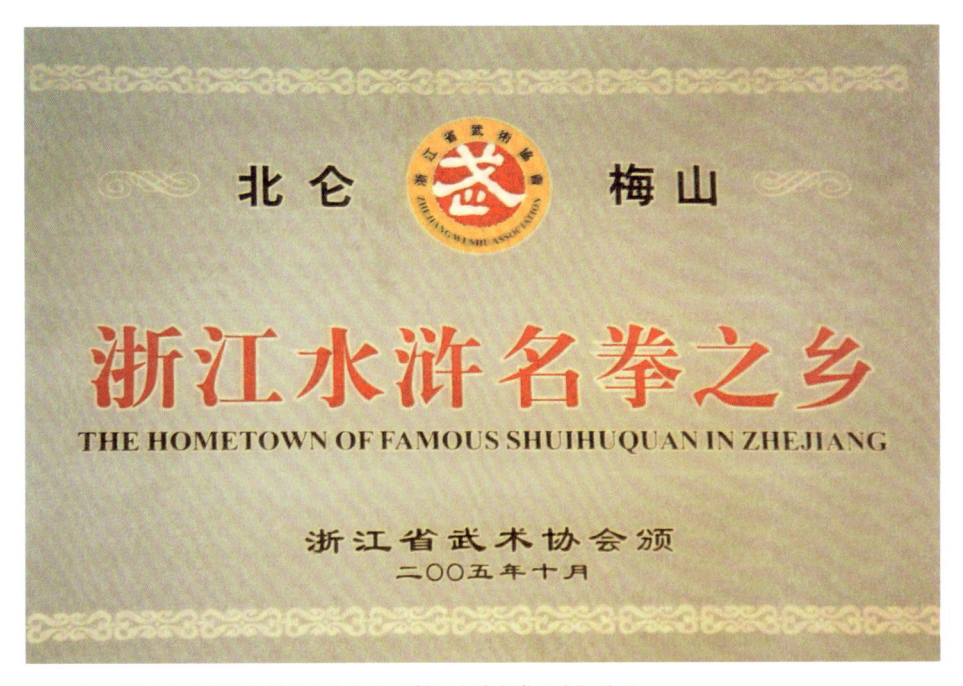

2005 年，浙江省武术协会授予北仑梅山"浙江水浒名拳之乡"称号

拳，颇感奇怪。2008年底，宋义祥带着一帮"梁山好汉"专程前来"打探"。水浒名拳第六代传人傅信阳打拳给客人们看，傅信阳的师父也亲自出马，为大家演示。宋义祥看了后，颇感意外，认为这些套路的起式，特别像"浪子燕青拳"的起式。两地遂互结友好，表示要常来常往，共同推动中华武术发展。

二、传承发展

据有关记载，梅山水浒名拳传承脉络从第一代沈天童起，后来传授予其子沈慧岩，再到第三代沈云哉。而当时岛上极有威望的武师沈慧东、沈云再、沈小毛、沈金蝉、沈香山和万秋生等人则为第四代传人。据说梅山水浒名拳曾存有《拳谱》，是梅山拳术之精华。不过，自沈香山以后，《拳谱》失踪。据说，《拳谱》外形呈长方形，约3—4厘米厚，书中有各种练武方法，书的末尾附有骨伤科医治秘方，遗憾的是，此《拳谱》迄今再也未现踪迹。数百年来，水浒名拳几经辗转，代代相传。外来拳术的引进，加上抗击海盗的实际要求，岛民人人习武，使得梅山的水浒名拳有了很大的发展，给后人留下了"沈天童巧用乌竹枪""沈象章杭州打半城""沈林生舟山惩恶僧""红毛狮子威震郭巨城"等感人故事。

第四代传人沈香山打破不传外姓、传男不传女的传统，使全体村民参与习武；第五代传人沈云定、沈根法、沈厚夫等人收了沈万康、傅信阳、张仁元为徒，此为第六代传人。"水浒名拳"第五代传人沈根法，于1956年代表梅山乡参加镇海县民间武术比赛，获拳术第二名；1957年，代表镇海县武术队参加宁波地区民间武术锦标赛，获拳术第三名；1959年，代表宁波地区武术协会参加浙江省民间传统武术比赛，获拳术第二名。20世纪80年代，地方优秀传统文化得到了各级政府的发掘和保护，梅山武术也从濒临失传的边缘复兴起来。1981年，第六代传人张仁元代表镇海县武术队先后参加了在温州举行的浙江省民间武术选拔赛和在西安举行的全国传统武术邀请赛，均获优秀奖；1982年，张仁元被评为"浙江省优秀武术教练员"；2002年，在浙江省民间传统武术锦标赛上，获拳术第三名、棍棒第六名；2003年，在瑞安举行的浙江省国际传统武术锦标赛上，获拳术项目金牌、棍棒项目银牌；2004年，在杭州举行的浙江省国际传统武术锦标赛上，获拳术金牌、棍棒金牌。梅山武术的精湛技艺和独特风格，逐渐引起了省内外媒体和武术界的高度关注。2002年，浙江电视台来梅山乡采访；2004年，土耳其体育运动代表队专程来梅山乡考察访问。他们拍摄了梅山水浒名拳武术表演的录像，在国内外播出。

随着一批武术老人的相继去世，梅山水浒名拳也面临失传的险境。为挖掘、整理、抢救梅山武术，弘扬梅山武术精神，在乡政府的大力支持下，2005年在梅山乡中心小学建立了水浒名拳传承基地，并聘请第六代传人傅信阳为武术教师，向在校300多名少年儿童开设习武课程，使之形成"学校班级授课制"和"师徒制"并存的传承方式。同时，在梅中村建立"水浒武术传承基地"，并成立"梅山乡武术协会"，还聘请浙江师范大学体育研究所所长徐金尧教授为顾问，合作编辑《水浒名拳梅山武术》和《梅山传统武术》系列校本体育教材。

近年来，傅信阳在武术前辈和浙江师范大学体育研究所专家指导下，借鉴全国各地武术门派的优点，在继承传统武术的基础上，又推出了"南宗五拳""少年长拳""六法连环""三路长拳""规定拳""规定南拳"和"南棍""南刀""剑"等套路的教学。与此同时，根据教学要求，傅信阳专门编写了一套梅山水浒名拳武术操。这套武术操，包含了梅山传统武术套路的基本步型、步法、手型、手法、腿法，但化繁为简。他带领的由80余名学生组成的"梅山乡少年儿童武术表演队"曾多次参加区内外各类大型庆典活动。2005年，在杭州举行的浙江国际传统武术锦标赛上，傅信阳获1枚拳术金牌；2007年8月，在浙江省国际传统武术比赛盛会上，他又获得9枚金牌、8枚银牌和9枚铜牌的佳绩，引起了《浙江日报》、浙江电视台等十余家新闻媒体的报道。2007年，梅山水浒名拳被列入宁波市非物

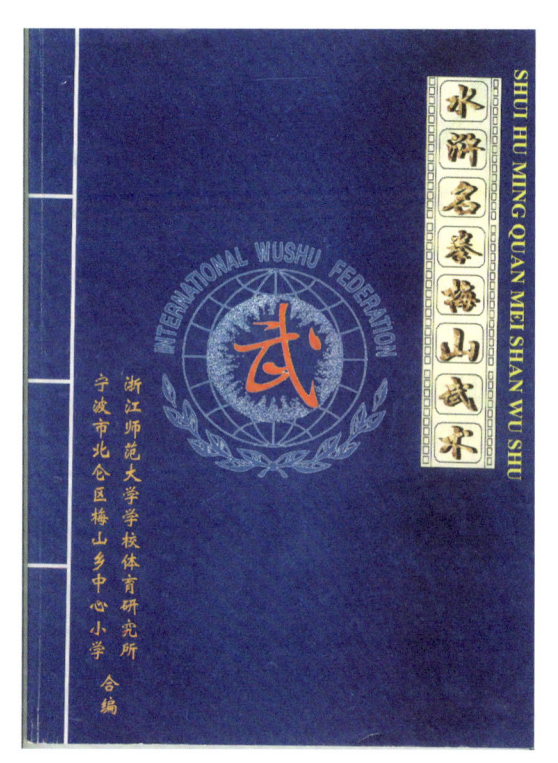

浙师大体育研究所与梅山乡中心小学编写的《水浒名拳梅山武术》

质文化遗产名录，梅山乡中心小学也先后成为宁波市非物质文化遗产传承基地、浙江省非物质文化遗产教学传承基地。2008年初，由浙江省武术协会推荐，中央电视台四套《走遍中国》栏目组来梅山拍摄以《御寇水浒门》为题的梅山水浒名拳专题片，并于7月16日在央视四台黄金节目时间播出。2009年浙江国际传统武术锦标赛中，组委会还专门增设"水浒名拳"比赛项目，傅信阳带领团队获得6金7银5铜的佳绩。2009年7月，梅山水浒名拳被列入第三批浙江省非物质文化遗产代表性项目名录，傅信阳为省级代表性传承人。2015年，梅山水浒名拳被评为宁波市非物质文化遗产"三位一体"示范项目。2018年，傅信阳代表宁波赴韩国济州参加"东亚文化之都"耽罗文化节进行交流。

时至今日，学武已成为梅山乡当地居民一种独特的强身健体、娱乐休闲的运动方式。在第六代传人傅信阳的传承教导下，习武蔚然成风。如今，"水浒名拳"在省内武术界享有盛誉，并已成为梅山的一个文化新亮点，为梅山丰富的文化资源增添浓墨重彩的一笔。

三、基本技法

梅山水浒名拳有手型5种（拳、掌、勾、爪、指），步型9种，拳法9种，掌法16种，又有三勾、四爪、五肘法，并配以11种步法。基本功分为腿功、腰功、腿法、跳跃、跌扑、平衡等。

（一）拳术套路

1.三十六记宋江拷：由57个动作组成，是水浒名拳的基础拳法，能在一条板凳上演练，演练范围小。技法特点是近距离搏杀。

预备势

（1）一请势，（2）压进，（3）记势，（4）分开一搭，（5）三摇势，（6）插落，（7）布起拷开，（8）投狮子，（9）吊马，（10）冲天，（11）撑肘，（12）双分垫步肘，（13）上打角肘，（14）插落掀开，（15）一哄一拳，（16）踏上摘来挖进一别肘，（17）分开并弄，（18）弯手金鞭，（19）拽弄一哄，（20）踏进拷开，（21）出腿收腿，（22）滚来双摧，（23）插落掀开，（24）一哄一拳，（25）踏上摘来，（26）一别肘，（27）甩落挖进，（28）一登肘，（29）上一搓捼，（30）下一搓捼，（31）倾地布起搓捼，（32）上打角肘，（33）藏出一尧，（34）抢出一拳，（35）抢出一肘，（36）双吞，（37）扳来一拳，（38）抢出一肘，（39）下门提勾，（40）

抢出一拳，（41）抢出一肘，（42）倒满开头，（43）抽刀势，（44）压进，（45）插落甩落，（46）随脚搂上一复头，（47）倒满开头，（48）抽刀势，（49）压进，（50）插落甩落，（51）随脚搂上一复头，（52）倒满开头，（53）分开一搭，（54）三摇势，（55）踏上拽来，（56）一别肘，（57）一请势。

收势

2. 闹天堂：由53个动作组成，动作幅度较大，技法特点是守中带攻、攻防结合，招式凶猛。

预备势

（1）一请势，（2）压进，（3）双记势，（4）下门提勾，（5）抢出一拳，（6）抢出一肘，（7）上一搓捺，（8）下一搓捺，（9）锁转依脚，（10）挖进，（11）摘来一勿脱，（12）双拳插落，（13）布起，（14）锁来单摧，（15）摘来一勿脱，（16）双拳拽弄，（17）三大头，（18）滚来双摧，（19）仙人磨月，（20）撒开虎扑，（21）盘肘，（22）锁来攀鞋，（23）踏进拷开一腿，（24）滚来双摧，（25）三大头，（26）滚来双摧，（27）仙人磨月，（28）一撒压进，（29）布起拷开，（30）左右斗颚，（31）中门摘来一别肘，（32）双切势，（33）挖进，（34）四锁

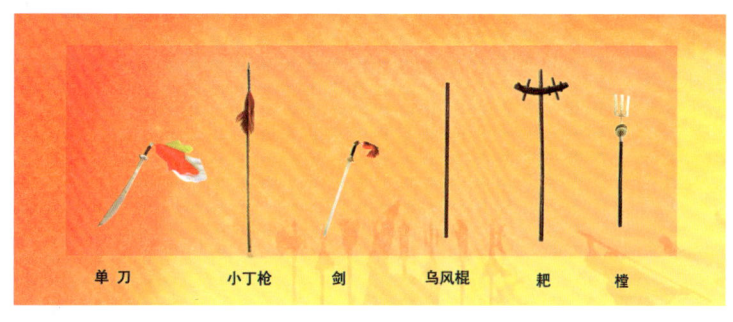

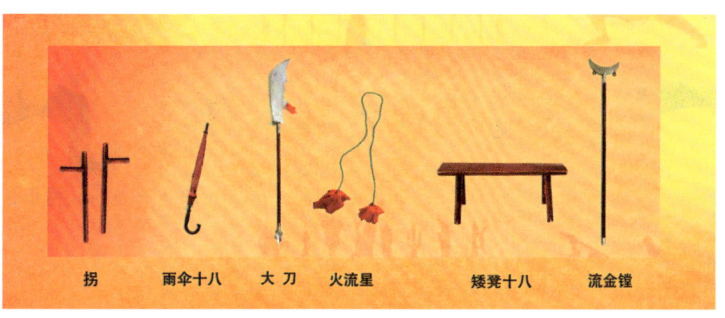

梅山水浒名拳十二种器械

左 锁　　双分垫步进　　锁 头　　马步砸肘　　大鹏展翅

弓步角肘　　歇步冲拳　　虚步亮掌　　提膝拷开　　仆步勾手亮掌

马步砍掌　　提膝穿掌　　下蹲甩落　　凤凰撒羽　　弓步布起

傅信阳演示水浒名拳套路

四脱，（35）一抱住，（36）急狗跳一肘，（37）三挖头，（38）戳心脚，（39）落地登肘，（40）跳起一拳，（41）双拳挖进，（42）下门提勾，（43）抢出一拳，（44）抢出一肘，（45）踏上摘来一勿脱，（46）一光一躲，（47）冲天撑肘，（48）双拳挖进，（49）下门提勾，（50）抢出一拳，（51）抢出一肘，（52）踏上摘来一别肘，（53）一请势。

收势

3. 边城：由36个动作组成，动作轻巧，技法特点是多走边门，以巧打拙四两牵[1]。

预备势

（1）一请势，（2）压进，（3）记势，（4）左锁，（5）开头，（6）插落掀开，（7）斩进角肘，（8）踏上双拳，（9）拽落单拳，（10）抢出斗颚，（11）撒落二肘，（12）插落，（13）布起锁来，（14）踏进出腿，（15）滚来开头，（16）单拧，（17）双拧，（18）踏上摘来一别肘，（19）三锁头，（20）锁转，（21）金肘银肘，（22）上步别肘，（23）三锁头，（24）锁转，（25）金线爪，（26）银线爪，（27）滚来盘龙腿，（28）布起挎开，（29）锁转，（30）出拳抢出，（31）插落，（32）旋风腿，（33）一别肘，（34）三大头，（35）滚来双催，（36）一请势。

收势

4. 小人十八：由42个动作组成，动作轻盈，勾手与腿法较多，以凤凰为象形拳。技法特点是以打兽类[2]。

预备势

（1）一请势，（2）压进，（3）记势，（4）插落，（5）捎开，（6）出拳，（7）抢出，（8）角肘，（9）挖落，（10）一照，（11）斗额劈落，（12）倒满开头，（13）插落捎开，（14）一哄一拳，（15）三光搭，（16）撒开，（17）凤凰梳头，（18）一哄一腿，（19）一肘，（20）一撒，（21）一抱柱，（22）一吊一腿，（23）下门撩阴，（24）抢出，（25）斩落拧起，（26）擂转，（27）踏进一腿，（28）一肘，（29）劈落，（30）凤凰撒羽，（31）大擂转，（32）踏进一腿，（33）一肘，（34）劈落插开，（35）拽弄杀落，（36）一吊一腿，（37）下门撩阴，（38）抢出，（39）

---

1 以巧打拙四两牵：借力打力，四两拨千斤。
2 以打兽类：部分动作用以打猛兽。

一吊一腿，（40）下门撩阴，（41）抢出，（42）一请势。

收势

5.红拳：由20个动作组成，并在四个方向反复演练，称打四门。演练范围大，腿法高。

预备势

（1）双抽刀势，（2）脱落一肘，（3）三挖头，（4）二起脚，（5）劈腿，（6）双拳挖进，（7）投狮子，（8）吊马，（9）冲天，（10）撑肘，（11）抱住，（12）出腿收腿，（13）捎开，（14）一哄一拳，（15）摘来一勿脱，（16）锁转，（17）出腿收腿，（18）插跳，（19）劈腿，（20）一请势。

收势

6.南宋五拳：由70个动作组成，是傅信阳结合前面五套拳法之精华，合并为一套，无重复动作和遗漏动作。结合多种腿法，演练范围较大，具有观赏性。

预备势

（1）一请势，（2）压进，（3）记势，（4）分开一搭，（5）三摇势，（6）插落布起，（7）拷开，（8）投狮子，（9）吊马，（10）脱步搓肘，（11）锁转依脚，（12）退步刹落，（13）摘来一勿脱，（14）双拳，（15）插落，（16）布起锁来，（17）脱步单摧，（18）锁转，（19）金线爪，（20）银线爪，（21）盘龙腿，（22）弯手金鞭，（23）踏进拷开，（24）出腿收腿，（25）滚来双摧，（26）仙人磨月，（27）撒开虎扑，（28）金肘，（29）双拧，（30）踏上摘来，（31）挖进一别肘，（32）双吞，（33）斗额，（34）劈落一肘，（35）倒满，（36）开头，（37）抽刀势，（38）插落甩落，（39）随脚一复头，（40）劈腿，（41）三挖头，（42）二起脚，（43）落地双登肘，（44）跳起一拳，（45）双拳挖进，（46）下门提勾，（47）抢出一拳，（48）抢出一肘，（49）甩落挖进，（50）一登肘，（51）踏上双拳，（52）插落捎开，（53）一哄一拳，（54）三光搭，（55）凤凰撒羽，（56）凤凰梳头，（57）踏进一腿，（58）大踏步勿脱，（59）一光一躲，（60）踏上冲天，（61）震脚撑肘，（62）双分垫步进，（63）一吊一腿，（64）下门撩阴，（65）插跳，（66）脱落二荡头，（67）滚来双摧，（68）摘来锁头，（69）挖进斗额，（70）一请势。

收势

（二）器械套路

1. 乌风棍：由50个动作组成，棍长齐眉，使用时双手握棍，虎口相对，梢把兼用。主要棍法有压、刹、挑、绞、刺、锁、砸、架、拨、格、拦、挡、云棍等。击打路线明确，讲究上打太阳[3]、中打拦腰[4]、下打脚踝等。

2. 小丁枪：枪如游龙，主要枪法由拦、拿、扎、劈、蹦、掀、穿、绞、舞花等37个动作组成。

3. 火流星：一条麻绳两头系铁丝篮，内装炭火，舞动起来似流星，俗称火流星。主要舞法由抡、劈、提、撩、扫、蝴蝶花等几个动作组成，边舞边来回走动，转圈。一般用于开场、开路。

4. 单刀：动作勇猛剽悍，主要刀法由劈、砍、撩、挂、扎、缠头、裹脑等31个动作组成。

5. 剑：身姿潇洒优美，腕力干脆灵活。主要剑法由撩、挑、提、托、挂、带、刺、点、崩、击、格、拦、云等32个动作组成。

6. 耙：动作威猛有力，主要技法由挑、刹、劈、绞、砸、架、拨、格、拦、挡等41个动作组成。

7. 镗：动作敏捷轻巧，主要镗法由压、刺、摇、点、登、窜等42个动作组成。

8. 拐：拐法灵巧，令对手防不胜防，主要技法由刺、点、挂、撩、撞、减等37个动作组成。

9. 矮凳十八：动作稳健有力，主要凳法由冲、刺、拦、躲、架、扫、绞等38个动作组成。

10. 流金镗：动作勇猛泼辣，有特色步伐麻雀步配合，主要技法由刺、架、照、躲、劈、挑、砸、撩等35个动作组成。

11. 大刀：动作威风精密，舞花手法较多，有背花、提撩舞花、挂舞花等，技法由劈、砍、斩、撩、挑等35个动作组成。

12. 雨伞十八：技法闪展灵活，避实击虚，主要由刺、挑、点、截、撩、拨、托、顶等42个动作组成。

3　太阳：穴位名，太阳穴。
4　拦腰：腰部肋骨。

乌风棍

火流星

小丁枪

单刀

耙

剑

拐　　　　　　　　　镋

矮凳十八

流金镗

大刀

雨伞十八

(三)梅山武术肉子[5]（散手）

1. 实战理论。

（1）各种技法：眼法、手法、腿法、步法、身法。

（2）各种口诀：要害歌、打诀、摔诀、心诀、快诀。

2. 战术。

在实战中，两眼盯紧对手，且注意其身体下方，并保护好自己面部。在距离较远的格斗中，则要盯住对手的眼睛，从而迫使他处于被动地位，并使他对己捉摸不定，一有机会果断出手。

7种战术和1个总结反思：(1)距离，(2)攻击时间，(3)假动作，(4)诱敌，(5)破坏韵律，(6)自然环境，(7)实战姿势，(8)失败原因。

3. 徒手反击：手指（抓、戳、扭），手掌（推），手刀（攻击），手肘（撞击），拳头（捶），膝盖（撞击），脚刀（踢、踹）。

（1）太阳穴：以手肘攻击；（2）印堂或眉心：以手掌推击；（3）眼睛：当遇及相当危害时，可以手指戳击；（4）颧骨：侧身手肘攻击；（5）人中：以手掌推击；（6）下巴：以手掌推击；（7）男性喉结：侧身手刀攻击；（8）胸口：侧身手肘攻击或背对撞击；（9）男性下裆：以膝关节撞击或脚部踢击；（10）膝关节：以脚部踢击。

4. 肉子名称与拳解[6]。

（1）肉子名称：前扣、后扣、踏脚托下巴、小青进洞、孩儿直包、苏秦背剑、龙线爪、黄龙化水、就地挖金砖、猁狲抱柱、落地千斤、前后过山、海底捞月、判官脱靴、无常摘帽、背包、金刚劈斧、毒蛇拦路、美人脱衣、仙人剥菜、凤凰抢腿、提腋下、鲤鱼摘腮、双龙抢珠、柴爿抽、双龙出洞（二拇指挖鼻）、登头拷西瓜。

（2）肉子（散手、擒拿与反擒拿）主要有：抓胸、抓发、前抱、后抱、手臂折转、头攻、扳脚、摘二膀、抓后领、单手被拉、双手攻来、从后进攻、解高拳、困跌、解棍、对面夺棍、同面夺棍、夺刀。

（3）拳解。此拳解是根据南宋五拳动作而进行的实用解答。

---

[5] 肉子：当地方言，大意为内涵和道理，某一种事物里面实际的东西。此部分关于肉子和拳解的内容为基本口诀，有师训，只可口传心授，不可作文字解说及图文详细说明。

[6] 拳解：按照拳术套路动作，作实用解释。

一请势：请势礼为先，遇变在喉间。
压进：压进分为三，千斤来落地；左右即拦格，别跟闷倒地。
记势：记势守中宫，一动乾坤变。
分开一搭：分开来一搭，沉气又实腹。
三摇势：三摇练手法，随机奥妙变。
插落布起：插落布起架，腿手往上摇。
拷开：拷开在膝中，鼻血满地流。
投狮子：双手投狮子，任你左右攻。
吊马：吊马顺势转，中宫由你来。
脱步搓肘：脱步一搓肘，贴身肋间求。
锁转依脚：锁转加依脚，失控胸脊捣。
退步刹落：退步速刹落，顺势嘴啃泥。
摘来一勿脱：摘来一勿脱，上中下难防。
双拳：双拳两边崩。
插落：插落断手臂。
布起锁来：布起加锁来，别想抓双手。
脱步单摧：连退重心稳，不忘两手挡；任你连续攻，单摧把你送。
锁转：锁转别忘手，毒蛇来拦路。
金线爪银线爪：金银线爪推，昂首向天看。
盘龙腿：盘龙腿来扫，敌众难近身。
弯手金鞭：弯手金鞭拉，难保眼耳发。
踏进拷开：踏进又拷开，上下难抵防。
出腿收腿：出腿收腿快，出招要防下。
滚来双摧：滚来即双摧，粘连随后摧。
仙人磨月：仙人磨月手，让你向后看。
撒开虎扑：撒开一虎扑，就像过山跌。
金肘：金肘断了气。
双拧：双拧来直包。
踏上摘来：踏上又摘来，格打顺手牵。
挖进一别肘：挖进一别肘，格抱胸头求。

双吞：双吞二把刀，捏牢肋别跑。
斗额：斗额随机用，千万别贴身。
劈落一肘：劈落一别肘，可解摘胸部。
倒满：倒满顺势拽，落掌砍断颈。
开头：开头解扳脚，打手把头击。
抽刀势：抽刀势可解，简单摘二膀。
插落甩落：插落加甩落，别从后按压。
随脚一复头：随脚一复头，凤凰来抢腿。
劈腿：劈腿练顺熟，刀匕纷飞舞。
三挖头：三挖头连进，下路手难成。
二起脚：魁星二踢斗，趁机连环击。
落地双登肘：落地双登肘，最好别倒地。
跳起一拳：跳起一崩拳，力量大无边。
双拳挖进：双拳同挖进，即解双推手。
下门提勾：下门提勾抽，下阴难保留。
抡出一拳：抡出就一拳，灯笼壳就扁。
抡出一肘：抡出再一肘，谁叫你抬手。
甩落挖进：甩落和挖进，既解又能打。
一登肘：登肘打直手，又可随处用。
踏上双拳：踏上双拳出，直解双手来。
插落捎开：插落来捎开，接打后反拷。
一哄一拳：一哄接一拳，后比前手快。
三光搭：三光搭意明，声东又击西。
凤凰撒羽：凤凰来撒羽，苏秦在背剑。
凤凰梳头：凤凰梳头转，抓发折你手。
踏进一腿：踏进即一腿，跺脚铲上门。
大踏步勿脱：大踏步勿脱，出乎你意料。
一光一躲：一光后一躲，眼鼻要护好。
踏上冲天：踏上打冲天，阴面都危险。
震脚撑肘：震脚双撑肘，一崩堂中求。

双分垫步进：双分垫步进，眼花已倒地。
一吊一腿：一吊一钻腿，畜生伤破胆。
下门撩阴：下门撩阴毒，断子又绝孙。
插跳：插落一插跳，回马脚之妙。
脱落二荡头：脱落二荡头，势猛猪啃地。
滚来双摧：滚来接双摧，封手你就跌。
摘来锁头：摘来一锁头，后扣无法退。
挖进斗额：挖进一斗额，天昏地又黑。
一请势：请势来还礼，有始就有终。
套路总结：整学可乱用，死招可活用。有招似无招，有形似无形。

四、主要特征

（一）套路系统，风格独特

梅山水浒名拳共有 5 套拳术、12 种器械套路，各有侧重点，套路系统，结构合理，动作明快。套路的演练上，突出"动作紧凑，稳健有力，肘不离肋，手不离心，出手矫捷，出腿即收，动静起伏，刚柔相兼，以腰发力，注重发劲"，同时，梅山水浒名拳练拳站一字马，使拳用八字马，这种练习方式较为特殊。

（二）手法多变，攻防严密

梅山海岛所处的特殊地理位置和人文环境造就了梅山水浒名拳较强的攻防技击性，并崇尚短手，拳、掌、爪手法密集多变，往往一步几手，一手多变，一阴一阳，招式分明，攻防严密。出手力距短，变化快，劲力足，连防带攻，招招节短势险，直取要害，在"柔、刚、猛、密、粘"中体现出快速多变的手法。

（三）结构紧凑，动作矫捷

梅山水浒名拳从整体看，拳抛结构紧凑，动作矫捷，一招一式，非打即防，着眼实用，头、手、肘、肩、脚、膝、胯都有规范动作要求，突出了快、准、狠。快：要求以快制胜，做到"拳打人不知，巧变敌莫测"；准：主要是指击点准确，远攻近取，技法落点要清楚明确；狠：主要是指练用结合，要做到"眼要明，心要毒[7]，手要狠"。

---

7 "心要毒"之"毒"，指的是果敢、善断、心灵，非歹毒之意。

（四）重点重复，贯穿始终

梅山水浒名拳共计640个单动作，除起势和收势动作大都重复外，还有许多动作多次出现，如冲天、一哄一拳、马步、蹬踢、劈腿、吊马等。这些动作不但在套路中起到承上启下、便于衔接的作用，而且突出了梅山水浒名拳招式的特点，体现了一招一式的精练程度。

（五）技巧多样，姿势独特

梅山水浒名拳具备全面的技巧性，在内容上包括手法、肘法、步行法、腿法、步法、跳跃法等技巧，共计50余个独特的技巧动作。习武之人在练习过程中，要求一招一式均要恪守规矩，并做得合乎要求。譬如梅山水浒名拳十分注重"马步"的功夫。"脚是战马，手为兵器"，要求步型稳固，落地生根。其主要步型有弓步、马步、吊马、跪步、独立步等。其步型一般称为矮马，姿势偏低。使拳通常为八字马，练功有一字马，都要求五趾抓地、落地生根，强调"稳如铁塔坐如山"。

（六）五合三催，一气呵成

梅山水浒名拳中的"五合"是手与眼合、眼与心合、肩与腰合、身与步合、上与下合。"三催"是身催、步催、手催。但凡开步出手，要身随步转，手随腰发，收腹蓄劲，先收后发。手法须灵活，步法须生根，"手法快时马步生，马不凌乱自有章"，手法与步法也须协调一致。在运动时，要"手到、眼到、身到、步到"，目随手动，传神于目，示意于手，要求手、眼、身、法、步，精、神、气、力、功配合协调，这样，才能浑然一体，一气呵成。

五、社会价值

（一）武学价值

梅山水浒名拳汇集多种武术流派，已成为包容北方武术特征和南方武术文化特点的融合体，形成了5套拳法和12种器械的套路形式，其技术体系中主要有宋江拷、边城、闹天堂和乌凤棍等。武术学者考证，这几套武术的起源应在北方。经过数百年的传承、融合和演变，梅山水浒名拳在最早的沈氏武术基础上融合外来的拳术，有了很大的发展，并形成了自己的特色——既具有明显的北方武术特征，又吸收了南方及其本地区武术文化的特点，成为南北武术的融合体。这对于研究南北武术文化交流具有一定的意义。

（二）实用价值

梅山岛毗邻陆地，自明朝以来，屡受海盗、倭寇的侵扰。为保家园，梅山岛民纷纷习武强身。抵抗海盗倭寇的战场主要在岛上、船上和海面，这些场所不利于大开大合的武术技术动作的发挥。受其影响，梅山水浒名拳以近身短打为主，追求近距离格斗，其武术招式短小精悍。经过多年的传承演变，梅山武术仍然非常重视技法的实用性。随着人民生活的富裕安康，武术的健身益智以及培育道德品质的功能与社会需要逐渐接轨，梅山居民通过群众性的武术活动，在比赛、切磋的同时交流思想、增进友谊，形成了崇武尚德的良好社会风气。

（三）文化价值

根植于梅山土壤的梅山水浒名拳，在近两百年的发展历程中，积淀了厚重的文化底蕴，它负载着梅山特有的海岛气息，闪烁着梅山人特有的思维方式、价值取向、审美观念。对梅山水浒名拳的挖掘、整理和推广，有利于对中华传统文化的继承和发展，有利于梅山精神的提升。此外，2005年4月，中宣部和教育部联合下发了《中小学开展弘扬和培育民族精神实施纲要》的文件，强调"在体育课上要适当增加中国武术的比重"。作为传承基地，梅山学校此举为提高下一代的人文素质和弘扬民族精神创造了条件。

第二节 傅信阳人物小传

傅信阳，1968年出生在北仑区梅山乡里岙村，做过油漆工，摆过地摊，当过保安，如今在梅山学校担任武术教练。作为"水浒名拳"第六代传人，2009年被评为省级非物质文化遗产代表性传承人。从2005年起先后被评为浙江农民"种文化"能手、首批"浙江省优秀民间文艺人才"、浙江省武术先进个人、浙江省传统武术先进工作者。现如今，他是中国武术协会会员，中国武术五段，浙江省涉外武术教练员，浙江省武术段位考评员，浙江省武术裁判员。

傅信阳练武的原因很简单，小时候在农村经常看人打架，个子矮小的他怕打不过被人欺负，就跟练武的姐夫说想练武术。姐夫把他带到了里岙村岭下坑的梅山水浒名拳第五代传人沈云定那里，这样傅信阳就有了第一个师傅。拜师当天晚上，师傅就让傅信阳靠在墙边蹲马步，然后举石刀……这一年是1983年，傅信阳15岁。

梅山水浒名拳始于18世纪末，传到傅信阳这一代，已是第六代了。傅信阳习武第三年，宁波市在镇海举办第一届传统武术散打太极推手比赛。刚懂得一点皮毛的傅信阳和师兄弟们一起去参加比赛。那时的傅信阳瘦瘦的，个头又小。当时散打是计分式的，梅山出去的选手大多是乱打，什么技巧也没有。比赛输给了对手，却让傅信阳明白了一个道理：习武，除了架势，更重要的还在于实战技法。傅信阳在师傅那里学会了3套拳法、1套刀术。第一套是三十六记宋江拷，师傅说这是必修的。第二套是小人十八，第三套是闹天堂，然后加上一套单刀刀术。梅山里岙武术在里岙沈家一直延续"传男不传女、传内不传外"的传统传武观念。一直到中华人民共和国成立后才打破这种陈旧观念，武术在全村范围内得以传承，也让傅信阳一外姓人有了学习梅山武术的机会。

初中没上完，傅信阳就辍学回家了。跟随师傅学习3年之后，傅信阳开始边学武边外出谋生。其间，傅信阳做过油漆工，摆过地摊。因为练过武，后来有人推荐他去当保安。保安这份工作，傅信阳一做就是十几年。但是，习武是傅信阳的真正爱好，武术已融入他的血液。在做好分内工作

1986年，傅信阳在练武

1986年，傅信阳（右）与师兄切磋武艺

的同时，傅信阳一刻也没忘记练习武艺。1986 年，师兄沈万康去镇海拜费华胜为师，学习并引进长拳类武术套路及基本功，回来后就教给傅信阳。从 1985 年到 2000 年这 15 年间，傅信阳先后到佛渡、六横、沈家门、朱家尖、郭巨、余姚、慈溪、嘉兴等地参加武术、舞狮表演，其间，各位武术前辈聚在一起，他就去一一拜访，请教梅山各种武术套路及武术内在知识。他持之以恒，保持习武热情，无论生活多么紧迫，他总要抽出时间练习，可以说，冬练三九，夏练三伏，拳不离手，诀不离口。经过多年的学习和揣摩，他终于学会三十六记宋江拷、闹天堂、边城、小人十八、红拳等传统拳术技法，掌握了乌风棍、小丁枪、镋、火流星、雨伞十八、耙、流金镋、单刀、大刀、矮凳十八、拐、剑等 12 种器械套路。在他看来，习武之人不仅要学好基本的拳法套路，更需要悟透其中的内涵和道理，要处理好"壳"与"肉"的关系。用傅信阳的话说，学好功夫一个靠勤奋，还有一个靠悟性。师傅一般教你的都是壳子，像衣服一样的外壳，里面实际的东西——肉子，要通过自己的勤学苦练，反复体会去感悟。

水浒名拳传承人傅信阳

2005年对傅信阳来说，是一个颇有收获的年份，也是他人生的一个重要转折期。这一年，在外务工多年后，他回到了梅山。这一年，傅信阳不仅在浙江国际传统武术比赛中拿了南拳类的金牌，而且梅山学校在有关方面的支持下建立了武术训练基地，将梅山武术引入了学校体育课程，特聘他为武术教练。傅信阳觉得，作为"水浒名拳"的传承人，自己得扎扎实实地做好传承工作，这样才对得起"传承人"这个称号。也是在2005年，浙江省武术协会正式将梅山命名为"浙江水浒名拳之乡"，将梅山武术命名为"梅山水浒名拳"。

去学校带学生，对傅信阳来说，是个新的挑战。针对一年级学生，他编了一套简化的套路，从二年级开始，才系统地传授水浒名拳的套路。傅信阳觉得这样会有一个循序渐进的过程，学生也比较容易接受。

梅山水浒名拳先后被列为北仑区、宁波市和浙江省非物质文化遗产代表性项目名录。由此，傅信阳看到了水浒名拳传承和复兴的希望。为传承梅山水浒名拳，学校专门辟出了100平方米左右的训练教室。根据教学要求，傅信阳还专门编写了一套梅山水浒名拳武术操。这套武术操包含了梅山传统武术套路的基本步型、步法、手型、手法、腿法，但化繁为简，很适宜大众学习。这套梅山水浒名拳武术操在梅山小学全校推广后，由于整个过程以健康、快乐、阳光为主题，以趣味武术形式来体现，因此深受学生的喜爱。

形似农具的兵器简单粗陋，攻防技击的拳法也似乎并不美观，然而正是这套世代相袭的拳法，在血雨腥风中守卫了梅山人的家园。手绘的拳谱记录下一招一式的每一个要领，质朴刚劲的拳法也可以融入巧劲儿，傅信阳在传承中寻找着突破。他创编了梅山武术搏击操，并在梅山学校实施教学。梅山学校内，傅信阳手把手将梅山水浒名拳教给孩子们，不断变化的招式、流露其间的江湖道义，磨砺着孩子们的意志，滋养着他们的品格。师法百家，为我所用。在传承水浒名拳的过程中，傅信阳还引进了南拳类、长拳类套路，创编了长拳类比赛套路和武术理论，丰富了武术知识体系。

傅信阳感到最遗憾的是传统拳谱的失传，他决定重新把拳谱编写出来。2005年8月，他自行整理里岙所有濒临失传的武术，创编套路，编写资料，拍摄录像，置办武术器材。同年10月，梅山乡成立武术研发小组，委托浙江师范大学体育研究所专家一同挖掘、整理梅山武术。傅信阳作为梅山水浒名拳第六代传人，直接参与了演示武术套路的工作，体育研究所的专家利用摄像技术进行图像处理，

2005年，傅信阳在青春宝杯第三届浙江国际传统武术比赛上荣获第一名

重点就三十六记宋江拷、闹天堂、边城、乌凤棍等四个基本套路进行挖掘整理。2006年3月，《水浒名拳梅山武术》编印出来了，由此形成了图文并茂、简明扼要的梅山武术教材。同时，傅信阳还利用业余时间，整理编辑了《梅山武术历史故事》《梅山里岙传统武术散手》《梅山里岙传统武术器械套路》《梅山里岙传统武术拳术套路》等手稿，使散落民间的武术文化得以记录传承。

除了在学校开展传承教学外，傅信阳还经常与武术爱好者和网友一起探讨、切磋水浒名拳技艺，并针对初学者，自编了一套拳术套路，指导他们练习、健身。从2008年起，每个星期天，傅信阳就会起个大早，从梅山岛出发，坐公交车赶到北仑城区，免费向武术爱好者教授水浒名拳。同时，傅信阳决定再编一套拳路，以健身为目的，以便适合中老年人练习。2014年，傅信阳担任梅山武术协会会长。2015年，他组织成人武术队，教习各种梅山传统武术和国际武术套路。在傅信阳的传承和带领下，水浒名拳形成了以梅山学校基地学员、梅中村水

水浒名拳传承基地——梅山学校

傅信阳带领学生练习武术操

傅信阳向学生传授武学

傅信阳编写的《梅山武术历史故事》

傅信阳编写的《梅山里舍传统武术器械套路》

2009 年，傅信阳带队参加第六届浙江国际传统武术比赛，夺得金奖

浒名拳表演团队、宁波大学梅山校区学生社团为主体的老、中、青、少四级传承梯队。

　　几年来，经过实践和摸索，傅信阳取得了一些成绩。他的学生、弟子多次参加各种武术表演，赢得许多荣誉。在宁波市全民运动会武术比赛，第一届、第二届宁波市青少年武术锦标赛，第五届、第六届浙江国际传统武术比赛等赛事中，他的学生共获得了 15 块金牌、18 块银牌和 14 块铜牌，成绩斐然。

　　除了在梅山学校设立传承基地，当地政府还在梅山里岙的沈氏祠堂和梅山成校建起了水浒名拳展示陈列馆。这里，曾迎来世界各地慕名而来的朋友，和来自全国各地的武术爱好者，他们跟着傅信阳饶有兴致地学习体验博大精深的中华武术，为眼花缭乱的武术套路啧啧赞叹，被源远流长的中华文化深深折服。中央电视台、浙江电视台、《浙江日报》、《钱江晚报》、《今日早报》、浙江在线等多家媒体到访并作相应报道，把梅山水浒名拳带出梅山，向外传播。这些都使"水浒名拳"传承有了更为广阔的天地。2008 年 5 月，中央电视台国际频道在全国范

位于北仑梅山沈氏宗祠裕后堂的水浒名拳展示馆

围内拍摄16集武术题材的电视片，其中一集就是介绍梅山武术的，题目为《御寇水浒门》。片中，傅信阳及其弟子演练武术，尽展梅山武术的奇妙和魅力。这是梅山武术第一次在国家级媒体上亮相，也着实让这个偏僻海岛的村民兴奋了好一阵。那些上过镜的小朋友，现在都已是年富力强的好把式，说起当年的荣耀，他们还是一脸的自豪。

水浒名拳被展示在更为广阔的天地间，焕发着更为夺目的光彩。2016年，中国宁波、韩国济州和日本奈良共同当选为东亚文化之都。此后，三城间每年都会举办一系列的文化交流活动。耽罗文化节是韩国济州最重要的节庆活动之一，2018年10月10日至14日，受韩国济州特别自治道政府邀请，傅信阳带着他的6名学生，代表宁波市赴韩国济州特别自治道参加第57届耽罗文化节，进行东亚文化之都交流演出。傅信阳一行走进济州道内小学进行交流表演，向当地师生展示水浒名拳。同时，傅信阳还在现场手把手教学，向韩国学生传授技艺。梅山武术终于走出国门，走向世界。

昔日梁山英雄一声怒吼，留下千年名拳。今日梅山好汉满腔热忱，再传武术精魂。在傅信阳看来，无论时代如何变迁，保家卫国、捍卫正义，始终是这套拳

央视四套《体育在线》栏目拍摄梅山水浒名拳专题

2018年，赴韩国济州参加韩国第57届耽罗文化节

法中蕴含的最宝贵的梅山精神。目前，梅山学校有400余名学生学习水浒名拳，其中也有很多优秀的苗子，他们都是傅信阳的学生，是新一代的传承者，假以时日，他们必将走向更远的地方。傅信阳希望以后有更多的年轻人，能来学水浒名拳，把梅山水浒名拳传承好，弘扬武术精神，铸造梅山武魂，这是他最想看到的。

第三节　傅信阳口述访谈

访谈时间：2021年12月2日
访谈地点：宁波市北仑区梅山街道沈氏宗祠裕后堂
受访人：傅信阳
采访人：储敏超

一、武术起源，定名水浒

采访人：傅老师您好，很高兴您接受我们的采访。我们接下来聊一聊水浒名拳的事。据说水浒名拳起源于沈氏武术，您能给我们简单介绍一下吗？

傅信阳：据我所知，当时我们梅山岛沈家是一个大户人家，有十兄弟。沈家老族长从慈溪聘请了一个外来武师，来教我们梅山沈家十兄弟。这个武师叫什么名字，没有书面记载，根据我们老一辈传下来，说他是水浒梁山时期的传人，传到他那里也有好多代了。这位武师第一批收的徒弟，就是我们沈家十兄弟。

采访人：那个人的武艺，是梁山好汉传给他的？

傅信阳：老一辈一直是这样传说，

2021年12月2日，傅信阳老师在北仑区梅山街道沈氏宗祠裕后堂进行口述访谈

但没有历史记录。不知道他的来历，也不知道他的名字，只知道他是水浒传人，到底是哪位好汉的传人，是不清楚的。上一辈的都这样在讲。

采访人： 这 10 个兄弟后来有传下来的弟子吗？

傅信阳： 我问过我师傅，他说没有，也没有下一代，也没有弟子，包括我们祖师沈天童。他也没有后代，弟子是有，我们都是。

采访人： 你们的祖师爷沈天童，他是在哪里学的？

傅信阳： 这十兄弟跟师傅有一个协议，教 3 年。3 年期满，十兄弟不想再付聘金给师傅，于是想谋害师傅。沈天童当时就在沈家烧饭，无意中听到十兄弟要对师傅不利，就把这个消息告诉了他，并用船把师傅送到了对面的岛上，离开了梅山。后来为了感谢沈天童，师傅找到他，把水浒名拳都教给了沈天童。当时师傅还没来得及把武术全教给十兄弟，沈天童学会了 12 套器械和 5 套拳术，反而是学得最完整的。

采访人： 听说沈天童后来还写了一本拳谱？

傅信阳： 这个拳谱是师傅带过来的，不是沈天童写的。当时我问我师傅，拳

2021 年 12 月 2 日，傅信阳老师在北仑区梅山街道沈氏宗祠裕后堂进行口述访谈

谱哪里去了？他说，中华人民共和国成立初期，梅山岛对面的上阳有个学徒到第四代传人沈金蝉那里学武，据说是被这个学徒拿走了，但他不承认，他说他没拿。后来也没找到。

采访人：这是一本什么样的书？

傅信阳：沈金蝉是我的师公。我第二个师傅沈根法看到过那本书，他说拳谱都是用毛笔画出来的，有拳术套路、器械套路，还有近身搏击、伤科的一些中草药，厚厚的一本。

采访人：您的师傅是第几代？

傅信阳：我的师傅是第五代沈云定，我学了3套拳术、1套刀术。我们当时经常外出表演，团队各种各样的兵器拳术都有，我就在表演的空隙向这些前辈们学习，补充自己。

采访人：民国时期，水浒名拳的发展情况怎么样？

傅信阳：刚开始，这武术传男不传女，民国时期慢慢地有点淡化了。到了第三代，学武术的人群扩大了一点，已经有七八个了。

采访人：中华人民共和国成立以后呢？

傅信阳：我们梅山里岙村有一个地方叫岭下坑，岭下坑附近一带，姓沈的大多数都学过，当时刚好解放，乡政府组织民兵，也从那时候开始提倡要多学，多招徒弟。

采访人："水浒名拳之乡"的来历您清不清楚？

傅信阳："水浒名拳之乡"是2005年开始的，以前我们一直叫里岙拳术。2005年，北仑武术协会会长陈中良先生到梅山走亲戚，觉得梅山里岙拳没一个系统的名称，就联系浙江省武术协会来梅山调研，采访老一辈，根据各种信息汇总，他们觉得应该是水浒时期的武术，就定名为水浒名拳。

采访人：命名以后水浒名拳的发展情况，比如走进校园能否说一说？

傅信阳：2005年的时候梅山学校校长叫沈静久，是里岙人，他也学过里岙拳头。当时一些年轻人学过武术的都出门在外，打工去了。校长看到这个情况，觉得很可惜，梅山武术要冷落了，失传了嘛，他就想把梅山武术引进到学校体育课堂，让更多的人学习梅山水浒名拳。

采访人：您是什么时候去学校教这个水浒名拳的？

傅信阳：也是在2005年。沈静久找到我，当时我在家开店，我还不想去，觉得上班不自由，后来家里也支持我去。那时候我想，拳谱失传了，到了学校能不能把所有的武术都整理起来，搞一本拳谱，重新恢复，就这样我答应去学校了。

二、拜师学艺，苦练内功

采访人：傅老师，我们接下来聊一聊您的学武经历，您是哪年出生的？

傅信阳：我是1968年出生的，梅山里岙张家，跟我们第一代师傅沈天童所在地很近。

采访人：您的父辈，包括您的祖上有没有练过这个？

傅信阳：我的祖上没有练过武术。我老爸很喜欢，曾经到第四代传人沈金蝉那里打工，但是他没学到武术，因为当时比较穷，没时间去练，再说我们是外姓，我姓傅的，那时候也不传外姓。我的哥哥和姐夫学过武术，当时已经有点普及了，当时氛围比较好，他们一边在地里面务农，一边会聊武术，聊着聊着两个人就切磋一下。

采访人：您兄弟姐妹有几个啊？

傅信阳：我俩兄弟，4个姐姐，我排行第六。

采访人：您最小，当初为什么会想到去学这个武术呢？

傅信阳：我个子比较小，在学校里面经常看见高个子的同学打架，然后我觉得可能会被别人欺负，就想学武术。我姐夫、我哥都会武术，我向我姐夫学，我说你教我，他说自己教得不好，帮我去找一个师傅，然后把我带到岭下坑，去第五代传人沈云定那里学习武术。

采访人：那个时候您多大？

傅信阳：我学武是在1983年，当时是15岁。

采访人：您把这个拜师的经历给我们讲一讲。

傅信阳：拜师，我们这边都很简单，也没有什么拜师仪式。我姐夫陪我到我师傅家里以后，简单介绍了一下我的情况，然后我师傅看看我人比较忠厚就收了我。就这样很简单。当时师傅还在吃饭喝酒，堂前放了刀枪剑棍之类，还放个石刀，石刀是两块石板，圆圆的两块石板，中间一个木棍，练手臂力量用的。当天晚上就让我蹲着马步靠在墙边，马步蹲好就举那个石刀，当天就这样开始练了。

采访人：拜师也没带点小礼品？

傅信阳：没有。我师傅很随和的。我经常去他们家蹭饭吃。

采访人：您师傅当时有多大年纪了？

傅信阳：那个时候是应该六七十岁吧。

采访人：您觉得苦不苦？

傅信阳：一开始不苦，因为师傅也没逼着你要怎么做，他让你慢慢地接受。师傅过来教你一下，然后教好了就做其他事情去了，因为他是生产队队长，也比较忙。一般情况都是他的儿子，我的师兄沈万康在教我。

采访人：蹲马步蹲了多久？什么时候开始教您套路？

傅信阳：我们一般都是晚上去的，去得比较早，师傅都还在吃晚饭。去了以后，就自己练马步，举石刀，等他饭吃好来教我武术动作。我不爱读书，初中读了一年就休学在家务农。白天务农，晚上去他家，有时候下雨天白天也去。当时是土地分到户了，我师傅买了晒场、仓库，我们就干脆搬到师傅家仓库里住着，师兄弟大约五六个，住在他家仓库里，就在那个大晒场里面练武，大约练了五六年。后来师兄妹也将近有20个人，成立了一个表演团队，女的也有七八个。

采访人：这些师兄妹现在都还在继续吗？

傅信阳：改革开放后他们都各奔前程，都做生意赚钱去了。

采访人：就很多人没有坚持了是吧？

傅信阳：慢慢地都放弃了，因为这个东西，是赚不了钱的。练武术一是强身健体，二是防身自卫。现在也比较安全，又用不到防身自卫，所以慢慢地都放弃了。我还一直在坚持着，有空的时候，也会向老前辈去请教一些东西，因为我很爱好这个武术。有些人掌握的也不全，所以传的都不一样。我想全部把它归总起来。

采访人：您通过这个走访，向老前辈请教，后来就慢慢把它全部恢复起来了。

傅信阳：全部把它整理了一下，想系统性地把它整理好。

采访人：讲到这里，我想问一句，您的师傅有没有特别厉害的？

傅信阳：我姐夫带我去的时候，应该来说他是这一带最有名的。他的师傅收了5个徒弟，他跟另外一个徒弟沈根法，2个人学得比较好，名气是他们2个比较大，后来也都收了徒弟，另外3个师兄弟没有再收徒弟。

采访人：您师傅传了你几套拳法和器械？

傅信阳： 沈云定师傅教我 3 套拳法、1 套刀术。

采访人： 这几套拳法是什么拳法？

傅信阳： 第一套是宋江拷，三十六记宋江拷，他说这是必修的，无论是哪一个徒弟去学，肯定是学那套宋江拷。第二套是小人十八，第三套是闹天堂。学了 3 套拳术，然后加上 1 套单刀刀术。

采访人： 您跟着师傅学了几年？

傅信阳： 我在师傅家五六年，我 15 岁开始到 21 岁结婚，结婚以后就少去了，成家了事多，工作上的事也多，然后经常家里练练，师傅家就少去了。

采访人： 您喜欢武术，家人怎么看这事？

傅信阳： 家里很支持我练武术。我老婆以前也是练武术的，她是我师傅的侄女，以前也在练的。

采访人： 您成家后主要做什么工作？

傅信阳： 我做过好几个工作。那时一边练武一边还在学油漆，做油漆工。成家以后就正式去做油漆工了。后来觉得油漆对身体不好，又改行摆地摊。摆地摊每天日晒雨淋的，就开了一家店。开店以后，我老婆说还是她来开店，我做保安去。那个时候我就去做保安了。保安大概做了六年。

采访人： 在哪里？

傅信阳： 北仑保安公司，换了好几个地方。每天晚上都会练武术，下半夜没人的时候会练。

采访人： 一个人练吗？

傅信阳： 一个人练。

采访人： 您觉得要学好功夫的话，要用怎样的心思？

傅信阳： 勤奋是需要的，还有一个悟性。光学师傅教了的，如果没悟性，你要想再进步一点，是达不到的。我们说的是壳子和肉子。师傅一般教你的都是壳子，像衣服一样的外壳，那么里面实际的东西，叫肉子，里面的肉。如果师傅不教你，里面肉子就不知道了，那靠自己去悟了。

采访人： 我可不可以理解为是技巧和这些经验？

傅信阳： 对，技巧。还有呢，理论方面的一些知识。

三、探本索源，重编拳谱

采访人：我们接下来讲一讲挖掘、整理的过程，您说一个师傅可能只会一套或者两套，不是系统的，每个人都全会？

傅信阳：我们每一次出去表演，休息的时候我会向各个前辈去学，比方说他会刀，我就向他学刀，他会枪，我向他学枪，这样慢慢地逐渐积累，把这12套器械和5套拳术，全部学会。看他们表演的过程当中，我吸取他们的那些，比方气势动作，标准度啊，逐步地完善自己。当时我做油漆工，有时候在家里休息，知道谁掌握哪套技术，就会跑到他家里去学。有一年我在做保安，我老婆告诉我，说我们村里一个师傅沈厚夫来找过我，让我去他家里经常走走，他当时也很有名气，我想肯定是要教我什么东西，就马上过去了，我也从他那里挖了一些东西。

采访人：谁会您就去找谁学。

傅信阳：对，我休息天一有空就会跑到老一辈那里去取经去学习。真正的肉子呢，就是要从拳术套路里面去悟，你这个拳一招打出去是什么动作，它有什么作用，在人身上又是怎么使用的，要这样去想才能领会动作要领。打个比方，三十六记里的"弯手金鞭"，就是双掌于眉前分开，后直臂并拢，双掌向下由内反转成拳，收脚拽拢，就这么简单。那么用它和人对打的时候，要根据实际去应招。不管对方扑过来也好，拳打过来，只要你把他的手拨开，靠近他的身体，用大拇指插到他的眼睛里面，其他四指掐住太阳穴，把他拽过来，然后再膝盖顶上去。

采访人：这些动作看起来很简单啊？

傅信阳：不知道是吧，其实知道后会发现是很凶狠的，非常狠的。比方说，人家打拳打过来，扑过来，跟你搏斗的时候，我们水浒名拳里面有简单的四种化解手法，只要对方打过来，你把他的手化解掉，贴近他的身体黏住他，抓住头发，然后搓他的下巴，那就脖子扭断了。一招简单的动作，实际上它的含义是很深的。我们其中一个动作名称叫吊马，一只脚掂起来的，一个转身，就这么一个简单的动作。这个动作当初我也曾请教过老前辈，他的解说我半知半解，后来我在不断地习武中才悟通，吊马这只是一个避开对方来势，收脚摆拳的动作。对方冲过来，我一收脚，一躲，一个摆拳，就化解了。所以这里面东西很多，奥妙很多，就要靠自己悟啊。

采访人：您这是花了多久时间把它整理出来的？

傅信阳：我是从镇海参加武术散打比赛回来以后，一直在整理。有时候会去请教我的第二个师傅沈根法，也就是我第一个师傅沈云定的师弟，我在他那里学了乌风棍。我把自己的想法告诉他，说这样可行不可行，他说可行，对，就这样。

采访人：听说您到了学校以后，编写了4套教材，这个事情是怎么样的？

傅信阳：我们校长沈静久，他是懂水浒名拳的，又热爱水浒名拳，也知道我们以前有拳谱，既然学校开设了武术校本课程，所以他想和浙师大合作，去编写最基础的4套拳法，就专门为了教学生编了一套教材，做教案用的。

采访人：4套是吧？

傅信阳：4套，3套拳术、1套棍术。

采访人：这个是在您水浒名拳的基础上，后来简化了？

傅信阳：没简化，还是原汁原味的。

采访人：这个花了多长时间？

傅信阳：来去1星期，到浙江师范大学。前两天拍照片，我每做一个动作，两三个大学生在拍，然后分解动作都拍好，后面2天就写文字，我说他们写。最困难的就是方言转文字，有些方言转文字，他们问我这句话什么意思，我表达不好，因为方言它更能接近每个动作所要表达的含义，有些名称，没有那么书面化。

采访人：除了这4套，3套拳法1套器械，其他的有没有全部把它整理出来？

傅信阳：这4套，是系统化的，比较详细的。12套兵器和5套拳术我自己拍了视频，每一套都有，就是没有系统地解释得很详细，我自己买了打印机，打印好，用订书钉把它钉起来。

采访人：傅老师，那请您介绍一下12套器械？

傅信阳：12种兵器，有大刀、流金镋、镋、乌风棍、小丁枪、拐、矮凳十八、雨伞十八、火流星、刀、剑、耙12种。

采访人：5套拳法呢？

傅信阳：拳法呢，是三十六记宋江拷、闹天堂、边城、红拳、小人十八，5套拳法。

采访人：那每一套兵器有什么样的特点？

傅信阳：大刀我们都比较熟悉，它有三十几个动作，主要刀法有劈、砍、撩、舞花，还有斩，舞花又分为前舞花、舞背花、舞顶花。总共有36个招式。

采访人：那么小丁枪呢？

傅信阳：它以前不是枪，是一根棍子，比乌风棍稍微小一点长一点。实际上用起来有点像棍术，讲究的是上打太阳穴，下打脚踝。乌风棍，我们这边也叫齐眉棍，跟眉毛一样高，小丁枪是2个虎口都是朝前拿的，乌风棍是2个虎口相对拿的。小丁枪是单头用的，前面一头用，后面一头不用，乌风棍两头用，棍头棍把都可以用，手是握在中间的，也是上打太阳，下打脚踝，中打拦腰。除了这3样，乌风棍套路里面还有戳棍，戳眼睛、戳喉咙、戳下阴，还有拨棍，绞丝棍，乌风棍总共由五十几个动作组成。那么再来说说耙，耙呢，它是像农具一样的，由农具演变过来的，主要是用于对方的流星锤、绳镖，对付软兵器的，你绳镖过来了，我就把它缠住，它是起这个作用的。

采访人：这个耙有多少个招式？

傅信阳：招式本来只有十几招，我把它延长了一点，总共三十几招。大致上都接近于乌风棍的动作，只是用法不一样。

采访人：那您再说说其他。

傅信阳：以前人穿的衣服都有大的袖子，双拐就藏在袖子里面。比方说他要去某一个地方打斗，都会把它藏在袖子里。它可以前面像冲拳一样地打，也可以像用肘一样地后撑，也可以架起来挡兵器。既可以挡又可以打，其实等于是拳的延伸了，这就是拐的用法。这个镗，中间还有两块小铁片，刚开始的是鱼叉，然后慢慢发生发展成这个镗，铁片的用处是为了防止生锈，也是扰乱敌人的，分散他的注意力，可以声东击西。它最难的一个动作就是窜脚。

采访人：什么叫窜脚呢？

傅信阳：就是从脚下面窜起来，这样窜上去，然后抛到空中再接起来，这个动作比较难，如果没有经常练的话，还完成不了。这个流金镗，最特别的一个动作就是叫麻雀走，就是麻雀走路一样这样走，跟其他兵器区别就是这一个动作，背着这个流金镗，绕着场地走一圈，技术特点有挑，有砸，有上躲，有劈，三十几个动作。这个是火流星，铁篮子里装炭火，舞动起来流星一样的。一般都是我们要表演之前的一个热场，这个火流星一出去，把灯一打开，狮子就出来了。在巡游的时候，火流星排在最前面开路。当年镇海正月十五闹元宵，我是舞火流星的。舞法有挂舞花，从上往下叫挂，由下往上叫撩，特别是转身要挂和撩结合在一起，听老前辈说，最早的是两把小斧头舞的。还有是雨伞，雨伞十八，也是18个动作，以前出门都会带着一把雨伞，可以做武器，技法跟剑有点相似，戳眼睛，戳裆部，后来发展成有钩子的雨伞，钩脖子，然后踹腿。以前的雨伞用帆布做的，涂了很厚的油，一般的暗器飞针都可以挡掉。还有凳子。以前我们吃饭都是坐长条凳子，表演的时候称为打四门，挨着四个方向，四个角落叫开四门，就十几个动作，有冲有刺，比方说棍子从你的头上扫过来，那么你用板凳砸他的脚面。我们梅山的刀术，简单不花哨，也只有这十几个动作，最大的特点就是，砍劈撩挂刺砸，其中一个动作叫青龙盘颈，颈是脖子，青龙盘在脖子上，按照现在说的话是缠头裹脑，刀盘在头上，后背有人用兵器攻击的时候，可以挡后背。

采访人：您再说说剑。

傅信阳：我们梅山这套剑术，动作特点主要是撩剑、点剑，比方说用手腕发力点下去，一般是点对方的手腕、脚面。梅山剑术也由三十几个动作组成，每一招有两三个小动作。

采访人：那我们水浒名拳的5套拳法，您分别帮我们介绍一下。

傅信阳：第一套是三十六记宋江拷，三十六记就是三十六式，三十六招，招式的意思。说是三十六招，其实动作有50多个。三十六记组合得比较巧妙，为什么呢，因为它有四五种化解手法。对方打过来，去化解对方的来手，叫化解手法，就在这三十六记里面。接下来有6种拳法，比方说直拳、勾拳、摆拳、鞭拳、咋拳、劈拳，还有搓肘、别肘、登肘、顶肘、撑肘、搁肘6个肘，也在三十六记里面。那么腿呢，我们三十六记里面是踹腿，有这样一句口诀，高不过腰。我们水浒名拳每一个拳头的特点，第一招动作名称叫一请势，什么叫一请势呢，比方说我们两个人讲武术的时候，要切磋一下，那么第一个动作就是一请势，跟对方行礼、请的意思。没有攻击的意义，这就是武德。

采访人：第二个动作呢？

傅信阳：第二个动作，叫压进记势，记势是什么呢，就是招式。这个记势是气沉丹田的一个动作，接下来还有一个动作，他会拍一下大腿，让劲从脚后跟、脚底沉下去。

采访人：讲讲边城？

傅信阳：第二套拳，边城。它是侧面攻击特别多，比方说跟对方搏击的时候分中门和边门，中门是人的中线，边门是侧面，如果对付高个子，你不能从中门去，如果被他一把抓住你动也动不了，只能从他侧面、他的后背去攻击他。边城动作不多，卸对方的力，四两拨千斤，你去跟他硬拼拼不过，只能一侧身，我们梅山武术里面叫横脱步，往旁边脱步。这个侧身的动作特别多，单手去也是从侧面攻击的。边城还多了一个膝盖，跳上去抱住对方的头部，撞对方的头部。

采访人：那么闹天堂呢？

傅信阳：这是第三套拳法。闹天堂里有一个勿脱动作。这个技巧，一般是这样的，你的脚后跟扣对方的脚后跟，一手封住他的另外一个手，一个肘是去撞他的胸口，或者是喉咙，对方腿踢过来的时候，你把他的头紧紧地掐住，然后他只有一个支撑腿，可以用你的脚后跟，去击打他的支撑腿的脚后跟，再用这个肘击，攻击他的头部或者脖子或者胸口。

采访人：还有小人十八和红拳。

傅信阳：第四套小人十八，跟前面3套不一样，小人十八多的是勾子，它的动作名称好多都是与凤凰有关，凤凰撒羽，凤凰梳头。以前我们老一辈说这套拳是打豺狼虎豹野兽之类的。腿法比较高，一般踢腿之前都是一个手放在脸的旁边，我们叫躲头，对方冲拳冲过来打你脸部，你一拨他的拳就从肩上穿过来，不会攻击到你头部了。你不能拨在手腕上，拨在肘关节的位置，他就偏掉了，那你可以推，可以踹过去。最后一套红拳，与其他地方的红拳不同，还是梅山武术的风格。特点就是追拳，冲拳的时候追过去的，一边追一边打。其他套路面积比较小，这个红拳的面积比较大，动作倒不多，也只有十几个动作。

采访人：我们水浒名拳跟其他的传统武术相比，有哪些特点？简单介绍一下。

傅信阳：其实所有的武术，最后的效果都是一样的，离不开拳打脚踢摔，只不过套路不同，打法不同。无论是少林拳、长拳、南拳，都是拳打脚踢，它的锻炼方法不同，演练的套路不同，区别就是，在于哪种风格、门派之类。所以有这样一句话，没有最好的武术，只有最好的人，什么样的人才适合练武术。

采访人：就是说没有最好的武术，只有最好的人。

傅信阳：对，只有最好的人，没有这个悟性，没有这个天资，教你最好的功夫也没有用，是吧？你有这个武术的天分，哪怕教你两招，你就能使用。

采访人：傅老师，您还编写了梅山武术历史故事，能举几个小故事讲给我们听吗？

傅信阳：有一个沈家女儿嫁到上阳，老公经常要欺负她。有一年她回到梅山娘家过年，当天晚上要赶回去。她爸说："你难得回来一次，住一个晚上再走。"她一定要回去，说不回去老公要打她的。她爸这才知道这个女婿平时对他女儿不好，经常打她。这个老爸是我们水浒名拳高手，当即教了她两个肉子技巧，让她回家去了。这个女儿回到家后什么都不干，老公回来一看就又骂人动手了，一个巴掌打过去，她稍微身子侧一下一躲，腋下一拎她老公，脚一抬把他扔到窗外了，她老公这下蒙了。她说："这是我老爸教我的，你以后再欺负我就还手了。"从此以后这个老公就再没跟他老婆动过手。其中一个动作，水浒名拳里面叫凤凰抢腿，这是一个故事。

采访人：这小姑娘很有意思啊。

傅信阳：还有一个，就跟我家隔两三间房子，我小时候看到过他，他那时候上年纪了，还有点弓着背。有一次他在舟山饭店里面吃饭，一个和尚要了酒要了肉，老板说和尚不能吃酒吃肉，两人就争执打起来了，他看到就打抱不平。和尚拿起一根铁做的扁担，他拿起凳子，用我们梅山矮凳十八跟他斗了，打着打着打

武术兵器

水浒名拳传承基地

水浒名拳在表演中

到饭店外面,他一勾,那个和尚掉到海塘下面了,和尚求饶了。这事也引起了很大的轰动,都说梅山人非常厉害。

采访人: 他叫什么名字,姓沈的?

傅信阳: 林森,五个木。他平时根本看不出来,人也不是很高,矮矮小小的还弓着背。

采访人: 现在还健在吗?

傅信阳: 那早就没了,我很小的时候看到,大约我20岁的时候就没看到他,这个也是个厉害人物啊。

采访人: 我还听说你们到人家村里去,还要比武啊?

傅信阳: 也不是比武,我们一般到村里去表演的时候,都是带着舞狮道具的,一般开场都是狮子,结束也是狮子来热一下场子。我们附近一带,包括舟山一带都知道,梅山武术很厉害的,我们去的时候,他们都会出难题,放2张八仙桌或者3张八仙桌在一起,狮子你要能过这个八仙桌,就能到他们里面去表演武术。有一年,我们红毛狮子到郭巨,带着舞狮道具、刀枪剑棍去表演。郭巨人知道梅山武术厉害,就搭了3张桌子,3张桌子叠起来,上面还放了1条长凳子。"你的狮子要能过这个台,你就在我们这里表演,过不了就不要来表演。"那么锣鼓声一敲,2只大狮子相继都越过了。从那以后,红毛狮子名气就亮出来了。那时候我还没出生,是听师傅讲的。还有一次是我的真实经历,我们二三十个人组织去的,当时在舟山佛渡岛,是正月里过年的时候。

采访人: 傅老师,那您讲一讲这事。

傅信阳: 我们梅山跟舟山,亲戚来往很多,好多梅山人嫁到舟山,舟山人嫁到梅山。舟山佛渡岛,好像是大年二十九还是三十了,来邀请我们去表演,我们就组织了二三十个人去,也是拿着狮子、刀枪剑棍,进了石塘岙的一个村。他们也像我刚才说的那种,2张八仙桌,放着1条长凳子。他们说:"你们这个红毛狮子有这个功夫啊,那就窜过来。"当时我是领狮子的,第一个窜到凳子上面,窜上之前还翻了几个跟头,翻好然后两三脚就上去了,转了一下绣球,跳到桌子的另一边了,然后2只狮子也都过了。

采访人: 那是哪一年?

傅信阳: 那个时候我还没结婚,应该是19岁。

四、传承技艺，"武"出天地

采访人：傅老师，刚才我们讲到表演团队了，你们梅中村水浒名拳表演团，是一个什么样的团，啥时候建立的？

傅信阳：其实也不是表演团队，以前我们每天在练的一些师兄弟，每到春节的时候，会出去到外面表演，表演团慢慢形成了。带着狮子、刀枪剑棍，会到镇海、宁波、北仑，还有舟山都会去演出，后来大家都忙于工作，这个团队也就散开了。到2005年以后，我到学校教武术，有些社会上的表演不适合学生参与。那个时候我在QQ群里面认识了一些网友，每星期双休日我都会去海韵公园教他们，然后也形成了一个表演团队。2014年开始，乡里组织了我们村里的一批中老年人，形成了一支武术队伍，我把他们分成四五组，一组三四个人，每一组教各种各样的兵器，然后一年下来他们都能参加表演。

采访人：水浒名拳表演队成立有什么好处？

傅信阳：成立这个队伍，等于在传承传统体育项目，也扩大了知名度，都知道了我们梅山有这样一支队伍，同时也会吸引一些年轻人来学，我们本地的，学校里的，外地的也有好多人打电话来问我。

采访人：一般你们这样出去表演的话，观众反响怎么样？

傅信阳：大多数观众觉得中老年人表演的都是太极拳之类的，我们水浒名拳出去有阳刚气的，打起水浒名拳来，跟其他的感觉不一样，很威风的那种感觉，凳子啊，大刀啊，耙呀，打起来，观众觉得这个表演还挺精彩的，都很欢迎。

采访人：傅老师您有没有去参加过武术比赛？

傅信阳：第一次是1985年的时候参加镇海县第一届散打比赛，那个时候，我们还不知道散打是什么，我年纪也轻，不懂得散打。刚接到通知的时候，师傅说，要我们去表演，我跟我师兄2个人把对练的动作编排好，其他同学表演刀枪剑棍，结果说是跟别人打，因为没系统训练，没得名次就这样回来了。回来以后知道了，还有跟别人打的比赛，那么回来后一直研究挖掘，我们水浒名拳里面可以实战的东西，从那时开始我就留心了。第二次是在2005年，北仑区组织参加第三届浙江国际传统武术比赛。区里要求我们梅山派2个人参加，一个张仁元，一个我。我参加了一套拳一套刀（项目），拳得了传统拳术类第一名，刀得了第六名，因为刀的难度系数是对方高，还有我一个腾空动作落地的时候，腰带掉在地上，扣分的。我就这两次，后来都是我的一些学生去参加比赛。

2021年12月3日，傅信阳在梅山学校开展传承教学活动

2021年12月4日，傅信阳在北仑区梅山街道沈氏宗祠裕后堂演示水浒名拳拳术套路

采访人：傅老师，您到现在为止，收了几个弟子？

傅信阳：也算不上弟子，大家喜欢这个武术，他们要学我就教他，这样的人算起来也有七八十个，学生不算。

采访人：那最有代表性的您给我讲几个。

傅信阳：学得好的，就是贺明军和沈红雷，贺明军算我徒弟，也可算我师弟。我小时候学武术的时候，他也去我师傅家学了几个月，我师傅没时间教他，就我教他的。后来他当兵去了。2005年开始，他又跟着我练起来了。沈红雷是2015年开始的，村里成立表演团队，组织了一批人，他也在，因为年轻，天资也比较聪明，学得比较好一点。

采访人：他现在从事什么职业？

傅信阳：他是在梅山码头上班的，工作三班倒，练武术时间很少，所以传承方面，中青年比较困难，因为上有老下有小。

采访人：那学校里呢？

傅信阳：学校里人多了，我教到现在有1000多人，桃李满天下了啊。每个班级一星期开一节武术课，从一个班级里面选出四五个稍微好一点的，形成一个武术队，早上早自习之前练习。我主要教他们各种兵器，传统武术套路，我还自编了一套简化套路，因为一、二年级低段马上教水浒名拳的话，有些动作比较难接受，这样有一个循序渐进的方式。

采访人：那您的弟子出去比赛，有获得什么荣誉？

傅信阳：比赛次数很多。宁波市青少年锦标赛、浙江国际传统武术比赛，还有全民运动会比赛，参加过好多届。特别是2008年，青少年武术比赛，我们去了6个男同学6个女同学。其中一个女同学表演很出色，拿了南拳类第二名。总共参加十几次比赛，获得48枚金牌、50多枚银牌、37枚铜牌。

采访人：哇，厉害啊！

傅信阳：传统比赛之类的比较好拿，锦标赛的牌子难拿，特别是学校团体操比赛，教育局举办的，每个学校都派出代表队，我们就用那个武术操，然后获得一等奖，那也不容易。

采访人：傅老师，您什么时候成为水浒名拳非物质文化遗产代表性传承人的？

傅信阳：2005年，经过北仑武术协会和浙江省武术协会来调研考察以后定名为水浒名拳，到2009年正式发文，定名梅山为水浒名拳之乡，梅山学校为非物质文化遗产水浒名拳传承基地,我就是水浒名拳传承人。前两年我们叫民间传承武术传承基地,省里文件发下来后,我们学校门口传承基地牌子也挂出来了。

采访人: 您觉得水浒名拳能起到一个什么样的作用呢?

傅信阳: 从学校层面考虑,可以开发学生的智力,强身健体。通过刻苦训练,磨炼学生意志,培养他们坚韧不拔的那种意志和品质,在我看来,效果确实也很大。学校想让学生全面发展,德智体都要跟上。所以我想这对水浒名拳传承有很大的意义,至少让下一辈年轻人了解这个。他们传承了水浒名拳,而且身体素质也提高了,智力也开发了。还有通过各种比赛,让他们见见世面。

五、梅山武魂,蜚声海外

采访人: 我听说水浒名拳还去过国外表演,您去了没有?

傅信阳: 那是 2018 年 10 月份,我们接到市里通知,说到韩国济州参加一个文化节,进行文化交流。后来选了学得比较好的几个,又训练了 1 个月多。刚到那边,在韩国济州岛道内小学交流表演,跟一些学生交流互动,我们在篮球场上表演了水浒名拳。当地学生很崇拜的样子,围着我们一些小演员转,要他们签名,后来围着我要我签名。还安排了一个互动,教了一些简单的动作给他们。第二天就是踩街活动,像我们这边游街一样的,背着旗子,背着刀枪剑棍,因为是东亚文化之都活动,中国、日本、韩国 3 个国家都有队伍表演,晚上在舞台上表演。韩国 KBS 电视台来采访我们水浒名拳,当地观众看的时候都非常热情,掌声热烈。

采访人: 非常欢迎啊。

傅信阳: 嗯,非常欢迎。

采访人: 这次去了几个人?

傅信阳: 6 个学生,还有我,我也参加了表演。

采访人: 年轻人要学水浒名拳,学武术,想把它学好,您这么多年的学武体验,您觉得应该要具备哪些条件?要怎么去做?

傅信阳: 要有恒心,要有毅力,要勤奋,最重要的还是靠有悟性,要去悟。师傅教你什么你做什么,那你是不会有多大进步的。你自己悟了,才能理解得更多。你悟了,才能超过前辈们,才能创新,才能比他们知道得更多。

采访人: 傅老师,您对我们水浒名拳的未来和发展,有什么样的期望呢?

傅信阳：水浒名拳如果传到我这里断掉的话，是非常可惜的。现在学校在搞，是非常好的。希望水浒名拳以后在全面普及的过程当中，把我刚才所说的那种实用的东西提炼出来，我们不光有表演的花架子，还要有里面的实用内容，光传授花架子是没有用的，里面真正的东西，那些才是真功夫。我希望以后有更多的年轻人，能来学这个水浒名拳，把它传承下去，最好是中青年，也不单单是小学生。把真正的梅山水浒名拳传承好，这是我最想看到的。

第四节　傅信阳周边采访

一、陈中良口述访谈

访谈时间：2021 年 12 月 2 日

访谈地点：宁波市北仑区梅山街道沈氏宗祠裕后堂

受访人：陈中良（原北仑武术协会会长，水浒名拳和傅信阳的研究者）

采访人：储敏超

采访人：陈会长您好，您作为水浒名拳和傅信阳的研究者，今天我们专门就水浒名拳的问题采访您。水浒名拳的起源和发展情况，您和我们简单介绍一下。

陈中良：水浒名拳，我们这里最早叫梅山里岙拳。梅山里岙拳的历史，有 1000 年左右。北宋的时候，我们的祖先一方面是为了当地民众强身健体，更重要的是为了拦海贼。我们这个祖先请了师傅，这个师傅哪里来的？就是我们山东的水泊梁山好汉，到我们金华来打方腊。打方腊胜利以后，好多人就隐居在民间了，流落到各个地方，我们这里就是请了水泊梁山隐居下来的人，到我们这里传授了五六套拳和器械，比如说宋江拷，这样就传下来。一直到中华人民共和国成立以后，20 世纪 50 年代初，整个岛男男女女、老老小小全部学武术。中华人民共和国成立前，这个武术只传儿子不传女儿的，外姓人也不传的。傅信阳老师，都不是姓沈的，如果在以前，那时不可能传给他的。中华人民共和国成立以后，沈根法老师[8]，我叫太公的，就传给他。现在传承武术的人越来越少，老师傅

8　沈根法为傅信阳第二个师傅，第一个师傅为沈云定。

们都去世了。2004年，浙江省武术协会要在全省范围内挖掘整理调查传统武术，并准备命名一批武术之乡。当时我正好是北仑武术协会会长，我拿到这个文件以后，觉得机会来了。我就根据1984年《浙江省武术群星录》里面的梅山里岙拳，去调研。来了三四次梅山，一次一次地调研，根据调研的东西，我向省武术协会申报了。大概是2005年上半年，四五月份，省武协常务副主席4个人来梅山乡，当时就考虑这个名称怎么确定。后来他们征求我的意见，我说水浒拳吧，我们这跟水泊梁山的拳都可以联系起来的嘛，他们教下来的、传下来的。省武协刘秘书长说："好，水浒名拳。"大家一致同意了。到2005年，五六月吧，他们来授牌，批下来了——水浒名拳之乡。后来向区一级、市一级以及到省一级，申报非物质文化遗产，都批下来了。为了更好地传承，我们就在梅山小学里面训练起来，专门派了傅信阳老师去教。梅山学校后来成为水浒名拳传承基地，学校所有的人要学这个武术，等于变成体育课。

采访人：您可以讲讲外出演出情况，得了哪些荣誉？

陈中良：太多了，那太多了。比如说，浙江省国际武术比赛，我带他们去就是拿了10多块金牌，是一次比赛就得了10多块金牌，在市里面、区里面就更不要说了，影响力很大的。后来山东武协那边说，水浒名拳是他们山东水泊梁山的东西，怎么在我们这个小岛？我们说我们有考证的，有东西的。后来他们也要搞这个，搞了一个水浒研究会，他没办法了，我们抢先搞了。

采访人：您对傅信阳老师学武的过程了解吗？

陈中良：了解，傅信阳他是姓傅的啊，他祖籍不是当地的。我的太公沈根法老师，他说这个年轻人这么好学，就教他了，偷偷摸摸地教他，越是偷偷摸摸学的东西，越认真。他把沈根法老师这个东西全部学来了。这几年他也学其他的拳种。

采访人：那您觉得水浒名拳这个传统体育类项目，它的存在价值是什么？

陈中良：我们中国武术门派太多了，好几千，搞不清楚。前年中国武术协会和中国体管中心，把所有的武术套路全部归于158套门派制，158种里面，我们这个水浒门也是其中之一，里面的代表人物，就有我们傅信阳，那地位是挺高的，国家级的地位嘛。这个传统体育项目，现在移交学校了，以教他壳子为主，套路为主，就是强身健体。对读书也有好处，你练武把胆量练大了，考试就不慌了，身体端端正正坐在那里写字。没有练过武的小学生，趴着，侧着头这样子在写字的，你学过了就很正啊，这个是绝对的差别，我自己深有体会的，这是练武的一种效果呢。

采访人：我们水浒名拳，在拳种里面有什么样的特点，这个您讲一讲。

陈中良：这个动作，很精细小巧，不是大开大合。宋江拷、边城、小人十八，这些都是很紧凑的。如果完全是北方的拳，北方的人身高腿长，他腿方面这动作多啊。我们这里都是马步动作多，马步是往下沉的，要稳啊。你在船上面打架，你不管怎么会打人家，船一翻就翻掉。所以说我们这个以小范围为主的，不是大阵。

二、叶海波口述访谈

访谈时间：2021年12月3日

访谈地点：宁波市北仑区梅山街道文化站

受访人：叶海波（梅山学校校长）

采访人：陈琏

采访人：叶校长您好，梅山学校是梅山乡中心小学跟梅山中学于2012年合并而成，2013年迁入现址办学。这个水浒名拳课程是从2005年开始，首先是在梅山乡中心小学落地的，到现在已有16年。请您谈一谈，当初建立这个传承基地的初衷和目的是什么？

叶海波：2009年的时候，梅山街道获批省非物质文化遗产传承基地，那么梅山学校作为我们街道唯一一所义务段学校，就必须承担起弘扬和传承区域文化的一个重任。所以，学校基于这样一个设想，在学校里建立了"水浒名拳"这样一个课程，让我们的孩子去学习，去弘扬这个水浒名拳。

采访人：水浒名拳传承基地建立以后，我们学校从哪几个方面来着手开展这项工作的？

叶海波：首先，我们学校组织力量，编写了《水浒名拳梅山武术》这个教材。同时学校安排了专用的教学场地，聘请了我们梅山的民间水浒名拳传承人傅信阳老师担任专职的武术教练。我们把水浒名拳作为我们学校的一门必修课。目前，一到四年级的同学，每周安排一节体育课，专门来学习梅山武术（水浒名拳）。我们是分三层三类开展教学。必修课我们是一到四年级的小朋友，每周一节，主

梅山学校水浒名拳特色社团

水浒名拳武术课

要是一个普及类的。第二个层次呢，我们是兴趣类，每周五有拓展课，有一部分对水浒名拳比较感兴趣的同学，可以进一步发扬自己的兴趣爱好。第三类，我们是特长课，对于水浒名拳学习得比较好，有一定武术基础的同学，我们把他们集中起来，组成了校武术队，定期开展对外交流以及表演，进一步打造我们梅山武术的这张名片。

采访人：我们这个传承基地建立以来，一共有多少个学生参加了这项训练活动？

叶海波：从2005年开始，在梅山小学设立这个水浒名拳武术课程以后，我们每年以100个毕业生来计，那么总共是经历了16年，1600余名的学生学习了这个水浒名拳，对我们的非物质文化遗产水浒名拳有了一个基本的认识，并熟练掌握其基本动作。

采访人：请您谈谈傅信阳老师到传承基地开展指导训练的情况。

叶海波：好，傅信阳老师是我们学校的外聘教师，平时周一到周五这个工作时间段，他基本上在校办公的。我们每天早上有早功课，校武术队同学在傅老师的带领下学习水浒名拳。另外每到节假日以及大型比赛表演期间，他都加班加点带领我们的学生进一步学习，让我们对外展示水浒名拳最好的状态，以及最好的形象。

采访人：好的，那我们学校除了傅信阳老师以外，还有没有其他武术界的、体育界的一些名人学者，来到我们学校开展指导训练这项工作？

叶海波：我们梅山街道是浙江省民间文化艺术之乡，以及宁波市非物质文化遗产特色小镇，会经常邀请非物质文化遗产传承方面的专家，以及文化艺术领域的一些专家，到我们学校来进行调研和指导，给我们的课程润色。同时也进一步提炼我们学校的民间文化传承工作。我们梅山的学子曾经代表宁波市参加了韩国济州第57届耽罗文化节，与韩国学生一起交流我们的水浒名拳，展示了我们海岛学子的良好形象。同时学校水浒名拳的这些同学们，也登上了市、区各级的文艺汇演平台，展示了我们孩子良好的武术素养，把我们这个水浒名拳的套路啊，展示在观众面前。

采访人：那后面除了日常的教学训练工作以外，传承基地还开展了哪些保护传承的活动？

叶海波：我们学校这个层面，更多的是承担日常的水浒名拳教学任务，我们街道以及相关的文化部门，对我们水浒名拳的保护、传承和挖掘也是常态化展开的。

采访人：我们传承基地对外宣传推广这一块，做了哪些工作？

叶海波：我们梅山学校以课程的形式整理包装，编辑了水浒名拳梅山武术的教材，在跨区域交流的过程中，很多学校也提出来学习我们的水浒名拳，我们也把这个教材提供给对方。水浒名拳课程已经被评为省精品课程，依托课程来进一步弘扬和传承水浒名拳。

采访人：好的，那对于传承基地下一步的工作计划和未来规划是怎么样的？

叶海波：未来，学校还将以水浒名拳课程为抓手，进一步弘扬和传承中华民族的传统优秀文化。通过学校的民俗文化节，通过节日当中学生的展演，来激励我们的学生对水浒名拳感兴趣，愿意投入时间和精力去学习去传承。同时我们学校将进一步打造水浒名拳这个武术教室，结合现代理念，在传承的基础上融入现代话语元素，让学生在校园当中就能感受到这个氛围，激发他们去传承和弘扬梅山地域文化的责任感。

三、凌晓军口述访谈

访谈时间：2021年12月6日
访谈地点：宁波市北仑区太河商务楼7楼会议室
受访人：凌晓军（原梅山乡副乡长）
采访人：储敏超

采访人：凌老师您好。

凌晓军：你好。

采访人：很高兴您能接受我们采访。今天主要是想请您谈谈，关于水浒名拳的申报过程，您是什么时候参与的？

凌晓军：我是2005年3月参与的。

采访人：当初水浒名拳是怎样的一个情况？

凌晓军：当时梅山还叫梅山乡，我是分管文化工作的副乡长，想把梅山建成文艺之乡，搞一乡一品。当时我就想，总要弄一点梅山的什么特色，又有一点影响的。在我们东部地区，民间文艺比较好，当时我去了以后也是经过一番调研，就看到里岙拳有很广泛的群众基础。历史上方腊起义后，有很多武林高手隐藏到了民间，水浒里边的拳呢，就带到这个地方来，加上这个地方因为是海岛，倭寇

2021 年 12 月 5 日，傅信阳老师指导弟子开展水浒名拳器械套路练习

海匪比较多，所以老百姓有健身习武的传统，这是他们一种看家的本领，他们随手拿起农具，板凳啊，犁耙呀，这个招式就非常贴合当地老百姓的生活。所以我去了以后，就讲武术这种东西，可不可以好好地把它发掘一下。梅山这个地方，特别是里厍这个村落，男女老少都会打拳，最多的时候有几百人在练拳。以前这个拳是传男不传女的，但是女的也会打，都很厉害，就觉得这个东西，我们可以去做一下。当时省武术家协会也看中了我们这块牌子，这个会长几次到梅山来，跟我们在一起商量，一起取的这个名字，一定要有个好的名头，叫得响的。为什么取水浒名拳呢？它的很多招式都是从水浒里边来的。基于这样的历史原因，和我们要发掘的想法，就觉得要做一下这个，把它作为一个非物质文化遗产去申报。

采访人：那是哪一年？

凌晓军：申报的事宜，从 2005 年开始有一点影子，因为名录是一级一级向上申报的，先有区级名录，真正把省级申遗下来是 2009 年，经过差不多四五年的努力吧。

采访人：水浒名拳之乡这个牌子是您在那里工作时候下来的？

2021年12月5日，傅信阳老师与武术队队员在北仑区梅山街道沈氏宗祠裕后堂演示水浒名拳器械套路

水浒名拳在当地进行精彩表演

凌晓军： 基本是我在的时候下来这个牌子，下来以后我就离开了，整个申报过程是我参与的。

采访人： 您要去申报，不能凭空说要申报项目，要很多资料佐证它的历史的延续，您能给我们聊一下资料的积累过程？

凌晓军： 好的。我是知道到省一级，这申报项目是非常难的，你要有坚实的理论基础，项目的历史沿革你都要有，还要有实践，要有多少人参与这个，就是你怎么传承的。当时我们首先找了解这个事情来龙去脉的人，梳理历史上这个一步一步怎么演变的。弄好了以后，我们还需要一些理论的指导，就找高校合作。当时从我们有限的经费里面拨出 50 万元，一是用于编书，二是弄训练基地，三是买道具，都是从那时候开始的。我们请了浙江师范大学体育研究所的专家，一起把这个一招一式都整理在一本书里面，可能也有 10 万字，大开本，连视频也弄了，花了 1 年的时间，编写了《水浒名拳梅山武术》，一个蓝色本子。

采访人： 这本书出书的过程中，傅信阳起到了什么作用？

凌晓军： 里边的所有套路，所有一招一式，都是傅信阳演示的，别人把它画下来，有很多的动作，一举手一挥拳，都是傅信阳示范的，人家根据他的这个招式记录下来。

采访人： 当时您觉得梅山做这个事情需要傅老师？

凌晓军： 需要有个老师来教啊，要建立训练基地，要老师教嘛，他们就推荐了傅信阳，作为聘用的老师，专门教这个，有了老师这个才能弄下来。第二个我们在梅山小学，成立了一个训练基地，专门把一个房间腾出来，把道具都准备好。有道具了，有老师了，然后有了学生，他们每天训练。当时我提出了一个想法，一个在小学有武术基础的学生，到中学以后就能舞龙舞狮，等于是强身健体。2009 年以后我回到文旅局当副局长的时候，我们经常搞民间文艺大巡游，梅山的这个节目肯定来。阳光下这些孩子们，真是英姿飒爽。他们到省里去比赛，经常拿金奖的。当时中央电视台四套开了一个栏目叫《走遍中国》，给我们拍了纪录片叫《御寇水浒门》，节目可能有 10 来分钟，把梅山的这个历史进行了重新演绎。就在这种情况下，我们有底气去申报，省里面第二年就批下来了。

采访人： 省级非物质文化遗产？

凌晓军： 对。

采访人： 您对傅老师还有印象吗？

凌晓军：傅老师我有印象，就是我们准备报这个项目，要找一个人，就找的傅老师，讲他有武术基础。傅老师这个人精精瘦瘦的，当时在外地工作，给他提了我们的想法，他也想回到家里照顾老人。他一家三口都会打拳，他老婆也会打拳，女儿武术也很好。傅老师看着不言不语，但是人非常敬业，工作做得很好，他把基地的全部器材都管理得井井有条，学校也非常满意。

采访人：会武术的人很多，我们为什么会选择傅老师作为一个省级传承人？

凌晓军：在所有的这些人中，要么有的年龄过大，有七八十岁了。傅老师当时年富力强，为人很好，人品很好，我们就选他，事实证明这是对的。他真心热爱武术，而且武艺比较高强，很低调，也不会炫耀。我们是看中他恰当的年龄，恰当的武艺，恰当的人品，选他来当特别好，包括他的武术体系比较完善。我离开以后，当地党委政府也都支持这个项目，这几年发展得越来越好。

【附录】 傅信阳大事年表

1968 年	出生于宁波市北仑区梅山乡里岙村。
1983 年	拜梅山乡里岙梅山水浒名拳第五代传人沈云定为师，学习里岙传统武术。
1985 年	参加梅山舞狮队，同年参加镇海县第一届武术散打比赛。
1986 年	向师兄沈万康学习长拳类武术套路及基本功。
2005 年	7 月，担任梅山乡梅中村假日活动武术教练；参加第三届浙江省国际传统武术比赛并获传统拳术类金牌。 8 月，被梅山学校聘为武术教练，整理濒临失传的武术，创编套路，编写资料，拍摄武术录像，置办武术器材。 9 月，开始在梅山学校全校教学武术。 12 月，配合梅山学校和浙江师范大学体育研究所参与《水浒名拳梅山武术》校本体育教材和影像教材编写工作。
2006 年	3 月，编印完成《水浒名拳梅山武术》。 7 月，引进南拳类、长拳类套路，开展长拳类、南拳类国家比赛套路的传承教学。收集编写《梅山武术历史故事》和《梅山里岙传统武术拳术套路》等。

2007 年	3 月，《浙江日报》《钱江晚报》《今日早报》及以浙江在线四大媒体来校采访傅信阳及水浒名拳。
	8 月，傅信阳带领 9 名学生参加第五届浙江国际传统武术比赛，获 9 金 8 银 9 铜。
	11 月，获得浙江农民"种文化"能手奖。
2008 年	5 月，由省武协推荐，中央电视台四套《走遍中国》栏目组来梅山拍摄以《御寇水浒门》为题的梅山水浒名拳，并于 7 月 16 日在央视四台黄金节目时间播出。
	9 月，获浙江省武术五段位级。
	11 月，山东电视台和梁山功夫院到梅山交流考察水浒名拳。
2009 年	5 月，被认定为第一批北仑区非物质文化遗产代表性传承人。
	7 月，水浒名拳列入第三批省级非物质文化遗产代表性项目名录；浙江国际传统武术比赛增设"水浒名拳"比赛项目，傅信阳带领 11 名学生参加并获得 6 金 7 银 5 铜。
	9 月，被认定为第三批浙江省非物质文化遗产代表性传承人。
	10 月，被评为首批"浙江省优秀民间文艺人才"。
2010 年	5 月，带队参加宁波市"梅山杯"武术邀请赛暨"甬三角"第四届武术大赛，获 10 金 10 银 10 铜和团体一等奖。
	6 月，被授予第三批宁波市非物质文化遗产代表性传承人。
	12 月，被评为浙江省武术先进个人。
2011 年	3 月，接受中国教育电视台拍摄采访。
	6 月，获浙江省武术段位考评员、裁判员资格。
	7 月，带队参加第八届浙江国际传统武术比赛暨首届国际东岳太极拳比赛，获得 15 金 28 银。
	11 月，接受《人民日报》采访报道；被评为 2007—2010 年度浙江省传统武术先进工作者。
2012 年	3 月，被评为北仑区优秀社团指导老师。
	5 月，被聘为北仑职高水浒名拳校外辅导老师。
2013 年	3 月，教学各种梅山传统器械套路。
	6 月，通过中国武术段位制考评员技理、指导员考试，并获得证书。

	12月，带队参加宁波市武术锦标赛暨中国武术通段赛，获得12金6银4铜。
2014年	4月，获北仑武术工作先进个人奖，被聘为北仑武术协会理事。
	10月，带队参加宁波市首届内家拳比赛，获3金3银3铜。
2015年	3月，组织成人武术队，教习各种梅山传统武术和国际武术套路，同时创编梅山武术搏击操，并在梅山学校实施教学。
	5月，带领18名学生参加浙江电视台《流动大舞台》武术表演。
	6月，《中国文化报》刊登《水浒名拳：梅山人的执着守望》一文。
	10月，参加"浙江印记"——2015浙江省优秀民间文艺大展演暨文化走亲大联动活动。
2016年	4月，被评为北仑区优秀武术传统门派拳种传承人。
	5月，参加2016第三届长三角运动休闲体验季梅山站开幕式表演。
	7月，带队参加宁波市传统武术大赛暨第三届内家拳展示赛及中国武术段位制通段赛，获得7金6银5铜。
	10月，参加全国十一地文化馆大联动暨优秀民间文艺特邀大展演现场表演。
2017年	10月，带队参加宁波市第四届阿拉非物质文化遗产、魅力港城启动仪式暨"甬上风韵"宁波市优秀民间文艺大展演。
2018年	10月，代表宁波带队赴韩国济州参加东亚文化之都韩国第57届耽罗文化节，受到国际赞誉。
	12月，获北仑区优秀非物质文化遗产传承人称号。
2019年	5月，带队参加宁波市第二届青少年武术比赛，获1金2银1铜。
	6月，参与拍摄《北仑印记》之《进退江湖的水浒名拳》，并参加首映式表演。
	7月，参加中国—中东欧青年研修交流营活动武术表演交流。
	10月，在北仑博地影秀城参加宁波、台湾民间武术交流展演。
2020年	1月，赴宁波大学开展梅山水浒名拳展示和演讲。
	6月，编排由非遗项目"水浒名拳"改编的武舞健身操。
2021年	1月，赴慈溪宗汉街道参加宁波市"我们的村晚"节目录制。
	6月，参加第二批宁波市非物质文化遗产"薪火计划"中青年传

承人群项目及师徒结对签约仪式，收沈宏磊为徒。

9月，荣获浙江省文化示范户。

11月，梅山学校获第三批全国中小学中华优秀传统文化传承学校称号。

12月，参与浙江省级非物质文化遗产代表性传承人抢救性记录拍摄工作。

2022年　2月，开始小学部教学梅山水浒名拳武术操，拍摄制作水浒名拳教学视频《三十六式》精简套路。

4月，参加并召开水浒名拳历史研讨会。

8月，配合拍摄《丹尼尔和中国字典的水浒名拳缘》视频，和沈宏磊在南塘老街参加宁波市第二批薪火传承计划师徒汇报展演。

9月，创编简单的新武术操，并开始教学。

2023年　2月，由宁波出版社出版的《梅山风韵》举行首发仪式，水浒名拳被收录其中，傅信阳带队做开场武术表演。

6月，带队参加在慈城举办的宁波市阿拉非遗汇开幕式表演，带队参加2023北仑区"文化和自然遗产日"非物质文化遗产宣传

2019年7月9日，中国—中东欧青年交流活动

第五章
陆氏伤科代表性传承人陆君玉

◆ 叶弦　严亚国

第一节　陆氏伤科概况

陆氏伤科始于清顺治年间（1658年前后，一说1644年），曾被时人誉为"浙东第一伤科"。创始人陆士逵在多年的行医生涯中，将伤科的各流派融会贯通，形成了自己的特色，成为"陆氏伤科"的奠基人。其子孙中虽有以医为业者，但其中多数人因年久而湮没无闻，至第五代传人陆维新，医名再起；第六代传人陆银华更创造了陆氏伤科的又一代辉煌，成为承前启后、继往开来的一个里程碑。

陆银华还打破"只传儿子、媳妇，不传女儿、外人"的传统，将家传的医道传授给女儿陆云响，从此，第七代传人不仅在宁波开枝散叶，还在上海落地生根。后来他又招收了叶海、沈敦道等异姓学生，这为陆氏伤科发展拓宽了人才来源，确保陆氏伤科传承不绝。

陆氏伤科发展于第六代，壮大于第七代，发扬光大于第八代。时至今日，陆氏伤科已传至第九代。目前，陆氏伤科在甬、沪二地枝繁叶茂，有的异姓传人还在外国从医。他们在继承、发扬"手法整复、理筋续骨"传统疗法的同时，运用中

陆氏伤科第六代传人陆银华

西医结合方法，治疗各类骨折、伤筋、腰腿痛等疾病，获得了超越前辈的成就。

因陆氏伤科的创始人曾是少林寺弟子，其师承的治伤理念、手法均与少林伤科学派相关，所以有学界将陆氏伤科归入少林伤科一派。

2011年，上海的陆氏伤科被上海市政府公布为上海市非物质文化遗产项目。2023年1月，宁波的陆氏伤科入选第六批浙江省非物质文化遗产代表性项目名录。

一、陆氏伤科的土壤：宁波、越文化、浙江医药史

陆氏伤科的发源地宁波，属中国历史上越地的一部分。任何医学流派的形成或者医术的沿革传承虽然首先是医家的个体作用，但不可否认，也与其所处地域的环境、历史、文化有一定的潜在相关性。

早在8000年前，宁波先民们就在这片土地上繁衍生息，他们创造了灿烂的井头山文化、河姆渡文化。夏朝初，"鄞"已成为确定的地名，清人顾祖禹《读史方舆纪要》称："夏时有堇子国，以赤堇山为名。堇，草名也，加邑为鄞。"鄞地春秋时属越国，战国时属楚，唐时称明州，明洪武十四年（1381）为避讳，取"海定则波宁"之义改称"宁波"。自此，"宁波"之名沿用至今。

宁波文化属吴越文化中的越文化，其特质有尚武好勇，如《汉书·地理志》所记载"吴、粤（同越）之君皆好勇，故其民至今好用剑，轻死易发"，《越绝书》中记载"锐兵任死，越之常性也"，这是因为江南水网密布，水性难测，在这样的环境中生活，既需要心细、机智、敏捷，更需要体力和勇敢。同时，种植水稻、养蚕缫丝的生产方式，使人气质文雅、细腻。吴越之人具有尚武之德的同时，兼具儒雅、细致之质，所以吴越地区多出医学、科技、谋略人才。

浙江地区的中医发展深受吴越文化的影响，历史上孕育了许多中医名家及流派。在唐代，著名中药学家陈藏器撰写了《本草拾遗》十卷。明代李时珍在《本草纲目》中评此书"博极群书，精核物类，订绳谬误，搜罗幽隐，自《本草》以来，一人而已"。明清以来，浙江还产生了许多骨伤世医。绍兴顾氏伤科、绍兴"三六九"伤科、富阳张氏伤科，宁波劳氏伤科和陆氏伤科等，他们都有独到的治疗经验。

二、奠基期："浙东第一伤科"声名鹊起

纵观陆氏伤科的学术和历史的发展，大致可以分为奠基和发展两个阶段：奠

基由第一世陆士逵至第六代传人陆银华完成，时间从清初延续到民国。

新宁波人创"浙东第一伤科"

陆氏伤科创始人陆士逵（生卒年不详），字鸿淅，是当时的新宁波人，原籍河南开封，清初随父陆瑞甫避战乱南迁至慈溪陶家山宋湾村，后迁宁波江东百丈街[1]。

陆士逵年少时进入少林寺学武兼习伤科，来到宁波后，有一次与他人角艺时手臂受伤，求治于内家拳大师王瑞伯[2]，伤愈后，遂拜王为师。王瑞伯不仅武艺高强，还精通医术，著有《秘授伤科实验良方》一卷，并辑有《接骨秘方》等治疗跌打损伤的书籍。经过数年学习，陆士逵得到了王瑞伯的伤科真传，便开始行医。

陆士逵壮年时北游，广交奇技异能之士，多得绝技秘方而归。

陆士逵既擅长少林伤科疗法和少林伤科治伤外用的药方，也通晓穴位、气血、脏腑辨伤的诊断方法。第八代传人陆健祖曾总结陆士逵的治疗特点：遵循内家伤法疗伤，以经络、气血学说为纲，以精、气、神、魄为脉络，以针灸疏通经络，治疗伤症。[3]陆士逵还以"麻药水""麻醉剂"减轻患者手术时的痛苦，又自制各种丸、散、膏、丹，疗效甚佳。此后，他医技益精，医名日隆，甬地无人超越，遂自成一派。当时，甬城民间有"打伤若动内，快请陆士逵"的说法，并誉陆氏伤科为"浙东第一伤科"。

晚年时，陆士逵将其医术著成《伤科》一书，详述诸损伤疗法，被陆氏家族奉为圭臬，世代相传。另著有《医经通考》，考证各医学著作典籍条文，也为医界所推崇。

陆银华再创辉煌

1912年春，宁波半边街一渔民髋臼脱位，诸医束手。年仅18岁的陆氏伤科第六代传人陆银华，却徒手为之复位成功，轰动当时，求诊者与日俱增。多年

1　百丈街，即百丈路，位于宁波市鄞州区百丈街道，曾名时雍街、米行街、卖饭桥、卖席桥，是宁波最古老的商业街之一。
2　王瑞伯（1617—1669），清代骨伤科医生、拳术家。原籍浙江宁波鄞县（今鄞州区）。
3　《"陆氏伤科"的传承与传奇》，鄞州发布，2019-06-11，https://mp.weixin.qq.com/s?__biz=MzAuMJE4MzE4Nw==&mid=2651897580&idx=1&sn=7266b5fce1f8dc95ba04271f568c93f4&chksm=8051ad10b7262406b3920614ed4efb42dba68683747f2fd71a173862e5e2f089f51f4cd7d993&scene=27，最后访问时间：2023年8月17日。

来，他还治愈竹尖穿腹大出血、巧复眼球脱出眼眶等疑难杂症，渐成享誉浙东的伤科一代名家。

陆银华（1895—1967），又名延鳌，生性聪颖，勤奋好学，从小跟随父亲陆维新习文练武，熟悉并掌握了祖传伤科秘技。同时，他还认真钻研古代名医叶天士、王清任的临床经验。20岁时其父陆维新去世，陆银华就与14岁的胞弟陆同华[4]自立开诊，逐渐医名鹊起。陆银华对颅脑损伤、泌尿系统损伤的诊治，环环相扣，技术独到，自成一家。行医五十余载，以临床效果奇、特、快而蜚声浙东。

陆银华在继承陆氏伤科传统的医疗理念、手法和秘方的基础上，结合现代医学理念，提出许多独到的伤科理论和医疗方法，至今仍为医学界所遵循和参考。比如，陆氏弟子沈敦道、陆海善、叶海从1963年开始整理陆银华的学术思想，于1984年出版了《陆银华治伤经验》[5]一书，总结陆氏伤科针对头部内伤（颅脑损伤）、海底伤（泌尿系统损伤）的诊治，以及主张"以气血为纲，三焦分治""心脑并论，治心为先""血溢宜止勿迟疑，活血祛瘀紧相连，补肝益肾调气血，不碍脾胃惜后天"的治伤思想，为陆氏伤科的发展奠定了学术基础。其中，治疗内伤的部分经验被沈敦道教授同他人共同主编的高等中医药院校

陆氏伤科书籍

---

4 陆同华，号延鳌，陆氏伤科第六代传人，陆维新之次子。
5 《陆银华治伤经验》，沈敦道、陆海善、叶海整理，人民卫生出版社，1984年10月版。
沈敦道，主任医师，教授，从事中医骨伤科40余年，在中医骨伤领域有很深的造诣，著有《中医骨伤科》《陆银华治伤经验》等。同时还撰写了《头部内伤辨证论治》等系列论文，有数十篇论文在国家级、省级医学刊物杂志上发表。
叶海，主任中医师，浙江中医药大学兼职教授，第二批全国中医药专家学术经验继承工作指导老师，浙江省名中医，享受国务院特殊津贴。曾任宁波市中医院副院长。从事中医骨伤临床工作40余年。擅长中西医结合治疗各类复杂性骨折、脱位及软组织损伤，颈、腰椎间盘突出，骨缺血性坏死及骨质疏松症等症。出版著作有《骨质疏松症》等。

教材《骨伤内伤学》所收录，该书于1991年5月由人民卫生出版社出版，截至2008年9月已重印16次，众多学生深受其益。

在这一时期，陆氏伤科奠定了学术流派基础，其医术在宁波几乎无人不晓，声名远播至浙东、上海，被誉为"浙东第一伤科"，成为以家族传承医术、武艺的伤科名家。此阶段的特点是陆氏伤科医术世代家传，以父子相承、口耳相传为主，有药方、手法、手抄方相传，但著作不多。

三、发展期：甬、沪二地枝繁叶茂

从第七代开始，陆氏伤科进入发展期。陆氏伤科在甬、沪二地发展迅速。

宁波多地开花

此时期，陆氏传人在宁波分三地发展壮大。1967年，陆银华因病去世后，在甬城坚守祖业、弘扬陆氏伤科医术的是其3个儿子。与上海不同的是，宁波这一路传人主治四肢骨折、脱位、整复，包括各种劳损性疾病，以理筋、内外兼治方法为主。

当年，陆银华在世时，就根据社会情势的变化，对3个儿子的生活、工作区域作出了颇具匠心的安排。长子陆海善（1933—2015）在海曙区鼓楼医院传承陆氏伤科。次子陆海昌（1935—2013）为鄞州区骨伤科医院创始人，其子陆健祖、陆祖安皆在该医院传其业，均有医名；陆健祖女儿陆奕和陆祖安儿子陆继业已成为第九代传人，并悬壶济世。幼子陆海良在鄞州区集仕港卫生院传承陆氏伤科，其长子陆君开设民营医院——宁波海曙陆氏骨伤科诊所，成功地探索出陆氏伤科另一种发展道路。2018年，宁波市江北区甬江街道社区卫生服务中心也开设了陆氏伤科。

陆海善作为陆氏伤科第七代传人，深得父亲的真传。他重视整体观念，

陆银华与3个儿子的合照

强调筋骨并重，动静结合。从医六十余载，他用陆氏独特的"早、准、稳、巧、快"手法，快速巧妙地接骨复位，舒筋活络，配合中药内服、外敷，治疗效果显著。

陆君玉是陆海善的长子，为陆氏伤科第八代传人，从小耳濡目染父亲的医术和医德。成年后，他也进入鼓楼医院行医。他继承和发扬陆氏骨伤科的经验，秉持"机触于外，巧生于内，手随心转，法从手出"的理念，善用中药内服、外敷治疗各种骨折、跌打损伤、股骨头坏死等症。在陆氏伤科诸多分支中，仅陆君玉是依靠纯中医手法治疗[6]。他对诸多骨折病人通过手法复位，做到不开刀、不打钉、不打石膏，用传统的杉树皮为夹板固定骨折部位，基本可以达到解剖复位的效果。不仅使骨折患者免受开刀之苦，还具有方法简单、功能恢复快、费用少等优点。

2017年，宁波陆氏正骨中心（宁波陆氏伤科文化传承基地）落户鼓楼街道社区卫生服务中心，以陆君玉主任为主的伤科团队，进一步整合宁波陆氏伤科人才和诊疗资源，培养本地中医伤科人才梯队。传承教学基地的成立，有利于培养实践型、应用型中医药传承医学人才，也为中医事业的发展注入新的活力，提升了中医药文化的社会影响力。院方不仅在资金上大力扶持陆氏伤科，还将门诊业务用房面积增加一倍，超过100平方米，并购进中药超声透入仪、熏蒸治疗仪等设备，进一步提升治疗效果。

正骨中心成立后，陆君玉成为学科带头人，承担起培养和壮大市、区陆氏伤科人才队伍的任务。陆君玉除门诊培养带徒外，还定期举办专业知识学习讲座、疑难杂症病案讨论会，分享交流陆氏正骨手法经验，不断改进完善陆氏骨伤科诊疗技术。目前，已有第九代传人陆仁[7]和陆子杰[8]等人及外姓弟子傅慧珠、徐立科、潘弘、叶晨源、吕鑫春等在中心学习、工作。他们为传承和弘扬陆氏伤科贡献着自己的聪明才智。

同时，陆君玉、陆仁还分别在镇海区庄市街道社区卫生服务中心、江北区孔浦街道社区卫生服务中心坐诊，为周边居民就近就医提供了便利，推动社区医疗

---

6 《"国之瑰宝"历久弥新——看海曙中医药名家传承创新发展》，2020年7月16日，海曙新闻网，程冰凌、赵璐、吕鑫春，http://hsnews.cnnb.com.cn/system/2020/07/16/012128000.shtml 最后访问时间：2023年8月17日。

7 陆氏伤科第六代陆银华胞弟陆同华的重孙女。毕业于华中科技大学同济医学院，师承陆君玉学习伤科，现任宁波市海曙区鼓楼街道社区卫生服务中心中医骨伤科医师。

8 陆氏伤科第八代传人、海曙区级非物质文化遗产代表性传承人陆君的儿子。

服务向优质化进一步发展。

跻身海派中医伤科八大家

另一支由第七代陆氏传人陆清帆、陆云响于抗战期间到上海发展,并生根发芽,不断成长壮大。其第八代陆氏传人陆念祖[9],全面继承了陆氏伤科的治伤特色,坚持中医辨证思维,发展创新了银质针理论和实践,在应用陆氏银质针的同时,配合应用毫针、外敷、内服、火罐、推拿等治疗方法,形成了较为规范的慢性脊柱筋骨疾病的陆氏伤科诊疗常规。

1936年[10],陆银华带着长女陆云响、女婿陆清帆来到上海行医。

1948年,陆银华独自回到宁波工作。从此,陆氏伤科的历史有了一氏两花,一花开在上海,一花开在宁波。上海一支主要是第七代传人陆云响(1913—1985,女)和第八代传人——陆清帆、陆云响夫妇的第四子陆念祖(1945—2023)在继承、发展。

陆云响抵沪后在石门一路开设诊所,以其家传的理筋手法、银质针疗法、陆氏伤科的伤膏伤药,每能药(手)到病除,声名逐渐流传,后被誉为上海伤科八

陆云响、陆清帆合照

9　陆念祖,陆氏伤科第八代传人。
10　《中国近代报纸全文数据库》显示:1936年5月7日,上海《新闻报》第三版刊登"四明医院启事公告:聘陆清帆为伤科医生"。这比陆念祖主编的《陆氏伤科外用药精粹》(中国中医药出版社2015年1月出版)第3—4页提到的时间早了一年。

伤科陆清帆启事

大家之一。

1991年，陆念祖从外地回到上海，开始了正式赓续陆氏伤科的生涯。他先到静安区老年医院任职，开设骨折复位科。7年后，他到上海静安区中心医院工作，建立康复专业，开启了全面继承和发扬陆氏伤科治伤特色和祖传精华的事业。

《上海宁波公报》（1944年3月1日第一版）

陆念祖在实践中，以肩周炎为主攻病种，提出了肩关节粘连"外伤性、退变性、风寒性和脑病性"四种病因学说，制定了"轻度、中度、重度"肩周炎分度标准，形成了"轻度功能锻炼为主、中度陆氏银质针配合手法松解、重度全麻下手法松解配合陆氏银质针，功能锻炼贯穿始终"的肩周炎规范化治疗方案，在治疗肩周炎方面取得惊人效果，以2089个病例作统计，二次治愈率为97.6%，三次治愈率为99.9%，被称为"上海滩的肩周陆"。国际医学杂志《柳叶刀》亦刊载了这个方法，西医甚至用它治疗关节炎。

陆念祖不仅是上海市非物质文化遗产代表性项目——陆氏伤科代表性传承人，还是国务院突出贡献专家，并荣获全国劳动模范（先进工作者）等荣誉。

自1999年起，陆念祖开始带徒，培养李伟等陆氏伤科第九代传人。目前，上海的陆氏伤科有医师11人，其中享受国务院特殊津贴1人，主任医师1人，副主任医师1人，博士1人，硕士3人。2001年，陆氏伤科成为上海市医学领先专业特色专科和上海市中医肩周炎

《上海报》1936年11月8日第7版"伤科陆清帆启事"。承诺：如医治不当，后果不佳，"敢以刑事重责相负"。体现了陆清帆对自己医术的自信。

临床优势专科，并建立了陆氏伤科研究室，团队成员以中医学理论为基础，不断整理、挖掘和总结陆氏伤科具有临床价值、中医特色的实用简便的医疗技术，以便更好地为病人服务。

此阶段特点：

（1）总结梳理陆氏伤科流派的学术理论思想，完善治疗理论和方法，并进行了中西医结合的临床实践和研究。传承人在传承家族流派医术的同时，又接受了较系统的现代医学教育。

从第八代开始，许多弟子年轻时在正规院校培养或培训，并相继进入综合性医院行医，既充实了中医理论知识，又在医院中充分借鉴了其他流派及现代医学成果，使陆氏伤科在肩周炎、颈椎病、退行性腰椎疾病、骨折等的治疗上有了完善的治疗理论和方法。

（2）传承人在继承的基础上，不断创新，并在相关领域传播、推广陆氏伤科。陆氏伤科传承人越来越多，前景亦越来越好。

四、诊疗特色：不开刀、不打钉、不打石膏

宁波陆氏伤科以非手术治疗骨病、筋伤病人为主，还治疗各种腰椎间盘突出、腰椎病、颈椎病、膝关节滑膜炎、类风湿关节炎、急性腰扭伤等。

陆氏伤科在诊治骨折疾病时，突出中医特色，强调整体和局部并重，外伤和内损兼顾，重视筋骨并重和动静结合，把病患的肢体功能恢复放在首要位置，最大限度地调动人体的代偿能力。治疗时注重内外结合，内治以消、和、补为基本治法，外治运用徒手陆氏手法正骨术治疗各种骨折病人，不仅可实现骨折解剖复位，而且恢复快，不留后遗症，还为病人节省医疗费用。

陆氏伤科治疗骨折复位和固定的原则是"静如磐石不已，动似钟摆有律"，即骨折在整复后采用固定性能比较好的杉树皮做夹板，通过绷带、小夹板及棉压垫的相互作用，给断端创造一个有利于愈合的静止环境，防止断骨重新移位。但是静止又不是绝对的，要静中有动，才能加快骨折愈合和功能的同步恢复。具体治疗上以骨折三期辨证为纲要，做到不开刀、不打钉、不打石膏，使用独到的正骨八法整复四肢骨折脱位——"手摸心会、拔伸牵引；旋转屈伸、提按端挤；摇摆触碰、夹挤分骨；折顶回旋、按摩推拿"，又结合膏、丸、汤、散等内服外治，达到病人少痛甚至无痛的效果。

陆氏特有外用伤膏，对各种闭合性骨折、脱位、软组织损伤、骨关节炎、痛风性关节炎、风湿病等均有较好的疗效。

杉树皮

正骨工具（夹板、敷垫、绑带）

陆氏伤科传承谱系

- 第一代：陆士逵
- 第二代：陆墅圃
- 第三代：陆蔚棠
- 第四代：陆惠
- 第五代：陆筱才 ／ 陆维新
- 第六代：陆银华（陆筱才之后）｜陆同华（陆维新之后）
- 第七代：
  - 陆银华之后：陆云响、陆云英、陆海善、陆海昌、陆海良
  - 陆同华之后：陆庆康
- 第八代：
  - 陆云响之后：陆念祖、陆安琪
  - 陆海善之后：陆君玉、陆景
  - 陆海昌之后：陆建祖、陆祖安
  - 陆海良之后：陆君、陆伟
  - 陆庆康之后：陆平安
- 第九代：
  - 陆建祖之后：陆奕
  - 陆祖安之后：陆继业
  - 陆君之后：陆子杰
  - 陆平安之后：陆仁

陆氏伤科传承谱系

第二节 陆君玉人物小传

1961年,"浙东第一伤科"——陆氏伤科第八代传人陆君玉在宁波百丈街出生,他是陆氏伤科第六代传人陆银华的长孙、第七代传人陆海善的长子。2017年,陆君玉被聘为中华中医学术流派联盟骨伤分盟常务理事。2018年,他被聘为中华四肢损伤夹缚固定专业委员会副主任委员;同年,他成为宁波市非物质文化遗产"陆氏伤科"代表性传承人。陆君玉现担任宁波市陆氏正骨中心(宁波陆氏伤科文化传承基地)主任。

近年来,陆君玉相继获得"最美海曙卫生人"、海曙区卫生健康系统医师终身成就奖、甬上社区"牛"医生、"拓荒牛"奖等荣誉。

2023年1月底,浙江省公布第六批浙江省非物质文化遗产代表性项目名录,宁波市"陆氏伤科"作为传统医药项目成功入选。

一、漫长学医之路 德艺精进之道

毫无疑问,陆君玉对正骨复位有一定的天赋,但是,炼成"圣手"(他的微信名)却需要经过漫长的学习、实践,至今他仍在工作中不断学习。

陆氏伤科第八代传人陆君玉

少年时代，陆君玉就读于海曙小学，中午去父亲陆海善工作单位——鼓楼医院食堂吃饭，常常看到父亲桌旁围着一群病人，有空时他会好奇地观察父亲的治疗手法；假期里，父亲会叫他背祖传药方，带他初识神秘的家传之宝；有时候夜间有急诊病人来家里，他也目睹了父亲的诊疗手法。18岁之前，他耳濡目染了父亲的精湛医术，还对爷爷陆银华响亮的名声和神奇的传说引以为傲。看似无心插柳的经历，却在他心里埋下了学医的种子。

18岁高中毕业后，陆君玉开始正式跟随父亲学医，进一步了解父亲的医术。一年半后，他到铜材厂做厂医。虽然铜材厂的病人以烫伤患者为主，但各种毛病都要看，他在实践中不断进行各种各样的探索，成为胆大的"小"厂医。独自行医，对他的医疗水平提高很有帮助。

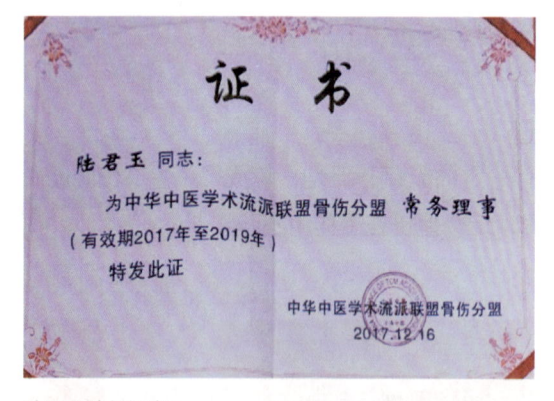

陆君玉聘任证书

陆君玉聘任证书

至今令陆君玉想起来还很后怕的一次突发事故的治疗，就是当年边工作边学医边进步的例子。有一天晚上11点多，车间发生了事故，一根管子掉下来，砸到一个十七八岁小后生的大腿处，股关节脱出了。陆君玉那时刚20岁，才做了半年厂医，从来没碰到过类似病例。那时候没手机没电话，他不能马上联系到父亲求助。在工人帮助下，他开始尝试复位。但第一次复位的尝试没有成功，面对痛苦的病人，他不是想着放弃或推脱，而是立即跑到办公室拿医疗书，翻啊翻，情急之中突然想起了父亲的复位手法，终于找到了失败的原因。第二次复位成功了，病人马上不痛了。后来他才知道，这样危急的情况是相当罕见的，行医

40多年，碰到股关节脱位的病例没超过10个。

在8年的厂医工作期间，陆君玉参加了两次系统的培训。一次是1981—1983年，参加建材公司举办的厂医培训班；另一次是1985—1986年，参加省级伤科进修班。这两次培训班研读的是西医的课程，包括解剖等。

陆君玉学习非常认真，大清早起床，就到海曙公园背书，晚上背到12点是常有的事。为了深入掌握人体结构，他先用复写纸将书中的一根根骨头临摹下来，再背熟记牢。这两次系统的学习，让他打下了扎实、全面的现代医学基础，而且，他与家族其他传人相比，增加了西医科学的知识，更有利于准确正骨。

厂医分日夜班，病人相对少，工作相对轻松。休息时，陆君玉经常到鼓楼医院帮父亲看病，分担父亲的工作量。1988年他调到鼓楼医院骨伤科，与父亲成为同事，一起给病人诊治。其间，在父亲的严厉指导下，陆君玉的医术快速提高。陆君玉非常清楚地记得，每当父亲发现他操作不当，就要批评，而且人越是多的地方越是当众教训，说让他长点记性。因为陆海善认为，如果在人少的地方批评，会让他一个耳朵进一个耳朵出，没有效果。有时候父亲批评得十分严厉，直到他忍受不了，扔掉东西逃走为止，他甚至恼怒地对父亲说，"我不要来上班了，不要学了"。但父亲的督促，使他受益匪浅，尽得家传。随着经验的积累，陆君玉开始琢磨与父亲不一样的治疗手法，每次治疗成功后，父亲还会表扬他，这让他更加痴迷传统中医伤科的学习、研究。

工作以后，陆君玉坚持购阅医学书刊，利用业余时间坚持学习，中药、骨伤科、内伤方面的最新资讯都认真研读，记笔记，一些经典的理论看后还要背熟。现在家里还保留着很多当年的阅

陆君玉与父亲陆海善的合影

读笔记本。

有时白天门诊时，陆君玉会碰到疑难杂症，下班后他马上去翻书，研究如何诊治，力求下次遇到能从容应对。所以，他告诉徒弟，门诊一定要多坐，看的病人越多，见识越广，经验越丰富。陆君玉坦言，因为还未能百分百看好病，所以至今他仍在不断地学习、研究医术。

严师出高徒，陆君玉不仅继承了父亲的精湛医术，更体会到父亲对病人一视同仁的仁心。陆海善经常告诫他要脚踏实地做人，保持医者初心，别贪图病人的回报。在与父亲相处中，陆君玉看到父亲为人非常刚正，有病人靠人情走后门，希望立刻插队看病，父亲还是让他排队，不肯通融，因为他知道其他病人都是凌晨两三点来排队的。有些患者病愈后，还会送些土特产表示感谢，父亲每次都回赠5元、10元的现钱，这在当年不是一笔小钱。20世纪80年代，那时还没有空调，夏天酷暑，病人围在身边，更是酷热难耐，但父亲对围成一圈的病人依然一丝不苟、耐心细致地诊治。如果陆海善看到陆君玉因此而怠慢病人，照例会毫不留情地批评。

通过父亲的言传身教，和自己坚持不懈地学习，陆君玉凭他的医术、医德，成为陆氏伤科第八代传人中的佼佼者。

二、行医40余年　惠及百万病患

陆君玉行医40余年，继承祖传治疗理念和技术，通过陆氏独特的徒手正骨法，整骨理筋，做到不开刀、不打钉、不打石膏，用传统的杉树皮固定各种骨折部位，达到解剖复位效果。整个治疗过程具有病人创伤小、费用低、治疗周期短、恢复快、副作用小等优点，最大的好处是使骨折患者免受开刀的痛苦。

陆君玉擅长两类病症的治疗：一类是正骨，针对骨折病人；一类是理筋，针对拉伤、扭伤病人。同时，还治疗各种腰椎间盘突出、腰椎病、颈椎病、膝关节滑膜炎等。近几年，每年门诊量超过6万人次，治病有效率超过九成。

2021年7月，《宁波晚报》推出了一组反映社区"牛"医生的系列报道。采访当天，记者王颖在诊室亲眼见证了陆君玉神奇的正骨手法，并对治疗效果赞叹不已。文中记录了陆君玉为一位右手桡骨远端骨折的病人"拗骨头"的过程，家人抓住病人的上臂，陆君玉双手抓住病人的手，往前轻巧地一拉，又在手腕处轻按以检查复位情况。整个过程不到10秒钟，拍片后显示复位如初。

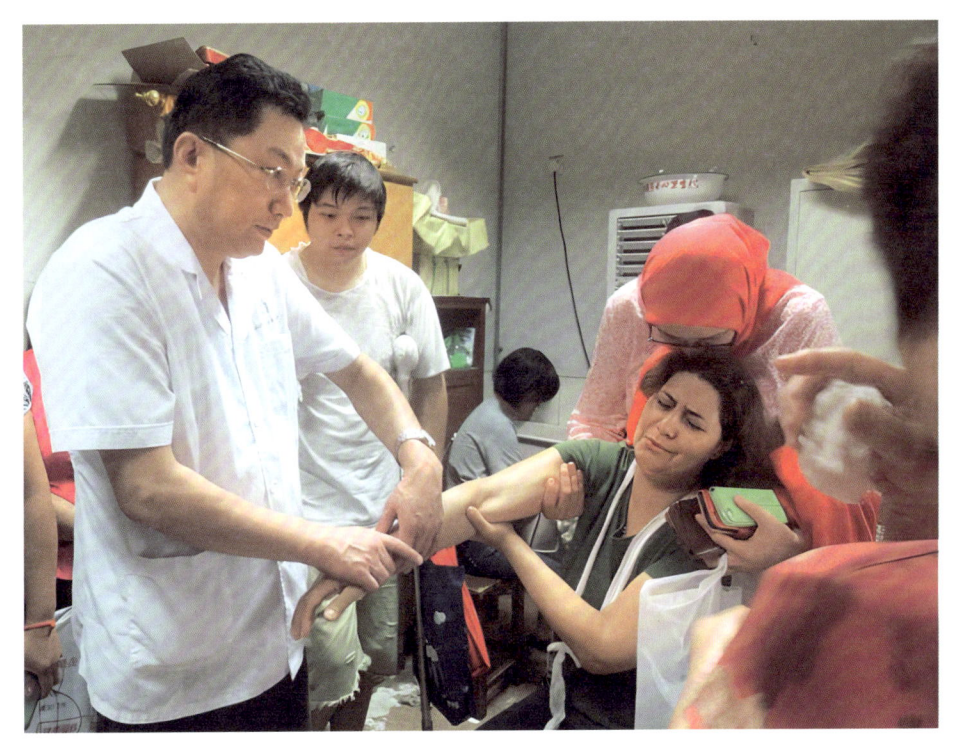

陆君玉正在对病人进行治疗

陆君玉说:"虽然治疗过程是短暂的,但是正骨靠的是手法和经验,需要日复一日的练习。手法讲究轻、巧、快、准,动作要轻、手法要巧要快,把骨头整到位了再加以固定,骨头的生长和恢复能力是很惊人的。"

王颖还遇到了一个复查的小病人,35天前,8岁的小男孩小军不小心摔倒,右手疼痛不已。拍片后被诊断为右手桡尺骨远端双骨折。通俗地说,就是右手手腕的两根骨头都摔错位了。一天半时间里,小军父母带着小军跑了7家医院,医生都建议开刀并用钢板内固定,这就需要过段时间第二次开刀,将钢板拿出来。这样,不仅孩子要吃大苦头,而且费用可能高达两三万元。最后,他们打听到了陆氏伤科。在陆君玉这里,只用了几秒钟,小军的手便被陆君玉徒手"拗骨头"复位了。

35天后,经检查,小军的手已经康复了。小军的父母说:"在陆医生这里看病,正骨费90元,固定费20元,其余就是拍片子和敷药的钱,总共没超过500

元。更关键是孩子少吃很多苦。"[11]

目前，陆君玉主要在鼓楼街道社区卫生服务中心门诊，还定期去庄市、骆驼等地的基层医疗机构坐诊，为周边居民就近就医提供了便利。

除了白天门诊，陆君玉还经常半夜接到病患的求助电话，有的病情紧急的人更是直接找到家里来。所以，为了病人，每次朋友请吃饭，他都不喝酒。如果喝过酒，他不能自己开车快速抵达诊治现场，就可能延迟诊治时间，还会影响治疗效果。这样临时出诊，既没有加班费，医院也没有强制他一定要放弃休息时间去看病。但是，几十年来，他都是病人至上，已经习惯24小时待命，哪怕年三十全家吃团圆餐，他都会放下筷子，及时替病人解除痛苦。

陆君玉对病人都一视同仁。有一天晚上，陆君玉给徒弟陆仁打来电话，说有一个危重病人正送过来，要她协助诊治。当时陆仁刚好跟小姐妹有约，而且是几年才有一次的聚会，但听陆君玉的口气，似乎非常焦急，就中断饭局，匆匆赶过去。受伤的是一个安徽来的农民工，他的腿摔断了。在陆君玉眼中，病人没有高低贵贱，都是一样的，只要你有病，他就一定要帮你看好。

2022年6月16日，陆君玉荣获2021年度甬上社区"牛"医生、"拓荒牛"奖，他的获奖感言是，"不管是骨折还是拉伤、扭伤病人，我都尽全力解决"。在日常行医时，陆君玉一直践行着这个朴实的理念。

三、授徒光大家学　减轻医保负担

随着宁波人口的增长和陆君玉医名的传播，鼓楼医院的门诊量逐年增加。为了解决看病难，医院先是配备医生协助陆君玉，后来陆家部分第九代子弟陆续前来拜师，同时，为了进一步光大家学，陆君玉继承爷爷陆银华的做法，招收异姓医生为徒。

陆君玉的徒弟们认为老师的教学有两大特点：一是非常注重基础的训练——包药；二是强调医德——凭良心做，不能以钱为基础，要为病人着想。

在第九代传人陆子杰眼中，陆君玉是一个教导有方的好老师，自从他拜师后，陆君玉让他先包药。陆君玉认为本科或者大专毕业的学生，三五个月就可以独立门诊了，但是，要做一个称职、优秀的正骨医生，却至少需要3年的包药实践。

---

[11] 参见王颖：《患者手腕双侧骨折,他几秒钟就徒手搞定！》(《宁波晚报》2021年07月06日第7版)

这是因为，尽管医生给骨折病人正骨的位置非常好，但如果包得不好，复原的骨头可能就会移位，而且也会影响病人的舒适度。包药一定要包得不紧不松，既不会掉下来，也不会移位，而且病人不会觉得不舒服，这就体现出包药的水平了。所以，包药如果不用心，可能一世都学不好。

对徒弟陆仁来说，陆君玉是一个严厉、医术高超的叔叔和师父，与陆君玉当年学艺时，他父亲对他的严格要求一样，陆君玉也同样严格要求陆仁。在老师眼里，她不是一个需要照顾的弱女子，而是一个必须随叫随到、对病人尽心尽职的医生。看到她稍不用心，陆君玉就会当众批评她，丝毫不给面子。比如，陆氏伤科在诊疗时不能在意病人身上是否干净，必须不戴手套触摸病人的损伤处，因为戴手套触觉不灵敏，会影响诊断的准确性，所以，看到陆仁戴手套看病，陆君玉就要批评。在陆君玉的悉心教导下，陆仁已成为一名区级的非物质文化遗产代表性传承人，开始有了独当一面的能力。

2017年，海曙区成立了宁波陆氏正骨中心、宁波陆氏伤科文化传承基地，陆君玉担任主任，旨在进一步整合宁波陆氏伤科人才和诊疗资源，培养本地中医伤科人才梯队。在没有额外报酬的情况下，陆君玉尽心尽责地承担起繁重的教学任务。他不仅手把手教学生治疗手法，还定期举办专业知识学习讲座、疑难杂症病案讨论会，系统讲解陆氏伤科的治疗理念和临证经验，进一步提高学生们的诊疗基本功和专业素质。他还计划以后要指导有水平的徒弟结合现代医学技术从事伤科的研究，不断改进完善陆氏骨伤科诊疗技术，进一步推进传统中医伤科的发展。

凭着40多年的临床经验，陆君玉认为95%的骨折不用开刀。他行医最大的欣慰是病人在其他医院要开刀，在他手里不用开刀就能康复。这不仅能大大减轻骨折病人的痛苦，还能显著降低病人医药费负担。

第三节　陆君玉口述访谈

访谈时间： 2021年1月24日、25日
访谈地点： 陆君玉家
受访人： 陆君玉
采访人： 竺蓉

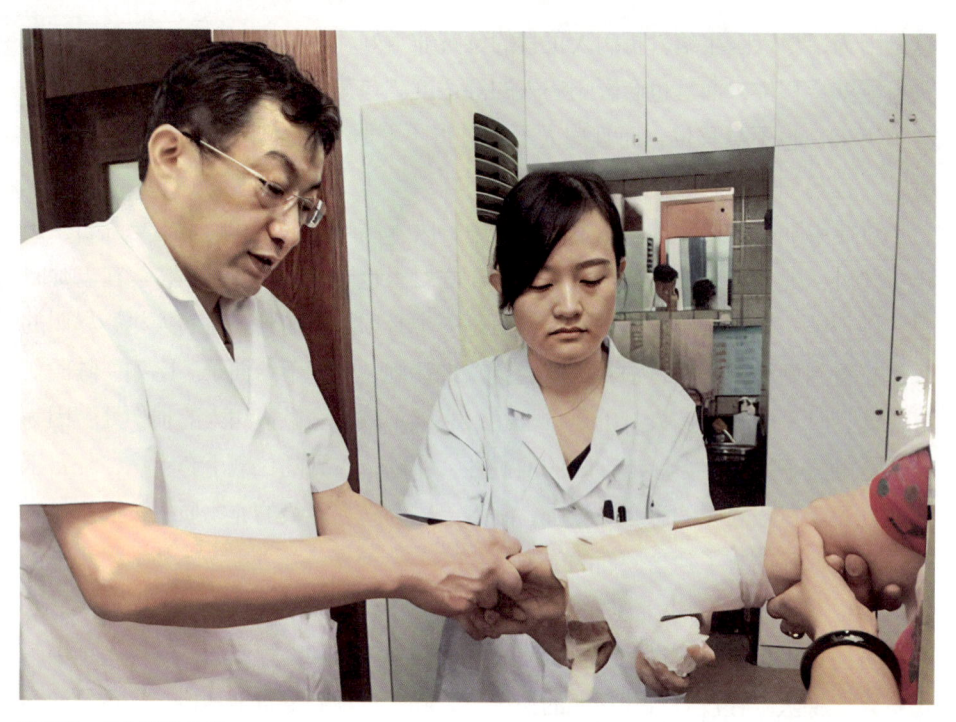

陆君玉、陆仁联手治疗

一、陆氏伤科的前世今生

采访人：陆氏伤科的创始人是陆士逵，他创立陆氏伤科的经过和基本情况想请您介绍一下。

陆君玉：说起我先祖大人（指陆士逵先生），应该说是个传奇人物。先祖传承到我已经是第八代了。原来先祖家住在陶家山陆家，后来他和他父亲陆瑞甫一起来宁波，开香烛店。他自己后来到少林寺去学武功去了，武功学得也蛮精通的。

他跟王瑞伯是朋友，属于亦师亦友，他们在武功上切磋不分上下，王瑞伯也很欣赏他。听我父亲说，陆士逵学过伤科，王瑞伯也精通伤科，后来我祖上就到江东百丈街开了伤科，给人看病。

说起王瑞伯和我祖宗大人一起在天妃宫与福建人打擂旧事[12]，先祖跳上屋顶，

12　在宁波民间，流传着王瑞伯大闹天妃宫的故事，传说当时宁波的不少武术高手均参与了大闹天妃宫。

雪团嗖的一声扔过去，扔到福建人嘴里，等于说你嘴巴渴死了，弄点雪团吃吃。福建会馆人一看，徒弟有好武功，那师傅的武功更不得了了，纷纷作鸟兽散。就这样打败了福建人。

我先祖家里开着诊所，有强讨饭[13]来敲竹杠，一两百斤的石锁，两只放到了桌台上面，我祖宗大人用鸡毛扫帚掸子扒掉了，强讨饭一看你武功很好，就走掉了。我祖宗大人的轻功很好，灯笼上面人站着，灯笼不会瘪。他平时日常用铁碗，筷子也是用铁做的。他一生当中一直练武，手臂力也很足，在接骨方面有独到之处。

他快仙逝的时候也很神奇，家里人围成圈在跟他说话。他说家里进小偷了，家里人去找了，找来找去没找到。他说小偷在厨房，去厨房找了，厨房里也没有。他说小偷跳进了厨房后面的水缸里，家人又去水缸看了，也没有。他说拗斗[14]当帽子盖着。然后大家去看了，果然小偷用拗斗当帽子躲在下面，小偷就被抓出来了。

采访人：这种故事，您都是哪里听来的呢？

陆君玉：一代代传下来的。

采访人：陆士逵医术方面有没有传说？

陆君玉：以前学武的人都是要打架的，打架的话就很容易受伤。过去治伤没有X光片，都是讲究目测的。他看脑震荡，是一流的，还有海底损伤，也是一流的。我们有秘方，吃中药，效果相当好。

采访人：从陆士逵到陆银华之间，其中有四代，这四代大家好像不太清楚。

陆君玉：是的。这四代当中也有不出名的，我也不清楚了，但家谱有记录。家谱上我属于祖字辈，我爸爸属于庆字辈。

采访人：你们的名字里面都有辈号吗？

陆君玉：陆庆康就是庆字辈。陆庆康是我爸爸堂兄弟，他是陆同华儿子。我爷爷好像是同字辈。我的堂兄弟，一个陆祖安，一个陆健祖，都是祖字辈的，我也是祖字辈。

采访人：但是您名字里没有祖这个字。

13　宁波方言：用强硬手段索取钱物的乞丐。
14　宁波方言：木制的舀水器具。

陆君玉：我现在的名字是我爷爷给我取的，原来名字叫祖孝。祖国的祖，尽孝的孝。后来我爷爷给我改了，改成陆君玉。我下面一辈就是仁字辈了。像陆仁，就是仁字辈，第九代。

采访人：您下面一代取名字，也会把辈号排进去吗？

陆君玉：没有排进去的，名字只要意义好就可以了。

采访人：没讲究了？

陆君玉：没讲究了。

采访人：第五代，您知道吗？

陆君玉：第五代的时候有一个人很出名，名字叫陆筱才[15]。陆筱才比我爷爷陆银华还出名，按我爸爸的话来说就是"红得发紫"。我太爷爷和我爷爷都是在他的地方打工的，给人看病。但他的后代没有了，传下来的是他的弟弟陆维新这一脉，就是我太爷爷。我爷爷就兄弟两个，一个陆银华，一个陆同华。我爷爷以前年纪轻的时候，参加八路军去了，做医官，回来以后自己开伤科了。

采访人：您的爷爷陆银华是第六代，"浙东伤科第一家"这个说法什么时候开始有的？

陆君玉：这应该是从我爷爷开始的。宁波以前有句老话：伤了找陆银华。我爷爷以前到舟山看病人去，一天要看三四百号。上世纪六十年代的时候，有一次到舟山给首长去看病，用军舰接送。舟山病人知道了，当天就有三四百人在宾馆门口排队，要看医生，我爷爷答应第二天给他们看。但部队怕闯祸，连夜给他送回来。我爷爷后来自己又去了一趟舟山给他们看病，毕竟答应人家了。所以他在舟山名气很大。

采访人：陆银华是一个怎么样的人，您介绍一下。

陆君玉：我爷爷在传承方面起到了一个承上启下的作用，他还是一位传奇人物。他接触到的伤科病症是非常全面的，什么都能治，但是最擅长的是内伤治疗，头颅内伤、腹部内伤，还有四肢骨折。他是很和善的一个人，他1967年生病去世了，在世的时候，活的东西他都不吃的。

采访人：活的东西都不吃啊？是吃素吗？

陆君玉：不是吃素，吃螃蟹，只吃脱脚毛蟹，快死了，他会去吃的，酒龙活

---

15 陆筱才，陆氏伤科第五代传人，陆氏伤科第四代陆惠长子。

现的他不会去吃的。有人来看医生，你没有钱，窘迫的，他分文不取的，钱不会去收人家的。

采访人：您爷爷对陆氏伤科有什么贡献？

陆君玉：我爸爸也好，我这一代也好，全部靠我爷爷的名气吃饭。我的名字说出去人家也不知道，陆银华，人家全部知道。我爸陆海善人家也不怎么知道；我叔叔，那时候是人民代表，陆海昌名字说出来人家没人知道，陆海昌是陆银华儿子，整个会场人家全部知道了。

陆银华诊治骨伤病人

采访人：您爷爷医术非常高明，他看疑难杂症的小故事应该很多了。

陆君玉：非常多。我爷爷出名就是一个例子。有一回老江桥[16]附近，有一个渔民股关节脱位，我爷爷一看就将练武功的腰带解下来，打一个结，给他大腿套进，手抓住他大腿，头颈腰一伸，骨马上给他拉进，我爷爷就是这么开始出名了。

还有，人家肚子破开了，肠子出来了，出血了。我爷爷以前外科又不懂，但是他脑筋非常好，给病人吃烧酒，烧酒给他吃好，去闻闻看，有味道没有，烧酒吃下，如果肠子破了的话不是要漏出来？去闻闻，没有味道，就给他吃中药。中药一吃下，喷嚏一打，肠子本来不是出来的嘛，喷嚏一打不是缩进去？我爷爷给他肚子缝缝牢。

采访人：您爷爷其他故事还有吧？

陆君玉：有个女人手举起来搁高放不下了，我爷爷就站在她面前，叫人把剪

16　即现在的宁波灵桥。

刀拿来，把她裤子裤带剪断，她一着急，一下子手就弯下来，骨进位了。这传说我想想不怎么可能，因为我这么多年行医下来，手只有往下荡着的，没有撂高的，没碰到过类似的情况。

采访人：这有点传奇色彩呢。

陆君玉：不过我爷爷手力我是非常佩服他，核桃不是非常硬嘛，他手轻轻一拍，马上拍碎了。这我小的时候是有印象的，要吃小核桃下小酒，桌子上面核桃拿几个，拍一拍，碎了，剥肉吃。

采访人：这手力道非常大。

陆君玉：是的，骨头可以一次给他捏到位了。

采访人：陆银华有6个小孩？

陆君玉：因为我爷爷娶了两个老婆，旧社会可以娶两个。第一个老婆生了3个女儿，后面一个老婆生了3个儿子。3个儿子全部从医，有两个女儿也从医，全部伤科。

采访人：陆氏伤科原来说传男不传女。

陆君玉：到我爷爷这代就破掉了。

采访人：陆氏伤科在上海的发展，就是从您的大嬷嬷[17]开始的吗？

陆君玉：我爷爷是抗日战争的时候到上海去，因为宁波生存不下去了，又在上海开个诊所，叫我大嬷嬷坐在那边，就是我爸爸的大姐，我叫嬷嬷，二嬷嬷在宁波，在老镇安卫生院做伤科医生。

采访人：大嬷嬷就是在上海发展了？

陆君玉：大嬷嬷老公也姓陆，就是同族里面的，处对象要结婚，我爷爷不同意，那就私奔到上海去了。

采访人：噢，那就是这一支在上海发展了。

陆君玉：他们的儿子——我的表哥陆成祖和陆念祖，他们全部都是祖字辈，跟我同辈的，陆念祖名气还要大，找他看病，要提前三个月预约。

采访人：现在还在世的？

陆君玉：还在的[18]。专家门诊，上海市非物质文化遗产项目传承人，上海市人

17　陆银华女儿陆云响。
18　陆念祖于2023年1月4日过世。采访时，他尚在世。

大代表，上海市劳动模范，70多岁才退休。不让他退休，后来生病了，才退休下来，但是现在还在做，一个星期两天在做。

表哥他看病就是打针灸，就是一些疑难杂症的老年病，一些软组织损伤。骨头断掉，他不看的。骨头断掉要正骨，他吃不消。他们是以银质针为特色，也继承了我爷爷的技艺，成为上海伤科八大家之一。

表哥享受国务院特殊津贴的，他做得很好，而且传承方面做的挺多，他带出来的学生都是科班出身的。他带的团队著书立说等做的蛮多的，出版了《陆氏伤科外用药精粹》《陆氏伤科银质针疗法》《陆氏伤科陆念祖学术经验集萃》等书籍，他对肩周炎这一块有特殊的治疗方法，比较"专"的。

采访人：他主要擅长治疗肩周炎？

陆君玉：肩周炎，上海人称他为"肩周陆"。肩周炎到他的地方看，一趟两趟就好了。没退休前，他三天两头要出国，他的名气在上海已经很大了。

采访人：他的下代有在做医生吗？

陆君玉：没有了。但他培养了李伟等外姓的第九代徒弟。

采访人：你们平时有联系吗？

陆君玉：本来没怎么联系的，后来他们上海开骨盟会，我表哥打电话过来，说"你有这样的才学在，应该要走出去看看"，所以只要上海开会，他都会叫我去。

采访人：您父亲是什么时候开始学医的？

陆君玉：我父亲从医早了，他是一边读夜校，一边做医生，卫生所成立开始就做医生了。

采访人：大概什么时候？

陆君玉：1952、1953年。我小的时候我父亲做医生时，每天两三百号病人，自己看自己包，从早上看到晚上10点钟。

采访人：您父亲是大儿子，您爷爷医术应该传他比较多。

陆君玉：是的。我父亲读书的时候非常聪明，成绩全部排在第一名、第二名。

采访人：您觉得您父亲在医术方面，他有没有创新或者自己独特的地方？

陆君玉：中医骨伤科，怎么去创新去，你不用去创新去，老祖宗东西传下来，你给他保持住就很好了，你创新就学西医一样了。我父亲曾经和我说过："你不用去创新，老祖宗给你的东西你学学会好了，你创新就是跟别人学了，你开刀动手术全部跟着别人屁股后面学。"

采访人：就是说他其实就是希望您能够把您祖上一些医术好好地继承下来，没有叫您进一步去发展？

陆君玉：不是。现在社会在发展，比如借助X光了，现在有些病与过去不一样了，也要有针对性的疗法才可以。

采访人：陆老师，您是哪一年出生的？

陆君玉：1961年10月1号。

采访人：家里有几个兄弟姐妹？

陆君玉：两兄弟。阿弟陆景在南门医院的陆氏骨伤科工作。

采访人：您的子女呢？

陆君玉：两个女儿，都没学医了。

采访人：为什么不叫她们学医？

陆君玉：过去做医生最穷了，我这么多年做下来，还是我女儿钞票赚得多啦，我十多万一年，女儿三四十万一年。我干中医全是靠奖金，靠工资，一个月六七千块。

采访人：您现在收入就一个月六七千块啊？

陆君玉：在单位就是这样了，带奖金在内，给你15万一年足了。外面做，这是另外一回事情。

采访人：您爷爷去世的时候，您多少年纪？

陆君玉：虚岁7岁。

采访人：您爷爷活着的时候对您很好吗？

陆君玉：我两三岁的时候，我是我爷爷奶奶养的。天气冷的时候，我睡在爷爷脚后跟，我两只脚一直伸到爷爷的大脚裤脚里面。还有是小字辈中没有一个人跟爷爷拍过照，就我跟爷爷拍过。

采访人：爷爷离世的时候您有印象吗？

陆君玉：有的，我在外婆家里，我爸跟我妈来讲了："阿爸不在了，阿爸不在了。"我胆子小，吓死了，不敢走进去，做羹饭吓死了。做七要拜的时候吓死了，要逃。爸妈现在还要讲："爷爷对你那么好，为什么羹饭时要逃。"

采访人：现在宁波陆氏伤科主要分布在哪几个区域？

陆君玉：海曙区一个鼓楼医院，是我；一个南门医院，我弟弟在；一个是长乐，我的堂兄弟；一个鄞州邱隘骨伤科医院，但现在变成中西医结合医院了，在鄞州的两兄弟退休了，现在在江北甬江社区卫生服务中心。

邱隘骨伤科医院是我的叔叔陆海昌创办的，他自己造房子起来的，心血也花了很多。以前是陆健祖做院长，陆祖安做门诊长。

采访人：你们几个兄弟，为什么会在宁波各个地方去看诊？

陆君玉：因为陆健祖、陆祖安他们两兄弟都是在邱隘长大的，我叔叔是鄞州区的。

采访人：但是当时陆银华在的时候，不是都在江东百丈的吗？

陆君玉：我爷爷"文化大革命"的时候受冲击，我父亲在城市留下来了。另外两个儿子一个往西乡，一个往东乡，自谋职业去了。他们都在当地落户了，我父亲还在城里读书。

陆健祖比我早做医生，他比我大4岁，陆祖安比我大2岁。陆君开了个民营的门诊所。

采访人：医疗上，宁波这一支与上海有什么区别？

陆君玉：宁波以四肢骨折、脱位、整复为主，包括各种劳损性疾病。

采访人：现在第九代有蛮多人。

陆君玉：跟我这里学的人都算是第九代。

采访人：应该说陆仁的资历还比较浅，那她作为非物质文化遗产的传承人，您是怎么考虑的？

陆君玉：她是区级非物

陆银华和陆君玉合影

质文化遗产传承人。她毕竟是陆家的人，还有因为她要上进，但是如果技术拿不起，你这个传承也不长的，人家老百姓不认可。你技术上去了，态度好，病人都会来找你看的，那你就 OK 啦。

采访人：宁波陆氏正骨中心（宁波陆氏伤科文化传承基地）是什么时候成立的？

陆君玉：大概是 2017 年。

采访人：没有成立之前是什么科？

陆君玉：中医骨伤科。

采访人：正骨中心成立以后有哪些变化？

陆君玉：开始搞非物质文化遗产，申请海曙区非物质文化遗产，省市级非物质文化遗产。我们单位领导重视了，局里、区里也重视。经费全部拨下来了，区政府出面租地方，区长说人手不够可以招，这下好了，格局就大了。

采访人：正骨中心成立前后有什么变化？

陆君玉：工作人员现在全部都配备起来了，康复设备总共价值六七十万元，

陆氏伤科第七代传人和第八代传人合影

以前都没有的；地方扩大了，以前一共只有 20 平方米，现在六七十平方米，以后可以有几百平方米，现在已经在装修了，今年都可以搬进去了。

采访人：应该说您对目前的情况是比较满意的？

陆君玉：非常满意，我们做也开心，单位领导重视，局里重视，区里重视，那你说你有什么理由不卖力做，为了病人早日康复，我努力工作。

采访人：正骨中心在陆氏伤科的传承主要做了哪些工作？

陆君玉：每个月一次传承讲课，现在都拖下来了，因为疫情影响。

采访人：谁来上课？

陆君玉：我来上课。

采访人：申报非物质文化遗产你们主要做了哪些工作？

陆君玉：前期的工作都是我们单位、局里一起做的，都是他们出的力，我就坐着讲讲，像文字那些都是他们弄的，陆仁压力比较大，陆仁做的比较多。

采访人：您是这个陆氏伤科学科带头人？

陆君玉：这是单位给我评的，反正我们鼓楼医院伤科就我资格老些，我在单位也算元老了。

采访人：您这个学科带头人有什么权利义务？

陆君玉：不仅要在医术上手把手全部教他们，以后有水平的徒弟进来了要写书，要写论文，全部都要在我指导下去弄。

采访人：有没有书面的明确权利是什么？义务是什么？

陆君玉：没有的。

采访人：有什么报酬？

陆君玉：没有。第一，我做到凭良心做，不是以钱为基础，为病人着想。第二，一代一代传下去，病人在其他地方要开刀的，在你手里不用开刀就是最大的欣慰。如果全部做到不用开刀，用手法复位，所有的医院都发展起来，医保资金省了无数了，就为国家作贡献了。

二、"圣手"是这样炼成的

采访人：陆老师，您的微信名是"圣手"，从普通的手蜕变成"圣手"，这是一个漫长的过程吧？

陆君玉：是的。

采访人：我们先来回顾您的学医经历。您学医是跟爷爷还是跟您父亲学的？

陆君玉：跟我父亲，我18岁高中毕业就学了。1978年想当兵去，父亲说"当什么兵，学医来"，就学医去。

一年半后，我分配到铜材厂做厂医。我休息的时候，我给我爸爸去帮忙，因为他病人非常多，年纪也大，有时吃不消了，我给他帮忙去。有时我做夜班，白天给他帮忙，跟我爸爸一起上班去，边上班边学习。

采访人：就是您边做厂医，边继续跟您父亲学习？

陆君玉：对，做厂医有早班中班晚班，厂医相对工作量小。其间，我还到鼓楼医院进修过，当时内科也去进修过2个月，打针室也去进修过。

采访人：一开始您是怎么样跟您父亲学习的？

陆君玉：给他开方子。

采访人：手法是如何学的？

陆君玉：他把原理说给我听，我就拗，一点一点开始了。

采访人：就是叫您胆子大点，上手拗是吧？

陆君玉：胆子大，练手练起来，先简单一点。不拗怎么能学会，永远学不会。

采访人：就是您拗，您父亲在旁边看着指导。

陆君玉：这跟扶方向盘一样，你方向盘抓得稳，笔直的路肯定是笔直去，你方向盘不要歪，拗骨头一样，笔直去，不会拗坏，但是骨头的拗法你要晓得，非常重要。

采访人：您还记得您学习期间印象比较深的事吗？

陆君玉：上世纪七八十年代，晚上时候，病人很多就直接来我们家里来看病了，因为当时基本都是宁波本地人，都知道我们陆家。我爸爸家里设备都是装好的。

上世纪80年代，我也是刚做医生，碰到过一件很奇怪的事。有一个病人弄了5次没归位，后来我爸爸动脑筋了，把我爷爷的照片拿出来了摆着，说"阿爸，这个手弄不进，我再弄一次，再弄一次弄不进就不弄了"，结果"咳隆通"一下，归位了，弄好了，你说奇怪吗？方法都是一模一样的，弄5次没弄好，我爷爷照片拿出来，我爸爸和他说两句话，就弄好了，你说奇怪吧，特别奇怪。

采访人：小时候您父亲没让您背什么口诀啊？

陆君玉：有噢。有时放假的时候，弄两个中药的方剂背背。

采访人：您现在还背得出吧？

陆君玉：这怎么可能会背不出啊。比如大合汤，这是我爸爸自己编的：独防风当归草姜，枝枸牛膝威灵桂。一味味药都是自己记牢背出来，写出来的。独，是独活；防，是防风；归，是当归；草，是甘草；姜，是干姜；枝，是桑枝；枸，是枸杞；牛膝，是秋尾膝；威灵，是威灵仙；桂，是桂枝。

采访人：这个方子是常用的吗？

陆君玉：要根据不同的人，不同的处方去用，我以前厚厚一本全部会背。

采访人：这就是基本功。

陆君玉：哎，基本功。

采访人：您小时候除了背，还有叫您练武功吧？

陆君玉：我小的时候，父亲一直让我打拳去，我师傅打形意噢，宁波市赫赫有名。

采访人：您学医为什么要学武功啦？

陆君玉：我拉起来要借力吧，靠你自己蛮力把人家拉都拉伤了，借人家的力，一动作，四两拨千斤，位置稳准快，给他拗进，我最多1秒钟2秒钟工夫。

采访人：您父亲是怎么样跟您爷爷学习的？

陆君玉：做爷爷的助手。

采访人：他旁边看着，叫您父亲动手是吧？

陆君玉：是，我以前也是这样子嘛。父亲以前打银针非常好，他双手打噢。

采访人：银针自己做的？

陆君玉：叫金店里打，像现在的银针全部不锈钢做的。

采访人：银质针好像非常长？

陆君玉：又粗又长。银质针等于是跟织毛线的针一样粗。现在这种家里没了。

采访人：双手打银针是非常非常难吗？

陆君玉：非常难。

采访人：这银针主要治疗什么毛病啦？

陆君玉：各种各样毛病全部治疗。

采访人：您知道这种银针吗？

陆君玉：小的时候我看的多啦，因为我在海曙小学读书，午饭到卫生院吃。每天我走进，父亲旁边全是病人啦。

采访人：除了银针，您父亲还有其他比较擅长的吗？

陆君玉：骨折正位，我以前要5秒钟，他只要一两秒钟，三兄弟里面我父亲技术最好了。我这点正骨技术全部从我父亲地方学来，但是，我比较会动脑筋，父亲说我会领会。有些骨头断掉我从来没看见过，我也给他弄进啦。

采访人：正骨的水平好坏主要表现在什么地方？

陆君玉：速度快。在病人不觉得痛的时候，给他安进了，现在我也向父亲学，在病人不觉得痛的时候，给他安进。

采访人：您高中毕业，解剖结构全部不晓得，您就能够拗？

陆君玉：当时确实不晓得结构是什么，但我会看书啊。后来我是1983年、1984年，参加建材公司办的厂医培训班，读了两年，这书没白读，对我启发蛮大。后来考医师自己考进，考中医师，我自己自学，也考进了。

采访人：学了些什么东西？

陆君玉：全部读西医，读解剖，全部要学过。这一定要去听，戴着手套，去捏骨头，不然人体结构不知道。我解剖书拿来，去描，一根根骨头全给它描出来，复写纸给它印出来，再背出来，以前全部要背。

采访人：学这些东西都要背？

陆君玉：死记硬背没用，要靠自己去领会，左右前后你总要知道。比如X光来了，我就会看，但我并没学过X光。

采访人：您咋会看的呢？

陆君玉：多看就晓得了，病人来了片子拍好，自己看，问X光医生怎么样，多问问就晓得了。

采访人：当初跟您父亲学的时候您觉得苦不苦啦？

陆君玉：苦啊。

采访人：怎么样的苦？

陆君玉：我给他帮忙的时候，只我们父子两个人，自己看自己包，一天要看200来号。正常情况下，一个人，一天要看70号都非常困难。

采访人：学习的时候要背很多东西，要看很多的书，您觉得这个辛苦不辛苦？

陆君玉：还好。中医院读书那半年对我来说是一生当中蛮重要的。一大清早起床，到海曙公园背书去。半年的理论，半年的临床，理论学习后要临床去，到二院去进修学西医去。我父亲说："你不用去了，你跟着别人屁股学，你还弄不过人家。"

采访人：您有没有碰到什么很困难的事情？

陆君玉：我刚到鼓楼医院才没多少日子，有人粉碎性骨折，加肘关节脱位，骨折我给他弄好了，肘关节脱位我拿不进，拿来拿去拿不进。后来我电话打过去，把我爸爸叫来，他一到，2秒钟马上拿进了。我那时候经验不足。

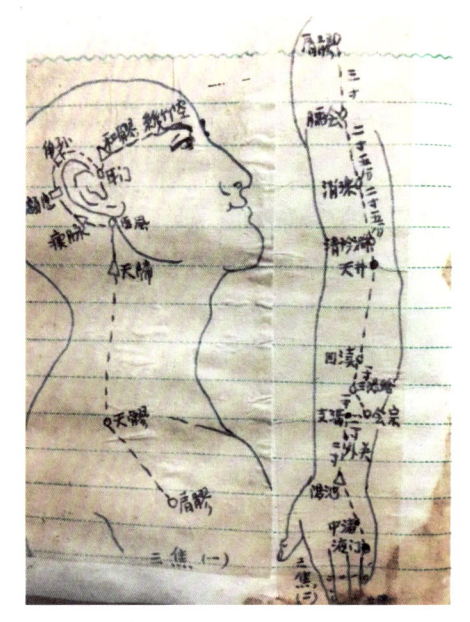

陆君玉手绘的人体经络图

采访人：您学习的时候有没有遇到高兴的事情啊？

陆君玉：在中医院读书的时候，人还开心，在中医院读书这半年，这时间过得非常快啦，好像没做什么事情，就到晚上12点钟，基本上书几页背下来，几个钟头就过去了，读进了还蛮有意思。读其他一些理论书，特别是方剂、中药，上课我会很认真听。伤科我基本上不怎么听，让我父亲教就好了，教得比他们好了，我父亲给多数的上课老师上过课。

采访人：您爸爸教学水平很高是吧？

陆君玉：是的。他不是说一个毛病针对一个毛病，他可以借题发挥，我有些拗不进了，他给我说，这个手是怎么脱出的，给他反方向去，我马上会领会。

采访人：您父亲平时教你，经常对您说的是什么？

陆君玉：就是做人，说的最多的就是好好做人，脚踏实地做人，别贪病人好处。我父亲做人非常正派，以前他做医生的时候，有病人靠人情走后门要插队。他说："其他病人都是凌晨两三点来排队的，你走到就能就医？"我父亲就给他轧落[19]。

以前条件没这么好，又没有电风扇的，六月大热天，病人都围着，特别热，汗直流，衣服全部湿的。领导分配学生来帮忙，结果当天就中暑，第二天换2个，又中暑。结果只能我和父亲俩人坚持。这么多病人围着父亲，他精神还是特别好，我非常佩服他。他不会放弃任何一个病人的，你给病人马马虎虎看，要被他骂的，我以前一直被他教训。

采访人： 您父亲对您很严格？

陆君玉： 是的。

采访人： 人非常多的地方也是这个样子？

陆君玉： 如果在没人的地方教训你，你会一个耳朵进一个耳朵出。人越是多的地方越是教训，你弄得不对就是教训你，给你长点记性，教训到你东西扔掉逃走为止，当时真真是不要学了。

采访人： 您平时会去看一些医书吗？

陆君玉： 会的。有些疑难杂症碰到，我晚上去翻书，下次来了，就会弄了。

采访人： 您现在因为有经验啦，相对来说可能可以少看一点书，您年纪轻的时候呢？

陆君玉： 要看书的，以前年轻时候一直看，我家里学习时用过的笔记本很多呢。

采访人： 那时候看过什么书？

陆君玉： 中药、骨伤科、内伤，我全部看，看好还要背。

采访人： 这些书对你临床有什么用处啦？

陆君玉： 有用处哦，比如说用药方面。在手法上面我是不认可的，因为我家里有独到手法，我不会照书本里去弄去。

采访人： 书本里跟你们不一样？

陆君玉： 照书本里的手法去整，你要5—10分钟；我自己，2秒钟就弄好，为什么要照书本里去弄去啦。虽然有些方法方式，照书本里去弄去，也可以做到的。

采访人： 看书对你来说，还是有用处。

19　宁波方言：排在后面。

陆君玉：也有用处，但是在移位上面，手法上面，如果照书里依样画葫芦去做，有时弄不太好。我现在手法，要编成文字是很难的。

采访人：手法上面还是靠手把手来教学，完全靠看书还不行。

陆君玉：看书是一定要看的，否则你不会定位。病人骨头断上截，如果你在弄下截，不对了。定位不准确的话，我骨头给你拗好，包扎好，还是错的。

采访人：还有其他学习诀窍吗？

陆君玉：有一回一个病人脱位了，我从来没碰到过，我叫学生帮忙，但怎么按都按不进。我学生做别的事情去了，我坐着，下面椅子给他，我跟他对坐着，研究怎么弄，怎么掰，后来给他弄进。没碰到过的肯定要去琢磨，弄进一回过了，熟能生巧。所以，门诊一定要多坐，现在有些医生拎不清，最好偷懒，上班不要上。像我，病人越多，见识越广，经验越丰富。

三、胆大的"小"厂医

采访人：您是1979年进铜材厂？

陆君玉：1979年底。

采访人：您为什么不是直接进您父亲单位？

陆君玉：卫生系统没招工。

采访人：铜材厂您去了几年？

陆君玉：实际8年多一点。1979年12月30日报到，1988年的3月6日到

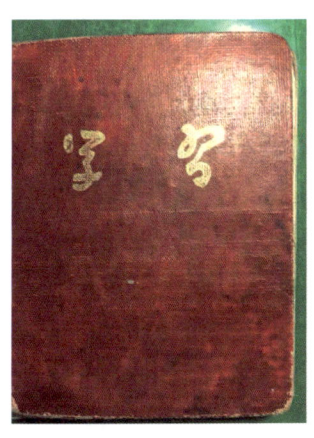

陆君玉的学习笔记本 　　陆君玉学习过的医学书籍 　　陆君玉学习过的医学书籍

鼓楼医院拿工资。

采访人： 做厂医时看什么毛病？

陆君玉： 各种各样毛病全部看，打针、输液全部要会弄的，但铜材厂烫伤比较多。有一次，一个老头骑自行车摔倒了，腿上一块皮全部翻起来了，里面全是石子，我给他擦擦干净给他缝好，虽然缝的水平不是很好，这类还是小事情。但对我的医疗水平提高很有帮助，因为都是我一个人处理的。

我以前在铜材厂做厂医，才做了半年，就碰到一件令我感到后怕的事。有一天晚上，我在新车间值班，老车间发生了事故，一根管子掉下来，砸到一个十七八岁小后生的大腿处，屁股关节脱出了。一些工人要将病人送到二院去，路过新车间时，有人提议先送到我这里来看看。我一看，这是股关节脱位，那时候我20岁，从来没碰到过这种情况。那时候没手机没电话。已经晚上11点多了，这咋办啦？我只能自己上。还好工人人多，大家都来帮忙，在地上摊好硬板纸，这小年轻裤子全部脱掉，这么粗的铜管拿一根来，给他脚底下插进，拉骨头，第一次拉不进，拉不进后，我这人就慌啦。我去办公室，医疗书拿出来，翻啊翻，终于知道什么地方拉不进，是骨盆没有固定好，因为我给他抬起来的时候，屁股抬上来了所以拉不进了。我叫3个工人，这个屁股骨盆在地上给我按牢，不要被我拉起来。固定好后，我铜管一插，手绳一绑，我的脚踩住他的手，"咳隆通"一声就拿进了，病人马上不痛了，片子也没拍过，我这样给他拗进了。

以前我爷爷就是这样拗的。当时我没名气，但是工人知道，晓得我功夫非常好，这样子肯定拗进了。我到现在40多年医生做下来，股关节脱位才碰到几个，没超过10个。

后来我在鼓楼医院做医生，那个小后生看医生来，还问我："陆医师你认得我吗？我以前铜材厂做，屁股脱出就是你拗进的。"

采访人： 您那时候胆子也大。这办法您原来从来没弄过？

陆君玉： 没有，但是怎么拗，我父亲和我说过了。每一个部位脱出，他总会跟我讲怎么拗。

采访人： 理论上面晓得，但没实践过。

陆君玉： 临床上面肩关节、肘关节、股关节，听多了，道理是相通的，只是没有试过。

采访人： 类似的事还有吗？

陆君玉：铜材厂一个工人，嘴肿了，到二院住院去，打青霉素压不下，打红霉素压不下，后来用激素，还是压不下。我去看了，我说这非常简单，我给他吃牛黄解毒片。一般医生一次性给病人吃2粒、4粒，我一次性给他吃16粒。他嘴巴张不开，我拿来桂圆，塞进他嘴巴，一粒粒给他吞下去，第二天下午肿全部消下来，热度马上退下来。过去这牛黄是正宗牛黄，现在都是人工，效果没了。

四、95%的骨折，非手术可以搞定

采访人：您从医已经多少年了？

陆君玉：43年，主要是在鼓楼医院。

采访人：当时您父亲在鼓楼医院？

陆君玉：那时候叫海曙中心卫生院。我是调过来的，当时院长找我去。因为我父亲压力大，伤科只有他和一个学生，全部各管各的自己做事情，他忙不过来了。

采访人：那时候门诊量有多少呢？

陆君玉：每天150人左右。

采访人：比较西医治疗同样的病症，您一直说陆氏伤科花的钱少，治愈时间短，这个您有切身的体会，讲一下陆氏伤科跟西医的区别。

陆君玉：我觉得95%的骨折病人我们都是有把握医治的，别人没有的我们有，别人有的我们做得更好，比如西医要动手术的，我们就不用动手术，用保守疗法就可以治疗好。

西医都是打钢钉钢板的，他们在骨折的地方解剖开来，出血量会很多；第二个，把它打开了以后，有些组织、神经难免要碰到；还有一个，他们装钢板以后，第二次还要再手术，要把钢板拿出来的，这样费用也增加了。还有痊愈后，在开刀的位置上有一个刀疤了；第二个，软组织功能上恢复没有我们保守疗法好得快。陆氏伤科费用少，我们治疗一个桡骨末端骨折，差不多两三千够了，西医骨科可能要上万了吧，费用差得还是比较多。

最关键是病人要承受两次痛苦，一次就是要把钢钉打进去，第二次还要把钢钉取出来。

采访人：从治愈时间来看大概会缩短多久？

陆君玉：我们差不多一个月够了，西医前前后后最起码一两年，有些部位疤痕永久性在的。

采访人：所以这个是中医的一个优势，但是老百姓可能也不太了解。

陆君玉：老百姓一开始可能还是都会走西医这条路的，但最后可能自己尝试过，或者是自己经历过以后，会觉得保守治疗功能恢复快，痛苦少。

采访人：这个可能还是要多宣传，大家不太了解中医现在可以达到这样的一个效果。

陆君玉：是的，我们以前一直只知道做，很少宣传。

采访人：陆氏伤科涉及一些治疗的原则和宗旨，比如肾主骨，肝主筋，这个是什么意思？

陆君玉：陆氏伤科一个整体的治伤理念：外重筋骨，内求肝肾，肝肾就是气血。如果筋骨有些损伤的话，它会出血，出血了以后，肯定要先补气，补气了以后才能升血，如果血凝了，要行气，把血凝的东西给它活血活掉，因为不通则痛。

采访人：比较深奥，这种理论对治疗有什么意义？

陆君玉：如果一旦出现了血肿，有些关节要粘连，如果能早点消肿，功能上面恢复起来就会快一点，气通了以后，整个血不会凝牢了。陆氏伤科注重内服汤药，外敷草药。

还有一个就是动静结合，在治疗的过程中要用脑子，要辨证论治，不同的疾病，不同的人，用的方子也不一样的。动静结合就是说有些骨折，因为正骨好了以后，夹板上着不会移位，这个是静的。动，我们就是要求早期的功能锻炼，让它动起来，后期功能恢复起来就非常快了。我们还有独创的包扎法，比如说腓骨骨折，我们就用井字包扎法或者十字包扎法，这样子对于软组织的损伤会减少一点，血肿会减少一点，还有腓骨固定会更加好一些。

采访人：这都是你们前辈传下来的？

陆君玉：对，就是筋骨并重，然后动静结合，还有补气血。骨伤病人主要以补气和补血为主的。

采访人：现在陆氏伤科诊疗范围和主要病症，跟以前陆银华时代有什么变化？

陆君玉：我觉得不凝于古，就是说我们既要继承祖辈传下来的优良东西，我们又要有创新，就是结合现代化的医疗仪器设备。

采访人：现在陆氏伤科主要看哪些病？

陆君玉：腰肌劳损，肩周炎，软组织损伤，骨头断掉，全部要看。

采访人：历史上陆氏伤科治疗的范围更加广，治疗的病症更加多，但是现在老百姓心目当中可能陆氏伤科就基本上以治疗骨伤为主，这个您怎么看？

陆君玉：特别严重的脑震荡，我们是不治的，因为有更好的医学设备，但是针灸、肩周炎、各种方面的骨折，我们还在治疗，但是像股骨、颈骨折，我们也不治了。

采访人：这个主要是什么原因？

陆君玉：现代医学可以更快治愈。我们保守治疗股骨、颈骨折要两三个月，而且躺着一动不能动的，大小便要在床上的，我觉得这样的毛病还是西医骨科更好一点，相对来说缩短病程，对病人会更加有利一点。

采访人：还有哪些比较有特色的治疗手段，西医是无法替代的？比如陆氏伤科在治疗的时候会用到各种辅助的器具像火罐、银针，您能举一些例子说明吗？

陆君玉：火罐主要治疗腰椎间盘突出，腰痛病人，但鼓楼医院这边没有火罐。上海表哥陆念祖有的，用火罐、银质针。

采访人：针灸方面呢？

陆君玉：针灸我们这边在开展的，而且效果真的挺好的，主要治疗腰椎间盘突出、肩周炎、颈椎病、手指酸麻、腰腿疼痛、急性期发作的腰痛腰闪都可以的。有几个病人一下子闪腰了，一动不动了，用救护车送过来，我们针灸给他扎了几针以后，自己走回家了。肩关节肩周炎，也是我们陆氏伤科的一个特色治疗，西医要微创做手术的，我们用陆氏伤科银针手法可以让肩周炎痊愈。

采访人：陆氏伤科的针灸跟一般针灸科的针灸，有区别吗？

陆君玉：我们取的穴位可能不同吧，我们都在远端取穴，就是说你腰痛不一定就扎在腰上面，有可能扎在手上。肩关节、颈椎病，我们也不一定扎在肩上、颈上，远端取穴，效果也蛮好的。

采访人：您还记得自己亲手第一次正骨的病例吗？

陆君玉：我跟我爸爸每天要看150至160个病人，所以基本上记不清楚了。过去病人抬着过来看病的相当多，什么毛病的都有，以前手术率没有这么高。

采访人：您父亲正骨非常快是吧？

陆君玉：是。在病人不觉得痛的时候，给他安进了。后来我也向父亲学，如何在病人不觉得痛的时候给他安进。

采访人：您正骨最快能够多少时间？

陆君玉：刚扶到就安进去。病人还没反应过来，就进去了，就一两秒钟的工夫。你说骨头断掉，有两三分钟给你拗，病人早就休克了。

采访人：陆氏伤科正骨手法是比较重要的一个手法？

陆君玉：那是重要的。

采访人：正骨手法您父亲是怎样教您的？

陆君玉：要了解病人，你一定要先了解这是哪种类型的病，所以我们从小就要学好包括人体解剖等知识，正常人的人体解剖了解了，才会知道骨折、脱位的形状情况。治疗过程当中要尽量追求一次完成，因为骨折病人如果多次整复以后会造成骨折不愈合，或者对肢体各方面功能有影响，骨折稳定性差了，我父亲就嘱咐我要求一次完成整复，不主张多次整复，但是尽量能够追求到完美，把骨折错位恢复到近乎于解剖复位的状态，这是最佳的。假如说稍微差一些，可以通过功能复位的，我父亲也不主张强求解剖复位。

采访人：什么叫解剖复位？

陆君玉：人体骨骼通过复位恢复到完全正常的解剖位置，对位、对线完全良好，称为解剖复位。

采访人：那么功能复位又是指什么？

陆君玉：就是整复后尽管不能完全达到原来的位置，但对以后的各方面功能没有影响，不影响肢体关节活动，这种功能复位我们认为也是可以的，因此不强求多次整复，多次整复就会造成不良后果。

采访人：正骨手法，你们现在一般临床主要应用于哪些病症呢？

陆君玉：四肢骨折的病人。骨折就是骨头断的意思，四肢骨折，譬如说桡骨骨折、肱骨骨折、锁骨骨折、胫腓骨骨折，脱位有四肢关节、肘关节、肩关节、腕关节、掌指关节脱位，比较多的，有30多种。

采访人：脱位也叫骨折？

陆君玉：脱位跟骨折不一样的，骨折就是骨头失去连续性了，脱位是关节之间不连接了。

采访人：这个也是用正骨手法？

陆君玉：都是用正骨复位的手法。

采访人：陆老师，您从祖辈处继承了哪些技艺？
陆君玉：主要是手法。
采访人：大概有多少手法传下来？
陆君玉：手法很多。

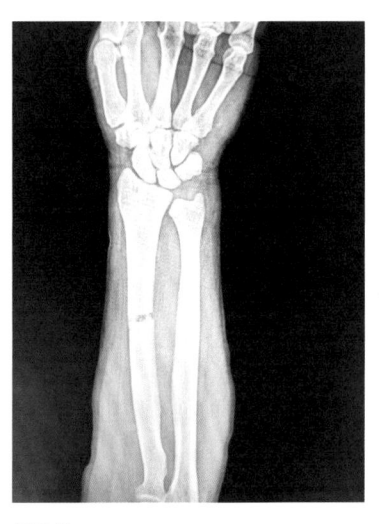

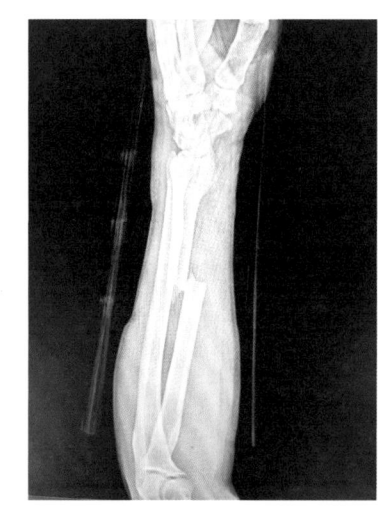

正骨前

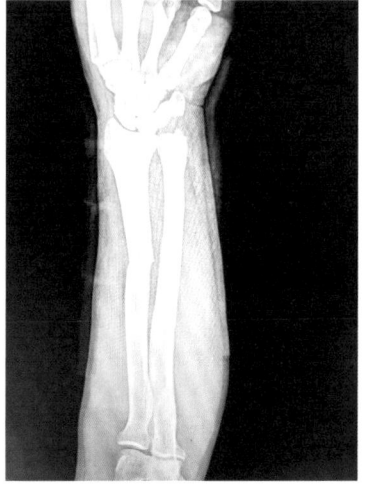

正骨后

采访人：根据资料说陆氏伤科有23项骨折复位手法[20]、13项关节脱位复位手法，是不是有这样的说法？

陆君玉：有的。

采访人：这些手法全部都传下来了吗？

陆君玉：没有失传，而且发扬得更加好了。

采访人：其中用的比较多的是哪些手法？

陆君玉：正骨手法、脱位的上髎手法比较常用。基本手法就是"拔伸牵引"，"拔伸牵引"就是两个助手，把骨头的重叠之处拉开来，接下来就是"端提挤按""摇摆扣折"，"摇摆扣折"手法针对锯齿型骨折、横断骨折，复位以后能够使骨折断端更加紧密。复位手法当中有难度的手法，比如说肌肉比较发达的人骨折，两个拔伸牵引的助手力度还不够，那我们可以用"回旋折顶"的手法，使骨头复位，其他还有"推拿按摩"这种手法，骨折愈合后"按、摩"使血液循环恢复得更加好，促进骨头愈合。

骨折治疗过程中，我们陆氏伤科治疗重点就是在于复位加固定，加药物治疗、功能锻炼，"筋骨并重，内外兼治"，这是我们治疗的要领。

采访人：现在有没有增加的手法啦？

陆君玉：手法就是这些手法，原理都是一样的，但要灵活变通，就是根据各种各样类型的骨折，哪里错位哪里给它纠正过来。

采访人：类似的手法书本上有吗？

陆君玉：书本上的手法和我实际的手法是不一样的，用书本上的手法，整复需要几分钟，我只要几秒钟，这种手法书里面是找不到的。像下巴脱位，书里要直着掰的，我是横着掰。直着掰手指会给咬住的，我横着掰，病人随便怎么样都咬不住我的。

采访人：家里传下来秘方、经验方都在学习吗？

陆君玉：有。

---

[20] 陆氏伤科23项骨折复位手法，包括：指骨骨折复位手法、掌骨骨折复位手法、桡骨末端骨折复位手法、桡尺骨骨折复位手法、肋骨骨折复位手法、肱骨髁上骨折复位手法、肱骨颈骨折复位手法、肱骨外科颈骨折复位手法、肱骨头骨折复位手法、锁骨骨折复位手法、趾骨骨折复位手法、跖骨骨折复位手法、跖跗骨折复位手法、眼眶骨折复位手法、刖眼骨折复位手法、爪跟骨骨折复位手法、三踝骨折复位手法、胫腓骨骨折复位手法、髌骨骨折复位手法、肩关节脱位复位手法、肘关节脱位复位手法、桡骨小头半脱位复位手法、下颌关节脱位复位手法、指趾间关节脱位复位手法。

采访人：大概有哪些方子？

陆君玉：传承方子还是比较多的，主要针对头部内伤、胸胁内伤、腹部内伤，再是四肢常见的骨折，还有治疗颈椎病、腰椎间盘突出、腰椎骨折、大便不通、头痛、偏头痛等疾病。

我们陆氏伤科的特色就是注重内外并重，筋骨并重，内外兼治。

采访人：现在大概有多少方子？

陆君玉：方子多少具体数量我没数，这方面方子挺多的。

采访人：传下来的方子您这边有吗？

陆君玉：有的。手抄方我们都自己整理了，而且我父亲这一辈时已经出版了《陆银华治伤经验》，里面就包括了陆家很多的手抄方子内容。

采访人：这些方子现在还在用？

陆君玉：都在用的，我们特色的方子还是很多的，譬如说陆氏羌活汤、理气行血汤、壮筋养血汤、补阳还魂汤，这么多汤剂里面，都是一种固定的模式，最主要的是辨证施治，我们骨伤科以气血辨证为特点的，整体与局部相结合，里面辨证施治，加减运用，疗效确实蛮好的。

比如说西医骨科就要求腰椎间盘突出的病人动手术的，但是其实病人不想动手术，吃了西药效果不见好，慕名过来，我们就用了汤药，立马起效了。有些颈椎病人也是这样子的，西医要求动手术，然后吃了我们的汤剂，手指麻感、头晕头痛的症状都消失蛮快，治愈好的蛮多。

采访人：你们一些祖传的膏药，就像四黄散、紫金散、白药膏、陆氏穴位贴敷膏，是如何传承的？

陆君玉：膏药制作，现在跟过去有所区别，30多年前我们基本上都是自己调制的。现在随着国家医药方面管理更加规范，许多药膏必须由正规的厂家才能生产，要生产批号，各方面一定要正规的，所以我们就委托正规的厂家生产，我们提供适当的药方，定期监制。

采访人：这些膏药现在仍然在用吗？

陆君玉：四黄散是我们最常用的，非常经典的药方，已经得到老百姓认可的。很多病人来看病了都说："你们这里这个膏药比较好的。"

采访人：四黄散就是黑黑的一桶一桶的膏药？

陆君玉：对。过去被人家说起来就是黄纸面粉。主要的成分就是山栀子，山栀子、面粉和在一起。我们叫玉露四黄散。过去它就是大黄、黄芩、黄柏，再加入一味山栀子，叫四黄散，药敷起来碧蓝的，但是非常容易致人过敏。我们玉露四黄散是没有这样的颜色的。

采访人：改良过了？

陆君玉：我爸爸改良过了，山栀子不用了。

采访人：现在基本上都用您父亲改良的药？

陆君玉：用改良的药。

采访人：药效是一样吗？

陆君玉：药效比原来还要好。再加一味药，木芙蓉叶。再用菊花茶调和。以前非常讲究的，我爸爸用这些药和金银花水调。现在有些人用自来水调了。自来水调的，皮肤也容易过敏。条件好一点的人就用矿泉水泡菊花，我就是用烧开的水泡的菊花茶调，这样过敏的人少了。

采访人：四黄散主要治疗什么？

陆君玉：退水肿，清热解毒，效果相当好。

采访人：四黄散是你们自己调制的？

陆君玉：是。

采访人：紫金散呢？

陆君玉：也是自己调制的，只不过调制的方法不同。四黄散用成方配方完成以后用一种菊花露，再放些蜂蜜；紫金散调制的方法有所区别，用另外一种材料加进去的，而且是不太容易干的一种，医用石蜡的材料调制的。

采访人：适用的病症跟四黄散是不一样的吧？

陆君玉：有所区别，四黄散适用于早期的病症。因为它是清热凉血，活血化瘀的。

采访人：紫金散是？

陆君玉：紫金散用于慢性疾病，劳损性疾病比较多的，它具有消肿软坚的功能，有些肿块比较硬，宁波人俗称淤血成块，包括腱鞘炎等，都可以用。

紫金散是我父亲独创的，也不是祖宗传下来的。我们专门用来治疗腱鞘炎、弹响指、网球肘，效果相当好。

采访人：紫金散是不是参考了你们祖传的药方呢？

陆君玉：祖传的膏药里面，一些好的成分把它析出来，做成药。

采访人：里面有几味药？

陆君玉：也就是五六味药，但成本比四黄散高。

采访人：白药膏呢？

陆君玉：白药膏就是消痛止痒膏。白药膏也是自己调制的，就是我们根据病人的皮肤情况，有些病人四黄散用下去一段时间他皮肤会瘙痒的，或者有些骨伤后期患者，我们一般用白药膏为主。

采访人：陆氏穴位贴敷膏呢？

陆君玉：穴位贴敷膏用于腰椎、颈椎，这方面疾病效果比较好一些，一般后期用药比较多。

采访人：这个是自己做的还是委托厂家做的？

陆君玉：委托的。

采访人：这些膏药都是事先做好，还是临时要用了才做的？

陆君玉：要事先做好，需要每天新鲜调制的。

采访人：调制这个药需要多少时间呢？

陆君玉：这个还是比较快的，因为我们的药方已经配制好的，加菊花露兑制，然后用竹棒充分搅拌一下。

采访人：这些药方的调制是不是不外传的？

陆君玉：以前是不外传，到我爷爷这辈基本上放开了。现在各大医院、基层乡镇卫生院四黄散都在使用的。

采访人：他们自己都会调制的？

陆君玉：根据我们的方子，药方这方面上我们没有刻意去保密，就开放的。

采访人：他们也都学会了这个药方？

陆君玉：都在用的，让更多的老百姓方便些，比较熟悉陆氏伤科的医院还是有在使用的。

采访人：你们不担心这个药方外传影响你们？

陆君玉：不担心，我们目的就是想为老百姓服务为主。

采访人：传下来一些方子、手法，您有没有尝试改变？

陆君玉：以前的东西要学好，你再去革新去创新。现在我不是完全按照祖传的。根据病人的情况调节，就是灵活运用。

采访人：就是说您也是有所变化。

陆君玉：是的，要根据病人的情况开药。比如年纪大的人本身气血不足，吃中药更加虚，伤人的精气，年纪轻点，稍微吃点可以的。年纪大点的人就吃点补药，吃点调理的药，补气补血药给他吃点，或者养阴药吃点。

采访人：传统的中医就是望闻问切，陆氏是望问触摸叩，是不是有这个说法？

陆君玉：我们还有量，就是测量的量。望、问、触、摸、叩是重点。

望就是看病人进来的神色、形态。譬如说下肢骨折的病人，一般大部分患者是不会走路的，由其他人扶着来或者抬着来的；手臂有伤的，用正常的手捧着受伤的手进来的，病人走进来，我一看马上晓得是脱位还是骨折，他的手的托法不一样。脸色也比较重要，因为重症的骨折病人考虑到合并有休克、内出血等其他的症状。

采访人：问主要问些什么？

陆君玉：怎么摔的，还有时间。要做病史资料的收集，患者如何受伤的过程，在治疗过程中要知道疾病的类型。

采访人：为什么要问时间？

陆君玉：你是昨天伤，今天伤，还是一个月以前伤，这非常重要，你伤的程度，新伤还是老伤，拗法就不一样。有些病人已脱出1个月，就拗不进了，这时间非常重要。

采访人：如果病人没有前面说的症状呢？

陆君玉：肿有点肿，功能全部完好，但骨头摸下去，还没用力，只是碰到，人一下子跳起来，就是骨折。肿很肿，我按下去不痛，我不会怀疑他骨折，因为没压痛嘛，骨头断掉有压痛，人靠骨头支撑着，骨头伤了，肯定要痛。

有一次妇儿医院一个医生的儿子，才四五岁，手脱出了，西医不知道，让他拍片子，做磁共振，做下来全部没毛病，做不出，但是手一直不会动，三天了，石膏给他打着，到我这里来看，我将石膏全部拆掉，摸了就知道哪里有问题了。然后一把就将骨头按进去了，一下子就会动了，人家全部傻住了。

所以摸是关键的，我们骨伤科最重要的就是摸，就是手摸心会，古典医学里面的一句话，"机触于外，巧生于内，手随心转，法从手出"，如果能够做到这点，说明摸这一关基本就可以了。

采访人：还有一个叩。

陆君玉：叩就是我们的一种手法，这个既是检查手段也是一种治疗手段。比如骨折，按按都不痛，我就把病人的脚拎起来，敲进去痛不痛。

采访人：就是敲一下？

陆君玉：是的。

采访人：量是什么意思？

陆君玉：打个比方，这个患者是股骨颈骨折的，我们就要量一下，这条伤腿比正常的那条脚要缩短，缩短了也是一种骨折移位的指标。

采访人：你们和其他伤科不一样的独特治疗方法是什么？

陆君玉：就是要"稳、准、快、巧"，要求做到在脱位病人非常痛苦的时候，尽量减少他痛苦的时间。

采访人：有时候几秒钟就能解决？

陆君玉：对。

采访人：几秒钟您解决了以后，是再配合后期治疗，还是直接就恢复了？

陆君玉：有些脱位病例，轻微一点的，像小孩子桡骨小头半脱位，马上就可以恢复了，不需要再治疗，一般六七岁小孩比较容易脱位，过了这个年龄段，基本上就不太容易脱位了。

这种脱位复位后基本上不会有问题了，但是说如果是大的关节脱位，比如肩关节脱位、肘关节脱位，这个脱位不能复位好之后不固定的。

采访人：还要固定？

陆君玉：一定要固定住，因为脱位后关节囊破掉后会有一个破洞，包括肌腱损伤，一定要修复好，修复好之后才不会造成习惯性脱位，如果单纯复位成功了，但没有做好固定，容易造成习惯性脱位后遗症，那就麻烦了。

采访人：固定大概需要多久？

陆君玉：一般肩关节脱位要三周，肘关节脱位要两周到三周。我们因人而异的，能够早恢复就尽早让他恢复，但是这些常规固定的时间还是必需的。

采访人：如果没做好的话就会有后遗症吗？

陆君玉：有，会造成习惯性脱位，经常性脱位病人就太痛苦了。

我们一般都会系统地跟病人解释清楚的，脱位后需要重视，不重视后会产生什么后果，首先要跟病人沟通。许多病人的思路中认为：我关节脱位，医生帮助复位之后马上就好了。

采访人： 这么想不对吗？

陆君玉： 不是这么一回事的，如果是小孩桡骨小头脱位的，那复位好以后就没问题了，恢复了。其他关节脱位不是这样简单的，像髋关节脱位，固定的时间相对需要更长一些，复位之后，还需要牵引拉着，不然有造成股骨头坏死的可能，这种后遗症就严重了。股骨头坏死，现代医学就需要更换人造股骨头了，那麻烦就大了。

采访人： 这些病症跟老祖宗看病的种类应该差不多吧？

陆君玉： 现在科学先进了，小孩以前没什么毛病，现在小孩毛病也非常多，长期看手机，颈椎就不会动，以前小孩没颈椎病。

现在磁共振做出来，腰椎间盘突出，以前又不知道这个病，就知道腰椎间盘劳损、腰痛。现在全部腰椎间盘突出，压迫神经，所以你会痛，不压迫神经又不痛。腰椎间盘10个人去查，10个人腰椎间盘突出，但有9个人不痛，没有症状，有些腰椎间盘突出不是病。

采访人： 这话怎么理解？

陆君玉： 腰椎间盘突出不一定就会痛，我们中医保守疗法，不痛就好了。

采访人： 就是不痛为原则？

陆君玉： 人老化是不可抗拒的，骨质增生，非常正常的现象，这不需要紧张。

采访人： 现在您临床看得比较多的是哪种毛病？

陆君玉： 腰腿痛很多，腰椎间盘突出、骨质增生，非常普遍，还有颈椎病、肩周炎，长期劳损引起的。骨折病人，基本是每天有。

采访人： 腰椎间盘您是用什么方法来治疗的？

陆君玉： 一要针灸，二是要中药调理。

但一般慢性的我不打针灸，因为也没时间去打，我就打急性。比如救护车来，这人腰椎间盘突出非常严重，不会动，我几枚银针戳下，他自己会走回去。

采访人： 您现在用的针跟过去的银质针有什么不一样？

陆君玉： 现在银质针你不能用，现在针灸全部是一次性。过去银质针，一个医生一支针够了，走遍天下啦，现在打好就扔掉。因为银质针消毒不讲究，这人打打那人打打。不小心传染艾滋病，赔钞票，这不是赔一点点。

采访人： 针法差不多吗？

陆君玉：人家打穴位，我打经络，比如病人左手痛，我打右手。

采访人：您这针灸是从您父亲那儿学来的吧？

陆君玉：不是。我以前不怎么重视，现在重视，效果确实好，像我自己腰难受，我自己试，自己打。四枚针插下，这腰就不难受。我手机多看了，颈椎像绳子绑着一样，我自己戳，这个戳好戳那个，银针一插进，不用1分钟，绑着的这根绳就解开、松掉。后来病人来看，我也给人家打，确实有效果。

采访人：您父亲那时候针灸用得多吗？

陆君玉：忙，没时间打。每天看200号的话，你有什么时间打，自己看自己包，一个针灸打下去要半个钟头。像现在我学生多，打好，旁边去等着，坐着半个钟头，一会儿拔掉省力的。

采访人：您针灸手法是自学为主？

陆君玉：自学为主。这针灸书里面全部有。

采访人：您40多年从医当中，印象最深刻的病例讲几个。

陆君玉：上世纪90年代，有一个十一二岁的小孩屁股骨头被摩托车撞断已经一个多月。脚短一截，我把脚给他拉直，拉直后再垫好，就生牢了。好了以后，病人从家里拿了一篮鸡蛋，抓了一只鸡，再拿点番薯来感谢。

还有个病人乘凉时候从楼上翻下去，腰椎压缩性骨折。

采访人：不会走路？

陆君玉：已经是2个月躺下来，一起来就头晕。我休息时候，到他们家里，第一礼拜给他开7帖药，第二礼拜我再去，我愣住了，那病人已经在做饭，后来吃了14帖药基本上好了。因为本身他2个月养足了，就是床多躺了，气血不足，一起来就头晕，我给他吃点补气补血药就好了。

采访人：像这种毛病诊断与西医不一样吧？

陆君玉：压缩性骨折现在全部动手术，过去压缩性骨折不动手术。

采访人：自己慢慢会好？

陆君玉：压缩性骨折，你动手术也没用啊，把人保住已经蛮好了。

采访人：只能保守疗法？

陆君玉：神经损伤了，怎么看得好。我一个朋友有类似的毛病，后来去上海动手术，动了也没用，现在就是下肢瘫痪，大小便也不知道。人还好，讲话会说的，手会动，就腰以下没有感觉。现在人还在，就是瘫痪，永远不会好。

还有一个，我单位一个老阿弟的女儿，骨头全部错位，我给她弄好。那时候他女儿还小，七八岁吧。2个多月的工夫就恢复了。

采访人：您用了什么方法？

陆君玉：一手法，再敷药，因为是小孩，没吃一颗药。

采访人：就是没用内服的药？

陆君玉：没用，是药三分毒，小孩尽量不吃药。

采访人：没有什么后遗症？

陆君玉：没有。

采访人：颅内损伤，您有没有看过？

陆君玉：以前我也看内出血。过去有一个段塘[21]的电工，他到宁波电厂来学习，骑自行车时被汽车撞到，颅内出血很严重，脑浆也出来了，昏迷33天。我父亲给他去看的时候，眼睛铜蛋一样，手指戳戳它，动都不会动。我父亲给他吃一帖药，一帖药吃下，下午就有反应，眼睛左右有点会晃，三帖药吃下，眼睛已经很灵活了，后来一天天好起来。上世纪70年代到我们家里来过，我人也看到过，他每次来，番薯芋艿拎来，我父亲拿5块、10块给他。

轻微脑震荡我也看，我家里有药方。但现在担心打官司，严重的就不看了。

采访人：这种病人现在没了？

陆君玉：有也有，少。

采访人：您现在看毛病，跟过去看毛病，有什么不一样？

陆君玉：现在人要求多了，官司多了，有些东西就要和病人说明白，看和不看，我一定要病人承诺书写好，哪怕21天到，你不动手术，我21天后再让你写一张，我自己保险衣要穿一件，否则一直赔钱，打官司你肯定是输掉哦。

采访人：21天动手术是什么意思？

陆君玉：21天不是说动手术，是21天过了以后，手术不动，承诺书写好，我就继续给他看下去。

采访人：为什么说21天呢？

陆君玉：上面规定的。

采访人：等于说21天里面他还可以决定到底要不要动手术，您要等21天以

21　段塘，即宁波市海曙区段塘街道。

后再治疗？

陆君玉：治疗只管治疗，21天以后，我治疗着，病人自己再决定，那时动手术还来得及。

采访人：其他还有区别吗？譬如拍X光，您过去肯定不会拍的。

陆君玉：X光实际上蛮重要的。骨头错位我给他拗好。拍之前位置错位的，我治疗好之后再拍位置矫正的。

采访人：现在的病人到您这里来看病是什么样的一个流程？

陆君玉：病人来看，我先要帮他拍片子，然后我给他拉好，再给他拍。过去是不拍片子的。就怕第二天，病人不小心动掉了，我没有依据，这讲不清楚了。

采访人：您碰到过这种事情？

陆君玉：有，我今天给他拗进，第二天又脱出。他说医生你没给他拗进。我两张片子给他对照，就没话说了。没办法，我自己保护自己。

采访人：这也是被逼出来的。

陆君玉：这就是门槛[22]。

五、最美海曙卫生人

采访人：您现在是早上几点上班的？

陆君玉：天气热的时候早上5点就起床了，天气冷的时候5点半起床，牙齿刷好脸洗好出门，开车过去，差不多6点10分，然后在公园打一个钟头太极，打完太极，吃个点心上班。所以，天气热7点半，天气冷8点钟，我肯定都是提早半小时就在单位了。我到单位后，上个厕所，烧个水，泡个茶，我的学生会陆陆续续地到岗。

采访人：鼓楼医院伤科一直以来没有夜间门诊的？

陆君玉：没有。

采访人：特殊情况医院把你叫去，这种情况有吧？

陆君玉：有，有时门卫电话打来，有人骨头脱出了，过去一趟，给他拗拗进。

采访人：您晚上也会去的？

22　宁波方言，意即长心眼。

陆君玉：会去的。

采访人：这是医院规定一定要去？

陆君玉：没规定。如不去，回头掉[23]也没事，这都是为了病人。有时朋友叫我吃饭，我为什么酒不喝？我喝不了，我24个小时待命，电话来了，要开汽车去的，否则，老酒喝过汽车开不来了，打车会延误诊治时间的，而且还会影响治疗效果的。

采访人：像这样子去，加班费有吧？

陆君玉：没有，什么都没有。

采访人：去年终身成就奖是海曙区哪个部门颁发的？

陆君玉：海曙区卫生局。

采访人：当时获奖有几个人？

陆君玉：20多个。

采访人：当时评这个奖有什么标准？

陆君玉：病人的口碑、工作量，可能跟年龄也有关系，这全部有讲究。

采访人：鼓楼卫生院就评了您一个？

陆君玉：只有我一个。

采访人：以前有没有获过什么奖？

陆君玉：还有一个"最美海曙卫生人"。但是，我的准则是低着头做，像这种事情我也不会去关心，不会去争，自己本分工作管好，我反正科室管牢就好。

采访人：您现在最高的职称是什么？

陆君玉：中医师，属于初级，就是本科毕业做普通医生。我2个学生比我高了，全部主治医生，属于中级。因为我学历低，不让我考中级了。但是，我还是用心看病人的。只要病人认可，技术高超，职称什么是次要的。当年我爸爸也是主治医生，因为没有本科文凭，后来单位认为他医术比较厉害，就评了副高、副主任医生，但是没用，外面不承认，外面走出去就是主治医生。

一名好医生，光有精湛的医术是远远不够的，更重要的是要有一颗仁爱之心，要时时刻刻以病人为中心，尽自己的全力去帮助病人。

---

23 宁波方言，即回绝。

六、用心培养第九代传人

采访人：学习陆氏伤科采用怎么样的办法来教学？

陆君玉：多看多做，手把手教，你自己要去领会，就可以了。上礼拜六我有个学生上班着，有病人脚骨头脱出，

陆君玉荣获"医师终身成就奖"证书

康复病人赠送锦旗

他吓死，他片子传给我。他说："陆老师要不你来拗，我吃不消。"我片子一看还简单的，就说："这骨折你自己拗拗好了。你怎么知道自己吃不消？"他说："我心里没底。""心里没底你也可以拗，你越是心里没底，你给他拗好了，你就涨知识了，下回再来，你就会拗了。"我叫他放大胆子，后来拗得非常好。胆子放大这样拗，越是拗，越是速度快，越是进步快，而且还不会怎么动掉。这样才会进步，我就是会放手。

采访人：您认为怎么学最好？

陆君玉：做我助手。

采访人：您在教徒弟的时候，比如说陆仁到您这里来了，第一年的时候，您一般是怎么教她的？

陆君玉：我先让她包药。

采访人：从包药开始是吗？

陆君玉：都是从包药开始。包药我认可了，再跟我来门诊。

采访人：那这个包药一般要包多少时间？

陆君玉：看她包的程度。

采访人：像陆仁包了多少日子？

陆君玉：我具体记不清了，几个月总要包的。

采访人：几个月，那包药有很多讲究吗？

陆君玉：包是基础，你基础学好了以后学起来就快了，基础最重要了。现在我侄子陆子杰跟我，我就是叫他包药。包药非常重要。

采访人：包药，比较困难吗？

陆君玉：病人的舒适度就在包药这块。学做医生，是非常简单，非常省力，但是你包药，这方面有的人一世都学不好的。像我在包，病人不觉得紧，也不觉得松，走路的时候不会掉下。如果包得很松，走到门口就掉下来了。药包得不紧不松，病人不觉得不舒服，就不会掉下来，这就是水平包出来了。还有骨头断掉，定位准确，我给他拗的位置非常好，但包得不好，就位置移位了。

采访人：您怎么知道包得紧或松？

陆君玉：这就要靠练习，多包。

采访人：靠自己感觉，是吧？

陆君玉：有时我学生在包，我真真看不过去，看不过去我要解开重新包过。

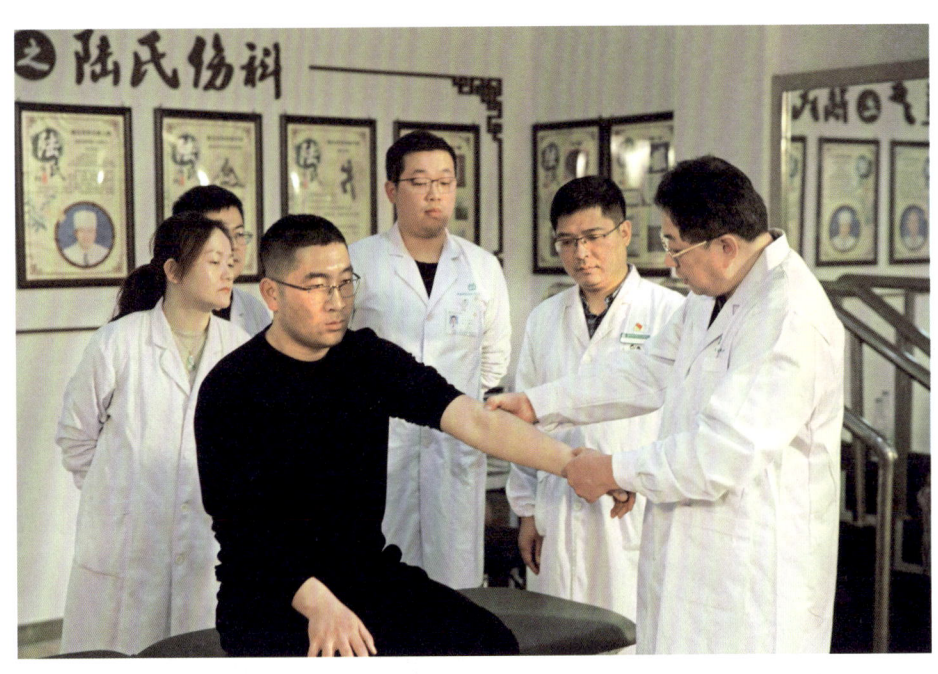

陆君玉在鼓楼社区卫生服务中心开展传承教学

采访人：一般来说，您徒弟跟您拜师来学习，到最后他能够独立坐诊，这需要多少时间？

陆君玉：他们都是本科毕业或者大专毕业的，三五个月就可以独立门诊了，但是在手法方面，时间要更长了。

采访人：您的徒弟要您认可的，需要多少年？

陆君玉：这学无止境的，我现在还在学，有些东西我也有点欠缺的，骨头断掉没看好的也有，所以我自己也要学习。

采访人：您觉得您自己也还要不断学习？

陆君玉：是的。

采访人：有没有三年可以出师的说法呢？

陆君玉：你成绩好，基本上都会处理了就可以了。

采访人：您这里出师要考试吗？

拜师仪式后，师徒合影

陆君玉： 这要考试[24]的。

采访人： 考试是要怎么考呢？

陆君玉： 到杭州去考。

采访人： 学陆氏伤科，文化水平是不是要高一点？

陆君玉： 文化水平是一个方面，主要是看这个人是否灵巧、一点就通。

采访人： 天赋还是要紧的？

陆君玉： 非常重要，我现在在教的这些学生，一有困难，他们就知难而退，不会知难而进。就是一有问题肯定来叫我。

采访人： 这些徒弟里面到目前为止，您最满意的是哪一位徒弟？

24　指执业医师资格考试。执业医师证是通过全国统一的执业医师资格考试和执业助理医师资格考试后，由国家卫生健康委员会统一发放的资格证书，是我国从业医师必须拥有的证书，属于医疗技术方面的认可，证明持证人具有独立从事医疗活动的技术和能力。

陆君玉： 不是说满意不满意，在做的都不满意。

采访人： 也就是说还没有最满意的徒弟。

陆君玉： 是的。

采访人： 您觉得陆氏伤科的徒弟，要具备的最基本的素质和条件，应该有哪些？

陆君玉： 第一要肯钻研，还有一个不要跟病人吵架。

采访人： 您觉得作为陆氏伤科的徒弟应该具备的最关键、最重要的品质有哪些？

陆君玉： 这敬业精神要好！一切都是为了病人。病人是痛苦过来，微笑回去，这是我们最大的心愿。一个病人特别多毛病，我给他看好，我也特别高兴，好比得了头奖。人家病人感激你一生。你给他看好了以后，也有人特意过来感谢。有的人看好了就变成朋友了。

采访人： 陆仁曾经讲到，有时候刚刚休息，您电话打去让她马上来，为什么呢？

陆君玉： 因为她家比较近，我电话打给她，陆仁也挺好的，电话一打，马上会来。我让她弄也是为她好，给她涨知识、学技术的机会。

采访人： 不过她也蛮尊敬您的。

陆君玉： 那是啊，骂她主要是希望她长记性，有时被我说哭了。我讲话她会听的，那我就说说她。

七、把非手术治伤坚持到底

采访人： 您也会经常去参加一些学术会议，请您转述一下国内同行对陆氏伤科的评价。

陆君玉： 我到北京、上海、杭州参加骨伤科会议，全部都是中医会议。中医师全部主张不开刀，手法徒手修复，但是在全国范围内，这类医生已经非常少了。

我参加会议的意图是想去别人那儿学点经验来，好增加点自己的知识，但我去看了以后，都是别人来学我。我拿出去的案例，讲出来后，他们个个都说要动手术才行。上海的石家传人——石印玉，他也是伤科泰斗，我那些X片拿出来给他看，他说宁波还有那么多病人在看啊，不得了了，在上海，这样的病症他也是没有看到的，全部动手术开刀了。他说这样还在坚持，不容易。现在是西医强大，我们中医骨伤科，靠手摸摸，夹板上上，现在都要淘汰了。

骨盟的会长说起宁波陆家还在坚持，也非常佩服，因为全国都是在动手术。他师傅应该说也非常厉害，以前也是中医骨伤科的泰斗，全国名气也非常大。

所以，相比之下各个省市都觉得我们陆氏伤科，无论在包扎上面也好，夹板固定也好，都独树一帜，很有特色，比较完美的。

采访人：独树一帜具体体现在什么地方呢？

陆君玉：夹板制作非常精美，固定起来也非常规整，接骨方面速度又很快，基本上几秒钟能够解决问题。

我到北京开会去，有同行说肩关节脱位，有15种拿法，但是每种拿法要3分钟以上，最长的要15分钟。病人不会给你整，得痛死！我2秒钟给他拗进。还有的方法，是叫他自己复位，病人床上躺着，手荡着，拎桶水，甩着甩着，给你甩进去，这病人吃得消啊？还有肩关节脱位要上麻醉，我不用上麻醉，病人不

陆君玉参加学术交流活动，与石印玉、陆念祖合影

觉得痛的时候，就给他拗进了。

所以，他们评价说我们陆氏伤科在一般情况下就以快、奇、特取胜。

采访人：奇、特是什么？

陆君玉：奇就是奇效，特就是特殊。

八、中医的瓶颈与陆氏伤科的生机

采访人：对传统中医药发展前景，您有什么看法、建议、希望？

陆君玉：现在国家医疗方面的政策很规范，但是从事传统医学的有很多人是没有学历的，正规院校毕业的人不占多数，有偏方有技术的民间中医也是挺多的，但是他们理论知识薄弱，因为得不到国家的支持，就有很多技艺、民间偏方被埋没了，有些就发展不起来。

我觉得实际效果好的东西，像我们陆氏伤科一些外用敷料、膏药，从我做医生开始起这么多年了，不仅老百姓都接受、认可，更重要的是实际应用效果很不

陆君玉参加学术交流活动

错，希望国家在这方面对我们有所支持。

采访人： 就是能够有政策上的一些突破，现在中医管理，我们可能很多地方都是按照西医的模式在执行。

陆君玉： 对，有时候说说对中国传统医学重视，最终还是以西医为主。

采访人： 现在中医骨科发展遇到什么问题？

陆君玉： 现在西医骨科发展快，中医发展慢，因为不赚钞票。

采访人： 医院主要以西医为主了。

陆君玉： 西医骨科赚钞票，一个手术下来，三五万元。我手拗拗，才90块。同样一个伤膏，大医院可以卖到84块，我单位只卖60块；我煎药就收25块钞票，大医院煎药要40多块。

采访人： 医院级别高收费就高，是吧？

陆君玉： 是的，收费标准不一样。

采访人： 现在中药有些药效可能也有问题。

陆氏伤科门诊每天前来求医的患者众多

陆君玉：现在中药不像过去的中药效果好，因为我爷爷那时候，没人工种植，全部是野生货，效果是相当好。

现在药不怎么讲究，比如以前的当归，分得非常清楚，当归心、当归头、当归尾，各有作用，像当归心，补血功能非常好。现在的当归是全当归，不分啦，作用相对说起来就差了。

采访人：药效不一样，是不是吃的帖数就要多了？

陆君玉：吃多了也没用。还有像穿山甲破血功能非常好，我开12克一帖，7帖药，84克，以前仅要80多块钱，后来要一千三四百块，现在医保不会给你用，因为穿山甲是保护动物。这药药店是有卖，但是价格天价，你医保报不了，自己会去吃吗？这不是吃5帖、10帖药就好了，至少要吃2个月，这要吃多少钱？你吃不起呢。

虎骨也一样，老虎哪怕死了你也动不来。同样一张方子，过去灵，现在不怎么灵。像过去的杜仲，很厚，拗开来，全部锃亮，现在皮很薄，以前杜仲皮应该要三年，现在半年一年就出货了。

采访人：因为原料关系，这些方剂就没用了？

陆君玉：是的。我前面说过一个病例，吃牛黄解毒片消肿。过去牛黄是正宗牛黄，现在牛黄全部是人工牛黄，效果完全不一样。

采访人：正骨水现在还在用？

陆君玉：还在用。

采访人：正骨水现在你们自己可以生产吗？

陆君玉：不能，就是病人要用的话，就让你涂一点，因为医保限制，报不来的。公开卖又卖不来，算假药。我就把它当辅料，涂擦液，内部自己做一点。生产也生产不来的，生产需要厂里有资格。

采访人：其他替代药有没有？

陆君玉：替代药没有的。

采访人：您自己觉得这个药在临床上效果怎么样？

陆君玉：效果相当好。我爸爸当年就是长期用喷雾这样喷两下，银针扎两下，不会走的人就这样喷一喷、扎一扎就会走了。

采访人：您父亲是全部自己调制的？

陆君玉：自己调的。

采访人：他也是不能外配的。

陆君玉：也不能外配。

采访人：临床效果很好，但是却不能配。真的非常可惜。

陆君玉：没办法的，你收费标准没有，收费没法收。收了就是违规收费，医保马上就来查你了。现在是免费，好的效果给人家试，人家好了你也开心。一个病人来看病，愁眉苦脸来的，眉开眼笑走的，他很开心，我也很开心，让人家涂一点也没关系。

采访人：陆氏伤膏呢？

陆君玉：陆氏伤膏说起来也是不能用的，医保也不会让你配的。

采访人：陆氏伤膏现在怎么在用？

陆君玉：这是自费的东西。自费是可以用的了，但我们单位进不来。长乐[25]可以用的，这个伤膏是济南一个很大的厂生产的。

采访人：有的中药，因为政策调整，自己不能生产了，这种情况你们有吗？

陆君玉：过去我们还有一个针对过敏的桃花散，现在我们没那么多精力去弄。

采访人：这个药主要是用在什么地方？

陆君玉：抗过敏，比如说血肿，起泡了。这个药用下去，泡也会退下去，炎也会消下去，效果相当好。

采访人：那为什么现在不用？

陆君玉：配药麻烦，要用麻油调和。过去我们鼓楼医院有制剂室，后来被撤销掉了，制剂没法做了，这些药全部都没了。

采访人：现在为什么没有制剂室？

陆君玉：改革开放后就不允许在医院里面弄了。

采访人：就是医院自己配药配不来了？

陆君玉：是的。

采访人：您觉得现在中医伤科发展的现状到底怎么样？

陆君玉：过去宁波每个卫生院都有伤科，现在没有伤科的比较多，有一些也都是外科动手术，都是骨科了。

25　指陆君开的诊所。

采访人： 传统的中医伤科越来越萎缩，人才越来越匮乏，这主要的原因是什么？

陆君玉： 经济利益驱使。动手术赚钱，伤科才多少钱，所以谁会来学伤科？

采访人： 那您觉得和以前相比，陆氏伤科是不是在萎缩？

陆君玉： 我们不属于萎缩，我们5个人做伤科医生，比历代都多了，过去陆氏伤科又没那么多人，只有一家店，两家店，我爷爷和陆同华两个人做医生。陆同华儿子陆庆康，我爷爷（陆银华）的儿子陆海善、陆海昌、陆海良也就4个，我们现在有5个，现在还要带学生，邱隘带了将近20个。现在传承的都是外姓人，医院里面的骨干，都是陆氏伤科学出来的，都是传承人。

采访人： 您觉得陆氏伤科前景到底怎么样？

陆君玉： 现在国家重视了，比如，2016年"陆氏伤科"被列入海曙区非物质文化遗产项目，2018年6月，"陆氏伤科"被列入第五批宁波市非物质文化遗产，我成为市级代表性传承人。

2018年12月28日，海曙高桥陆氏骨伤科诊所成为陆氏伤科区级传承基地。所以说，前景肯定是特别好，陆氏伤科肯定能发展下去的。

采访人： 您还是有信心的？

陆君玉： 信心当然有了。

"陆氏伤科"入选第六批浙江省非物质文化遗产代表性项目名录

宁波陆氏伤科文化传承基地牌匾

第四节 陆君玉周边采访

一、陆氏伤科第八代传人陆念祖访谈

访谈时间： 2021 年 9 月 17 日
访谈地点： 上海市静安区中心医院
受访人： 陆念祖
采访人： 王慧芳

陆念祖，1945 年生于上海，祖籍宁波。上海市非物质文化遗产代表性项目"陆氏伤科疗法"市级传承人，是陆氏伤科第七代传人陆云响和陆清帆的长子。他全面继承了陆氏伤科的治伤特色，形成了较为规范的颈肩腰膝痛疾病陆氏伤科诊疗常规。

采访人： 陆氏伤科是什么时候传到上海的？
陆念祖： 1937 年，我的外祖父陆银华带着大女儿陆云响和大女婿陆清帆到上海来开诊所，开业的地方就是现在的上海胜利路。开业后，每能

陆氏伤科第八代传人陆念祖

药（手）到病除，声名逐渐流传上海。1948年，我外祖父独自回到宁波工作。

1950年，我二姨——外祖父的二女儿陆云英还在宁波行医，但她的3个儿子都到上海来，跟着她大姐学习、工作，把宁波陆氏的一套技术全部都带来了。

从此，陆氏伤科的历史是一枝两花，一枝开在上海，一枝开在宁波。上海一支主要是我妈妈和我在继承、发展，进一步探索、扩大祖传银质针治疗范围。

采访人： 您第一次独立开展伤科诊疗是什么时候？当时治的是什么疾病？您治疗的时候又是一种怎样的心情？

陆念祖： 我第一次治疗是1968年，我在四川的一个厂矿医院做医生，当时是一个急性的腰扭伤的病人，腰不能动，我用我妈妈的银质针治疗，一针下去，病人腰痛就好了。我因此认识到了陆氏伤科的神奇之处，别的医生治疗了好久都不见好，我一针下去就好了，也体会到我妈妈在陆氏伤科的发展上做了多大的贡献。

采访人： 请您介绍一下陆氏银质针的发展演变过程，以及它的形制、种类和特点。

陆念祖： 陆氏银质针是从中医的九针[26]分过来的。过去病人关节骨折以后因为固定一段时间，关节会僵硬。陆银华就用银质针给他治疗，使他关节淤血化了，再加上康复手段，病人就恢复了。

我外祖父只有一根银针，我妈妈把银质针分了5种规格，根据不同的毛病使用长短不一的银针，治疗髋关节的毛病，针就需要很长，治疗腱鞘炎，短针就可以了，而且把做银针的材料比例也做了改动。现在我们的银质针，80%是银，20%是其他金属，全部用银子，针太软，如果用金的话，成本太高。

采访人： 银质针在操作的过程中，如何正确掌握针刺的角度、方向和深度？

陆念祖： 关键是穴位不一

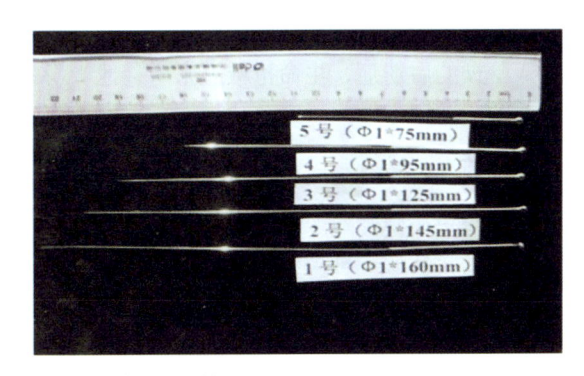

陆氏伤科专用银质针

26　九针，指针灸器具。古代九种针具，即镵针、圆针、鍉针、锋针、铍针、圆利针、毫针、长针和大针。

样的，深度不一样，治疗腰椎间盘突出的病人，用短一点就可以了，因为太长的话要刺到内脏里去，治疗臀部，这个针就可以长一点。

采访人：陆氏银质针取穴治疗的方法和原则是什么？

陆念祖：以通为主。根据我们中医的经络学说，他的病是哪个经络出问题，我们就取什么穴位，主要采取"循经取穴"[27]，配以"以痛为输"[28]、"功能运动中的痛点"[29]为取穴原则，一般每次取3—5穴。

采访人：请您谈谈银质针代替药剂治疗的经验。

陆念祖：我们觉得以针代药可以治疗颈肩腰膝痛疾病：颈椎病、肩周炎、腰椎间盘突出、膝关节和关节炎等。我们用银针治疗以后，再用温灸[30]去掉他的寒气，使他的淤血化掉，这样就不用吃药。我们治疗基本上是不吃药，除非是特殊的病人。

治疗周期就看病的轻重。急性的，我们一针下去，病人就能够走出去。腰椎间盘突出，根据病情、年龄的不同，决定治疗时间的长短，一般一个疗程到两个疗程，就基本上都好啦。一个疗程我们针灸三次左右，但是我们治疗肩周炎的，只要两次就康复了，因为我们是"上海滩的肩周陆"。

采访人：肩周炎通常分哪些情况？

陆念祖：肩周炎有四种情况。一种是外伤性的，比如上肢骨折以后，固定时间比较长了以后，他这只手举不起来，或者他打球韧带拉伤；第二种就是寒湿性的，就是夏天吹空调吹久了以后，关节穴气血凝住了；第三种是退变性，跟人的体质有关系，我们发现50岁以后，人体体格退化了；最后一种就是中风型的，病人脑梗的后遗症，生命抢救过来了，他半身瘫痪不能动，长期不动的话引起肩关节粘连。

采访人：针对肩周炎不同的程度和分型，您来谈谈相应的治疗方法和体会。

陆念祖：肩周炎治疗原则一个就是使粘连的关节松解，就是用陆氏伤科松解手法，不管你哪一种类型，配合银针两次就治好了，也不用吃药。

---

27 指在不通的经络上取穴。
28 指以痛点取穴，输即穴位。
29 以运动中的痛点取穴，这是陆念祖在家传基础上，于1996年首次提出的。
30 温灸即温针灸，是灸疗的一种，陆氏温针灸即在银针刺穴后留针，再将艾绒搓团裹于银针柄上，或做成艾绒卷，取半寸左右长的节段，包于针柄点燃，通过针体将灸火的温和热作用于人体穴位的防治疾病的方法。

采访人：陆氏伤科有许多简便有效的骨折固定的绑扎方法，比如四肢骨折用杉树皮制成的小夹板固定，髌骨骨折的井字包扎法和十字包扎法相结合，您能不能谈谈这些包扎法的独特之处和操作要领，以及其中的关键点是什么？

陆念祖：讲老实话，我对这些骨折接触得比较少。我弟弟陆君玉在宁波搞这些骨折还是比较多的。

我们陆氏伤科的特点是用杉树皮，因为杉树皮有一定的弹性，固定也比较方便，而且位置也比较对得准，所以陆氏伤科在宁波，还是用杉树皮进行夹板固定。我们上海因为现在杉树皮没有了，就用一般的三合板，进行固定治疗。

采访人：陆氏伤科目前的发展状况是怎么样的？

陆念祖：目前已被列入上海市的非物质文化遗产目录。将来沪甬二地可以联合申报全国的非物质文化遗产，然后把整个陆氏伤科的经验和技术，包括它的秘方、膏药，都可以公开出去，让更多老百姓得到好处，中医事业就能发扬光大。

采访人：那您对它未来的前景，有怎么样的评估？

陆念祖：陆氏伤科的前景，应该还是比较有希望的，特别是上海，我有好多学生都在用陆氏伤科技术治疗颈肩腰腿痛，可惜他们治疗骨折比较少，但是宁波就不一样了，宁波治疗骨折病人很多。我们也希望在国家提供合适条件的情况下，组织上海陆氏伤科的子弟到宁波去，学习陆氏伤科骨折外伤的技术——正骨复位的技术。同时也希望宁波的中医伤科，到上海来学习我们颈肩腰腿痛的治疗技术，让宁波也可以更好地治疗颈椎病、肩周炎、腰椎间盘突出。

二、陆氏伤科第八代传人陆君访谈

访谈时间：2021年1月20日
访谈地点：宁波市海曙区高桥陆氏骨伤科诊所
受访人：陆君
采访人：竺蓉

陆君幼承庭训，习武学医皆得家传之精要，从事骨伤科工作30余年，长期奋战在骨伤科一线，亲力亲为，医治了不计其数的骨伤患者。1994年从鄞州骨伤科医院辞职至鄞州高桥长乐成立陆氏伤科工作室，2009年创立民营诊所——陆氏骨伤科诊所，现为诊所负责人和学科带头人，海曙区非物质文化遗产代表性传

陆氏伤科第八代传人陆君

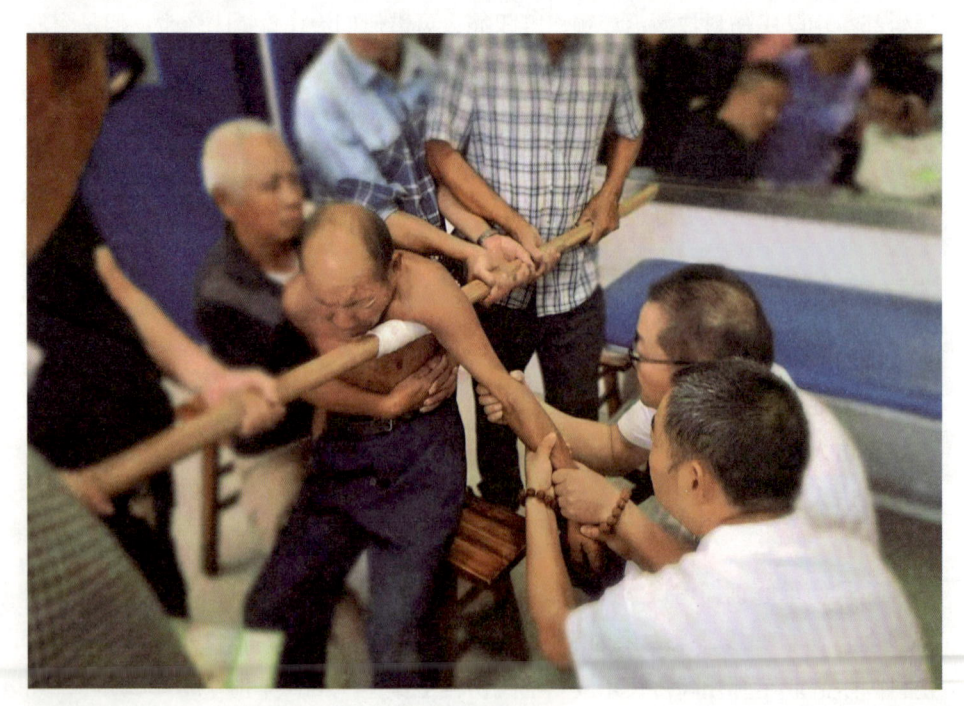

陆君治疗病人

承人。2016 年，在鄞州骨伤科医院工作的胞弟陆伟亦辞职追随兄长，共同致力于海曙高桥这支陆氏伤科队伍的壮大发展。

采访人：陆老师您好，首先想请您简单介绍一下个人经历。

陆君：我是 1970 年出生在鄞西横街，是陆氏伤科第七代传人陆海良的长子。我小时候就开始背"汤头歌""药性赋"，从懂事开始，我爸爸就开始让我练武，先从基本功开始，慢慢地一套套拳谱教下来。1986 年我父亲单位的领导对陆氏伤科传承这一块比较重视，我进了我父亲工作的西乡集仕港卫生院，先把我安排在中药房里，先从基础开始，熟悉中药，包括中药的药性、炮制过程、配伍禁忌。我一边学习中药，一边学习伤科，因为我父母都在这家医院骨伤科工作，我经常去伤科帮忙兼学习。1987 年，鄞东我二伯父那成立了邱隘骨伤科医院，我就去那边跟二伯父学了 3 年，临床方面的经验积累很多。1989 年我考进了宁波职工卫生干部学校，脱产学习了 3 年，加强了医学理论基础知识的储备。学成回鄞州骨伤科医院工作了 2 年后，辞职出来创立了陆氏伤科工作室。

采访人：您觉得从您父亲那里学到的最重要的东西是什么？

陆君：就是我父亲让我注重做医生需要好的品德，就是所谓的医德。

采访人：您父亲是怎样跟您讲的？

陆君：一切要为病人着想，解除病人的痛苦，就是做医生最开心的事情，这是重点。第二个就是要细心，做医生还要学会吃苦，要学会跟病人沟通。手法毕竟是靠慢慢积累的，家长传授给你的手法熟练程度慢慢会提高，做医生经验也是靠慢慢积累起来的，不是说你一开始学就会做医生的，一开始学有时候也会有失败的，等后面熟能生巧以后，尽量就要做到不能失误了，这个差错不能出的。

采访人：学医还是比较辛苦的。

陆君：非常枯燥，同年龄的孩子下班都能去外面玩耍，而我只能白天上班，晚上下班回来就要温习白天学的知识，要巩固，要整理。

采访人：您晚上是如何整理的？

陆君：譬如说我白天治疗的患者病例，骨伤科临床比较常见的知识点要把它记录下来，治疗过程也要整理记录。

采访人：都要用文字记下来吗？

陆君：用笔记记好，有了自己的心得后，以后我遇到这种类型的病人就能够熟练操作了。

采访人：这个是您父亲要求您这样做的？

陆君：对，每天回来就要记录下来，我有不懂的地方可以向父亲请教，他会给我讲解。

采访人：学习过程中，您觉得最困难的事情是什么？

陆君：最困难的事情就是有许多医学知识比较抽象，看不懂，譬如说一些医学古文之类的。古文这些内容我小时候背是背会了，但是理解不了，就要逐步地请教父母了，这个古文到底是什么意思，比如医学古文的内容"诸药赋性此类最寒；犀角解乎心热；羚羊清乎肺热"[31]，这些背是背会了，但是里面主要的意思是理解不了的，这时候父母就会用白话文翻译给我听，这些药性是怎样的，在治疗过程中要放在哪个药方里的。

采访人：您在学习当中有没有感觉到也很有乐趣的？

陆君：有。

采访人：主要乐趣在哪里？

陆君：打个比方，譬如有个小孩子关节脱臼，哭哭啼啼来的，这个整复手法是我们伤科里面比较简单一类的，我给他脱位整复以后，小孩子马上就会玩耍、会跑、会跳，这个时候我就非常开心，有一种成就感，小孩子来的时候是哭哭啼啼的，回去的时候开开心心的，因为小孩子不会做假的，痛的就是痛的。

采访人：您是何时自己开诊所的？

陆君：1994年我从鄞州骨伤科医院辞职出来，到高桥长乐开了一家陆氏伤科诊室。2009年转为陆氏骨伤科诊所，一直到现在。

采访人：高桥长乐伤科诊室是个人的？

陆君：当初不是个人的，是以村卫生室的形式经营。

采访人：一开始有多少工作人员？

陆君：当时只有我一个，刚刚开始创业。

采访人：一个有正式编制的员工辞职，您当时有没有犹豫？

陆君：当初我跟父母、家里人都商量过的，反正自己有医疗技术傍身，我也不怕。

---

31 "诸药赋性此类最寒；犀角解乎心热；羚羊清乎肺热"，语出《药性赋》。《药性赋》据考证为金元时代作品。此书原为中医初学中药的启蒙书，该书将248种常用中药按药性分寒、热、温、平四类，用韵语编写成赋体，言简意赅，朗朗上口，便于诵读记忆。

宁波海曙区高桥陆氏骨伤科诊所员工合影

采访人：那个时候您的收入是怎样的？

陆君：没有工资的，自负盈亏了。刚开始名气还没传开，病人也不是很多，压力多少有一点。时间久了，医术得到病人的认可以后，病人多起来了，慢慢忙起来了，生意渐渐好起来了。

采访人：现在这个诊所房子是您自己的？有多少面积？

陆君：是镇政府提供的，460多平方米。

采访人：每年要付房租吗？

陆君：房租要付的，但是优惠政策还是比较大的。

采访人：医保可以用吗？

陆君：可以用。

采访人：现在有多少员工呀？

陆君：15个。

采访人：现在主要有哪些项目？

陆君：骨伤科、中医科、放射科、护理部。

采访人：住院有吗？晚上有急诊吗？

陆君：现在住院没有，晚上急诊没有。

采访人：现在有没有出诊？

陆君：出诊也没有，来不及啦。

采访人：现在门诊量一年大概是多少？

陆君：每年6万多例，而且病人每年都在增加。

采访人：民营医院面临一些什么样的问题？

陆君：各方面工作都要做得更加细致，诊断疾病不能有失误的，失误的话一个对病人造成不必要的痛苦，第二个造成不必要的纠纷，作为民营医疗机构，医疗纠纷发生了，麻烦就大了。

采访人：这种事情没碰到过吧？

陆君：到目前为止没有碰到过。

采访人：您现在作息时间是怎样安排的？

陆君：我个人基本都是在诊所的，就一周偶尔休息2个下午，上午基本每天都在的。

采访人：节假日呢？

陆君：我们节假日和公立医院有所区别的，我们一般休息一天，最多两天，因为换药的病人比较多，如果休息时间长了，对病人包扎的松紧度调整啊，各方面带来很大的影响。

采访人：现在外面参加学习、进修机会多吗？

陆君：现在民营医院机会不多的。一般是自己学的，平时我们医院内部适当会组织各种学术会议，经常讨论各种问题。

采访人：您30多年从医经历当中，印象比较深刻的病例有吗？

陆君：有的，一个出生才两个小时的婴儿，因为他妈妈难产，产科医生大概牵扯的时候力气太大，肱骨中段拉断了。当时他父亲心急如焚地抱着他到我们诊所，小娃娃拼命地哭，襁褓打开一看，婴儿眼睛还闭着，那个手臂耷拉下来的，我目测大概就知道是肱骨中段骨折了，疾病诊断好以后就给婴儿定了一整套治疗方案，这么小的孩子，首先那个夹板需要量身定制的，治疗也跟成人是有所区别的，整复难度很大，毕竟婴儿还是比较稚嫩的。整复好以后夹板固定好，一次次换药，调整夹板，虽然他骨折比较严重，但是婴儿恢复能力强，二十几天后他的骨折就愈合恢复正常了。前两年这个婴儿的妈妈来我们伤科看病，她说儿子已经23岁了，那个手臂非常好，说了很多感激我的话，我是非常高兴的。

采访人：现在你们整骨复位术是否糅合了西医骨科的一些精华？

陆君：有的，西医理论知识在人体解剖方面，让我们对骨骼、肌肉、神经的位置、方向有更深的了解。

采访人：具体表现在哪里？

陆君：譬如说你要了解肩关节为什么会脱位，你要熟悉人体解剖的结构，西医就是这方面解释得比较详细，对复位的帮助非常大。

采访人：现在在治疗流程跟以前治疗流程有区别吗？

陆君：以前我刚刚做医生的时候是不太拍片的，像科雷氏骨折[32]的患者来求诊，我们一看一摸就知道，凭经验直接就整复，然后夹板固定。现在拍片是常规啦，片拍完后再整复，整复固定好以后再次拍片，确认我整复的情况如何，骨折对位是否良好，一星期到十天左右又要复查一次，骨折是不是有移位，到了一个月，骨折慢慢处于愈合期了，再复查一次，如果愈合啦，我们就开始把外固定慢慢地拆除了，那病人也就比较放心些。所以常规是拍片三次。

采访人：您在陆氏伤科领域，继承了前辈的技艺，同时有没有自己有所发展？

陆君：继承上一辈的行医经验是最重要的内容，自己多多少少也增加了治疗少见病例的经验。

采访人：能够举一些例子吗？

陆君：譬如说关节错缝病例，平时很少碰见的，30多年行医下来也才碰到五六个。因为其症状类似筋断裂，西医很多误诊为肌腱断裂，需要手术，实际上肌腱断裂和关节错缝完全是两个概念，肌腱断裂必须要通过手术治疗，但关节错缝病例一旦手术治疗，就是误诊。

采访人：当时您治疗的时候也是偶然发现？

陆君：第一次我是偶然的，一般肌腱是不是断裂，我们要通过手法检查的，

---

32 科雷氏骨折，指发生于桡骨远端的松质骨骨折，且向背侧移位者。科雷氏骨折为人体最常发生的骨折之一，多发生于中年及老年，女性多于男性。多为间接暴力所引起，常见于跌倒损伤，尤其是冬天雪后地面光滑，滑倒手掌着地，肘部伸展，前臂旋前，腕关节背伸，手掌着地致伤。应力作用于桡骨远端，使得这一脆弱部分发生骨折。

这个病人当时手指垂下来的，症状看上去就像是肌腱断裂的，但是又和肌腱断裂有所区别，有些类似弹性固定一样的症状出来，拨一下手指是不会动的，但是肌腱断裂病患的手指是可以动的，当时我通过手法理筋，咔嚓一下马上复位，复位以后患者手指屈伸自如。理筋手法的运用，我这么多年行医下来，基本功还是相当扎实的。所以我跟其他医生讨论病例时告诫他们，遇到这种病例时千万不要误诊，不然病人白白去挨一刀，要尽量减少病人痛苦。

采访人：30多年的从医经历当中，您最拿手的是治疗哪种疾病？

陆君：骨伤科常见疾病，尤以对骨折"手法整复、解剖复位"擅长。

采访人：刚才您前面也谈到了，就陆氏伤科在治疗骨折方面一些独特的技艺，这个具体的病例还需要补充吗？就是治疗骨折方面独特的一些技艺。

陆君：特殊技艺治愈的病人病例，30多年工作下来是非常多的，数也数不清了，像过去到现在有所变化的，就是过去的病例比较常见，现在因为时代关系这种病例变得比较少见了，这种病例呢，还是有的。比如说我大概在二十五六年前，碰到横街爱中的一个小朋友，他才3岁，当时那孩子比较调皮，从山上滚下来了，玩耍时造成大腿骨也就是股骨骨折，当时股骨骨折算是四肢骨折里比较严重的骨折了，他的父亲也是冲着我的名气来的，一般这种病人是需要住院治疗，甚至于要手术的。因为不开刀治疗的话，其他一般的医院通过普通的外固定，就这种类型骨折的整复呀，固定呀，做不到原来的解剖复位的程度。这个病人我当时接手以后呢，也给他制定了治疗方案。因为毕竟这个骨折部位是特殊部位，固定难度比较大，我画了一张图纸，设计了一张小木架，下面带一张可以躺的小木床，上面可以悬吊绳子，一种可以牵引的木架子。做好后我先为这个孩子复位，复位后用小夹板固定，固定完之后用牵引就把这只患肢挂起来，医学术语叫"悬吊疗法"。

采访人：悬吊疗法？

陆君：头两天还是比较痛苦的，过了一周后，小朋友慢慢地疼痛也减轻了，也适应了，恢复得也是比较快，小孩子生长发育得快，像这种股骨骨折，30天左右就愈合了，成年人肯定不够的，一般股骨骨折最起码要两三个月以上才会愈合，甚至于"骨不愈"也会遇到。现在这个孩子也有20多岁了，各方面都很好，生活没有任何影响，有次他家长遇到我了，说"陆医生，非常感激，幸好有您"。

采访人：有没有获得过什么荣誉？

陆君：对我们民营医院来说，最大的荣誉就是解除病人的痛苦，获得老百姓的认可，不断增加的门诊量就是对我们最好的褒奖和肯定。

采访人：从事陆氏伤科这么多年了，对这行最大的感受是什么？

陆君：就是病人用信任的眼光看你，比如说把病人治好了，你能看到他的眼神里"我幸亏到陆氏伤科来就诊"，这是我最大的欣慰，也是我感到最高兴的事情。

三、陆君玉徒弟陆仁访谈

访谈时间：2021年1月23日
访谈地点：陆仁的家里
受访人：陆仁
采访人：竺蓉

陆仁，陆氏伤科第九代传人、宁波陆氏正骨中心主治医生，海曙区非物质文化遗产传承人。

她从小耳濡目染爷爷、父亲给人治病，还时常当小助手，成人后经过宁波卫校、大学的系统学习，打下扎实的医学基础。大学毕业后，进入鼓楼医院，师从陆氏伤科第八代传人陆君玉，现已基本掌握了陆氏伤科的诊疗技术。

采访人：陆老师您好，您是哪一年出生的？

陆仁：1981年出生于宁波百丈街。

采访人：您父亲和您母亲主要是做什么工作？

陆仁：父亲[33]从小跟着爷爷学习伤科。他一开始好像是在塑料机械厂，然后体制改革了，就到了平安保险公司，但是他也跟着爷爷学习陆氏伤科，他对伤科非常感兴趣，但没有在医院工作过。

采访人：您母亲呢？

陆仁：母亲在宁波火柴厂上班。她跟伤科没啥接触。

采访人：您还有其他兄弟姐妹吗？

陆仁：没有，我是他们唯一的女儿。

---

33 即陆平安，陆氏伤科第八代传人。

陆仁参加中医药特色街区新地标——海曙甬安里开业典礼

采访人：您爷爷叫陆庆康，关于您爷爷的情况请您给我们介绍一下。

陆仁：我也是听爷爷说的，当时他跟着陆银华学习陆氏伤科，后来他分配到宁波市中医院，当了陆氏伤科主任医生。

采访人：当时跟陆银华一起学陆氏伤科的，除了您爷爷还有谁？

陆仁：我奶奶，她也是医生，在白沙医院工作，父亲也在那边学习。

采访人：您爷爷大概什么时候去世的？

陆仁：2006年。

采访人：您跟着您爷爷一起学习了多少年？

陆仁：我懂事起，就跟着爷爷，有10多年了。我小时候，在爷爷家也接触到治疗，反正有病人来了，爷爷有时候让我当当小助手。

采访人：具体做什么？

陆仁：比如说有小孩子脱臼了，爷爷帮他复位，我提提手等。有时候周六周日，爷爷就叫我一起去出诊。有一次因为他要去慈溪那边坐门诊，早上5点多钟过去，我跟着去了。病人真的是很多很多，他忙得满头大汗的，快到下班点了，

陆仁从小便受到长辈们的关爱

还有很多病人，等所有的病人看完，差不多一点多了。我还记得只吃了一碗面条，当时觉得挺辛苦的。后来我自己亲身体验，好像真的把时间给了病人。

采访人：您是从小就喜欢学医吗？

陆仁：其实我自己的兴趣爱好不是特别想从医。

采访人：您的兴趣爱好是什么？

陆仁：我想当一个主持人，搞文艺方面的。后来在成长的道路上，我觉得看好病人了真的挺有成就感，就慢慢喜欢上了。

采访人：就是长辈希望您去从医？

陆仁：对。我爷爷就跟着陆银华，他们应该是叔侄关系。

采访人：您爷爷的父亲陆同华的情况您听说过吗？

陆仁：陆同华当时也挺有名的，可惜的是三十几岁就去世了。陆银华跟陆同华的父亲是同一个，叫陆维新，属于同宗同谱的。

采访人：您说说求学经历，您小学在哪里读的？

陆仁：宁波江东中心小学。

采访人：蛮好的一所学校。

陆仁：小学毕业，我去了宁波十九中学，十九中学毕业以后，我选择了宁波卫校，读了4年，然后以优秀毕业生毕业的。当时我们虽然说没有包分配的，但是因为我是优秀毕业生，也给我安排了4个工作，应该来说也是挺安逸的。但是我后来觉得自己还不够，因为单纯的卫校毕业，我觉得理论知识也好，动手能力也好，基础都比较薄弱的，然后我通过自己的努力，高考考到了武汉同济医科大学[34]。

在同济医科大学学习期间，真的把我小时候就埋下的当医生的种子爆发出来了，从事医生职业的意愿更加坚定了。

在大学里面，同学们都是非常上进的，为了防止打瞌睡，都是跪着看书，跪着上课的，就是保持头脑清醒。下雪天，他们都是早上背单词，雪下在衣服上面成雪人都有的。我自己基本上两点一线、三点一线，三点一线就是食堂—寝室—教室，基本上没怎么出过大学校门，武汉也没怎么好好玩过，基本上以看书为主，有时候一个人看完书就晚上十一二点了，我觉得一天还蛮充实的。

在学校也碰到很好的老师——裘法祖[35]。他说做人一定要知足，做事要知不足，做学问要不知足，要一身正气，两袖清风，还有四大皆空，三餐皆饱。我很佩服他。

采访人：医科大学读了几年？

陆仁：5年。在学习上面，打下了比较扎实的基础。

采访人：当时读什么科为主？

陆仁：我们是临床，内科、外科、中医全部都得学。

采访人：这些对您后来的传承有没有什么作用？

陆仁：在理论上是很扎实了，但是从事了陆氏伤科以后，学校里的临床跟实践又有很大差别。自从我进了鼓楼医院，在我叔叔指导下，碰到的一些病例，在

---

[34] 武汉同济医科大学，即华中科技大学同济医学院，是一所具有110余年办学历史的医学名校，是我国现代医学教育的发源地之一，是国家教育部、国家卫计委首批共建的10所部属高校医学院之一，是全国首批试点八年制医学教育院校。

[35] 裘法祖（1914年12月—2000年6月），浙江杭川人，著名医学家，中国现代普通外科的主要开拓者、肝胆外科和器官移植外科的主要创始人和奠基人之一、晚期血吸虫病外科治疗的开创者，中国科学院资深院士，被誉为"中国外科之父"。其刀法以精准见长，被医学界称为"裘氏刀法"。

书上看不到的。

采访人：学到的西医知识，对陆氏伤科有帮助吗？

陆仁：有帮助的，我觉得更加全面了。因为西医学起来比较系统理论性的，中医注重整体性，两者相结合就互补了。

采访人：从您个人的角度来看，是不是希望传承陆氏伤科的学生也能够去临床学习，您觉得这个有必要吗？

陆仁：我觉得因人而异的，可以结合起来学习。

采访人：假如您以后收徒弟了，您对徒弟的要求，是希望他受过全科教育，还是喜欢没有受过全科教育的？

陆仁：受过教育的接受起来可能更快。但是我觉得中医的家族传承，手把手地教起来，也是很重要的。

采访人：请问您眼中的陆君玉是怎么样一个人？

陆仁：他是一个挺有魅力的人，而且医德医技都胜人一筹。

采访人：医德好，举个例子。

陆仁：自从我当了医生，都把时间给了病人，我们几个小姐妹好久才约一次。有一次，难得约上，晚饭才刚刚开始，我叔叔（陆君玉）打来电话："你快点过来！"我说："怎么这么急啦？"他说："有一个病人。"我只好跟小姐妹说了，她们都抱怨："难得聚一次，你还不能好好吃饭，还非得赶过去啊，跟你叔说一下，你就别去了。"我说："不行的。"我心里嘀咕着，可能是一个比较重要的人物，结果等来的是一个安徽来的农民工，他的腿摔断了。他对病人都是一视同仁的，只要你有病，他就一定要帮你看好。

采访人：医技呢？

陆仁：我觉得别人看不好的，他都可以看好。有一个6岁的小孩肱骨髁上骨折，涉及很多神经，辗转了7家医院，他们都说要动手术的，后来到了我叔叔这边，我叔叔立马就给他整骨整好了，恢复起来一点后遗症都没有。后来病人的妈妈下跪了，哭着表达感激之情。

采访人：您跟陆君玉学习多长时间了？

陆仁：七八年了。

采访人：你们有没有正式拜师仪式？

陆仁：拜师仪式有啊，我后来还去公证处公证了一下。

采访人：为什么要公证处出公证呢？

陆仁：好像局里有要求。

采访人：这是什么时候呢？

陆仁：2016年。

采访人：主要公证什么内容呢？

陆仁：就是我是他的徒弟，师承于他。

采访人：您是怎么学习的？

陆仁：他会手把手教的，我叔叔对我非常严厉的，我做不好，他都要骂的，骂起来还很狠的。他是不把我当作女孩子看的，不管我头痛啊，发烧啊，最好都能够坚持来上班的。

采访人：您觉得骂的多好还是骂得少好？

陆仁：多骂一点吧，骂过以后，确实我在这方面改善很多。比如有时候因为门诊量大了，常见病基本上眼睛一看我就知道是什么病了，我就不上手摸了，这样子他要骂的。他说："不管是常见病还是疑难杂症，每一个病人你都要用手去触摸一下病痛部位，感受一下，而且不要戴手套，要有不怕脏的精神，摸过了自己才知道病痛的性质、程度、范围，你摸都不摸，你怎么知道？万一他是骨折呢？"戴手套和不戴手套确实有区别的，虽然脏一点，不戴手套要感受准确一些。

采访人：您现在也基本上不戴手套？

陆仁：不戴手套。我们不会嫌弃病人脏的。

采访人：他是如何手把手教的？

陆仁：我边上看着，他边治疗边指导，或者当他的助手。比如绑夹板吧，不仅顺序有严格要求，药也不能乱放。如果我做错了，他会当着很多病人的面，说我这个做得不好，那个做得不好，那我会觉得很没面子。但我叔叔讲出来，肯定为我好嘛，下一次我就不要再犯同样的错误了。

采访人：夹板的制作您也在做吗？

陆仁：在做。包扎、夹板制作、铺垫都是骨伤科的基本功。

采访人：您从陆君玉那里学到了哪些医术，学到了多少？

陆仁：挺多的。陆氏伤科几十种手法，都接触过。

采访人：陆君玉老师是怎么评价您的？

陆仁：他叫我一定还要努力，不能骄傲，学无止境。

采访人：学习过程中，陆君玉跟您讲得最多的是什么？

陆仁：不要偷懒。有时候我稍微放松一下，比如说晚上跟朋友喝喝茶，他就会说，这种时间少花一点，还不如在家多看点书。他说我现在的技术还不是达到了一个顶峰的状态，必须得不断地努力，多学点扎实的基本功，让我扎实地走好每一步，做好每一件事情。

采访人：学伤科难不难？

陆仁：说难也难，不难也不难。如果自己没啥追求的话，你可以稍微简单皮毛的学一点，但是如果你真的想作为一个好医生好好地把它继承下去，像祖辈们一些经验方肯定要去收集、探索、研究的，而且在他们的基础上，还肯定要持续创新，这样子时间上面，经济上面肯定要花下去。

采访人：在学习过程当中碰到的最大困难是什么？

陆仁：体力上还是有点吃不消。

采访人：您跟着学了多久以后才独立看病人了？

陆仁：两三年。

采访人：您还记得第一次治疗病人的情景吗？

陆仁：有一个肩关节半脱位，还有一个桡骨末端骨折的病人，我一点底气都没有，当时我叔叔不在，我就发微信图片给他，他远程指导。我就大着胆子尝试，居然成功了。几次以后，稍微有一点底气，心里有点数了。

采访人：您从医多少年了？哪些病例已经比较拿手？

陆仁：12年。一般的脱位、骨折基本上都掌握了。

采访人：碰到疑难杂症怎么办呢？

陆仁：我就请教叔叔，要他这个大师级别的人物出来帮我一把。

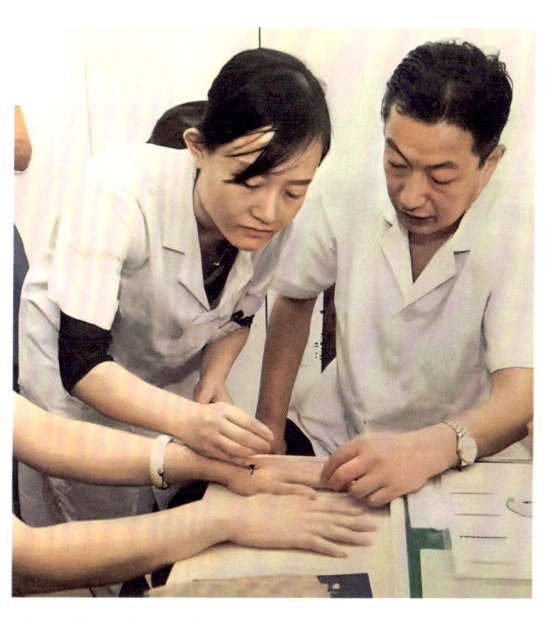

陆君玉指导陆仁治疗

采访人：在诊疗过程当中，您有一些记忆比较深刻的病例吧。

陆仁：有一个病人尾骨骨折，压迫神经，就是一直要痛的，困扰他一个多月了，也辗转去了好几家医院，吃了药也没管用。最终他慕名找到我们，但时间拖得有点久，最佳的正骨时间是7天。我抱着试试看的心理帮他正骨了一下，就是这样的一个正骨动作，他一下子就感觉人舒服多了。然后他很激动地握着我的手说："谢谢，谢谢。"他说他看了这么多医院，就我们这边看了以后他就立马好了，痛感马上消除了，非常感激我们。

采访人：您作为女性传承陆氏伤科，这在历史上也是很少的吧？

陆仁：其实陆银华有两个女儿也做陆氏伤科医生的，但是后来我发现家谱上基本都是男人在做医生，对于这个我也觉得很好奇。

采访人：作为女性，在陆氏伤科传承方面有什么困难呢？

陆仁：我觉得陆氏伤科的医生是非常艰辛的，而且是要靠力气的。相对来说，我们女性力气肯定没有男人大，从身体上面来说就是有差距。我决定从事陆氏伤科后，就有意识地去锻炼体力。读大学的时候，同学一人一个热水瓶，我拎四个，我帮寝室的同学打水，我就这样锻炼臂力，有时候早上起来跑跑步，练练哑铃。

我当时跟爷爷说，手法整骨毕竟是力气活，肯定要有很大力气的。爷爷告诉我："力气是要有一点，但是我们陆氏伤科最最关键还是要用巧力，就是用特殊的技巧方法，把这块骨头接紧实，而不是用蛮力。"所以说我后来跟着我叔叔学，在他的指导下面我也碰到过一些骨折病人，也复位成功了，我觉得在这方面有所提高，我自己还是很有信心的。

采访人：您的臂力是不是比一般女性要更加大啊？

陆仁：大学的时候，我们全班100多个人，握力测试我是女性中排名第二。

采访人：武术方面有没有去学习？

陆仁：我有时候也打打八段锦、五禽戏，这样锻炼有的。

采访人：陆氏伤科跟西医治疗有什么区别？

陆仁：西医骨科我也去实习过，我真的有点惊呆了，因为西医打钢钉放钢板，第二次还要再手术，要把钢板拿出来的，不仅费用增加了，病人还要承受两次痛苦，开刀的位置有一个刀疤；软组织功能恢复也没有我们正骨快。陆氏伤科费用少，我们治疗一个桡骨末端骨折两三千够了，西医可能要上万了。

采访人：治愈时间大概会缩短多久啊？

陆仁：我们差不多一个月够了，西医前前后后起码一两年。

采访人：历史上陆氏伤科治疗的范围更加广，治疗的病症更加多。但是现在老百姓心目当中，陆氏伤科基本上是以治疗骨伤为主的。

陆仁：现在有更好的医学设备，还有医疗纠纷这么多，所以特别严重的脑震荡、股骨颈骨折，我们也不治了，这样更安全一些。

因为股骨颈骨折保守治疗的话要两三个月，而且躺着一动不能动的，大小便都要在床上的，这样的毛病还是西医骨科更好一点，治愈更加快。相对来说对病人更加有利，所以有些毛病我们没再治。

采访人：您觉得陆氏伤科哪些比较有特色的治疗手段是西医无法替代的？

陆仁：95%的骨折病人我们都是有把握的，比如说西医要动手术的，我们就不动手术了，保守治疗对病人更有利，恢复得更快一点。

采访人：针灸呢？

陆仁：针灸方面我们这边在做，而且效果真的挺好的，主要治疗腰椎间盘突出、肩周炎、颈椎病、手指酸麻、腰腿疼痛，急性期发作的腰痛腰闪都可以的。

采访人：陆氏伤科的针灸跟一般针灸科的针灸，有区别吗？

陆仁：我们取的穴位可能不同吧，我们都在远端取穴，比如腰痛就不一定扎在腰上，有可能扎在手上。

采访人：您是怎么学会针灸的？

陆仁：看书自学，加上我叔叔临床教我怎么取穴，两个结合起来。

采访人：从家传传下来多还是您通过自学多？

陆仁：家传多一点。因为有些治疗手段在书本上看也没看到过，我虽然读了5年的医科大学，但是在我叔叔面前我就像一张白纸一样，因为太多的手法、汤药、方剂，只能看我们自己家族的方子或者经验方才能学到。

采访人：这些秘方您都在学习吗？

陆仁：在学习。有治疗颈椎病的，腰椎间盘突出的，腰椎骨折的，大便不通的，头痛偏头痛方等。而且这些方子效果都还蛮不错的。

采访人：你们有夜门诊吗？

陆仁：没有夜门诊，但是如果有急诊病人来了，哪怕是大年三十也都会为病人服务的。

采访人：这种门诊有额外加班费吗？

陆仁：什么都没有。

采访人：这个是有制度约束，还是靠医生自己个人的自觉？

陆仁：个人自觉，医院没有要求的。如果拒绝也是可以的，但是我们凭着自己的医德，有求必应的。尤其是我叔叔，哪怕年三十都会放下筷子，这一点我也是向他学的。他说病人至上，现在我也变得跟他一样了。他一个电话，叫我赶紧到鼓楼医院去，我本来在家里做家务，带儿子，他一个电话就叫我过去了。

采访人：您只要他电话打来，您就一定会去？

陆仁：我也基本上第一时间会赶过去。

采访人：这是你们陆氏家族传下来的优良作风。您能够讲一下您的爷爷、奶奶吗？

陆仁：他们也是这样子的呀，如果有病人晚上八九点钟过来急诊，爷爷奶奶就给他们处理好，他们再回去。因为爷爷奶奶说了，骨折病人越早处理，越早敷上我们家的膏药，病人就早一点减轻痛苦。

采访人：我听说您奶奶的生活也过得很清贫，很节约很简朴的，能够讲讲您奶奶的情况吗？

陆仁：奶奶上班下班都舍不得花5毛钱乘公交车，她说自己锻炼，从家里走到白沙医院，还有她一双皮鞋可以穿好几年的。家里面的菜也没时间煮，为了节约时间，餐桌上看到最多的就是豆腐乳，她把自己时间都牺牲掉了。奶奶平时工作也非常出色的，她去世时，白沙医院全部闭诊，为她开追悼会，那是很感人的。

采访人：您爷爷奶奶对你们后人产生什么影响？

陆仁：我爸爸也很节约的，他自己能省的则省，比较朴素，知足常乐。我们医学世家还是要做到一身正气、两袖清风，还是要为病人多考虑一点。

采访人：您想自己以后会成为一个什么样的人？

陆仁：我心目中有两位女性比较伟大，一位是屠呦呦[36]，一位是居里夫人[37]。我还是希望陆氏伤科能够走向全世界，让更多的人知道我们宁波有可以不动手术就能治疗骨折、椎间盘突出的治疗方法，给病人造成的痛苦这么少，费用又这么低，我还是希望能够有更多的人去了解、学习，造福更多的患者。

采访人：目前陆氏伤科在传承当中，您觉得有没有存在一些问题，您希望政府、各界能够有什么举措解决问题，赋能伤科？

陆仁：我们中医这块的收费项目最好能够跟西医是持平的，我们现在正骨好了一个就90块钱，西医动个手术就远远不止了。

采访人：定价是怎么定出来的？

陆仁：这个我不太清楚，可能还是物价局。

采访人：就是收费跟西医是没法比的。

陆仁：我有一个同学在荷兰当医生，一个桡骨小头骨折，他就收3500美元。他不会正骨，就对着书看治疗方法，问我怎么做怎么做，琢磨了很长时间，最后终于成功了，他还说病人也没啥意见。然后他问我宁波收费是多少，我说我们一个桡骨小头半脱位正骨的话，只要45元钱，现在买一杯星巴克咖啡都不够了。虽然跟外国没法比，但从另一角度说明正骨的价值。

采访人：这个价格多年来都一样，还是已经提高过了？

陆仁：多年来都一样的。这个可能也是一个瓶颈吧，因为项目收费低，可能吸引不到更多的人愿意来学这一块，因为整个收费低可能也导致收入没有相应的提高。

采访人：您觉得现在学这个中医的人还是太少了？

陆仁：对，学生都愿意去学西医。西医骨科开会参会人员一大群，我们中医骨科开会相对来说比他们少很多，我们宁波也是这样子的，宁波正骨可能只剩我们陆氏伤科了，其他的都是动手术的。

我们就是最传统的中医手法去正骨的，然后用最最传统的杉树皮做夹板固定，

36　屠呦呦，女，1930年12月出生于浙江宁波，著名药学家，中国中医科学院首席科学家，终身研究员兼首席研究员，青蒿素研究开发中心主任，博士生导师，共和国勋章获得者。第一位获诺贝尔科学奖项的中国科学家。多年从事中药和西药结合研究，突出贡献是创制新型抗疟药青蒿素和双氢青蒿素。1972年成功提取分子式为 $C_{15}H_{22}O_5$ 的无色结晶体，命名为青蒿素。

37　居里夫人(1867年11月—1934年7月)，法国著名科学家、物理学家、化学家，是放射性研究的先驱，首位获得诺贝尔奖的女性。

不打钉、不打石膏、不开刀的"三不"也是古代传下来的，我们一直没有变过。

采访人：还有其他什么补充的吗？

陆仁：如果陆氏伤科能够发扬光大，可以造福更多的患者，让他们真正感受到祖国传统医学的伟大与精髓。我希望能够有更多、更聪明的人来继承、发扬中医伤科。我相信我们陆氏伤科能够一代代传下去，希望不要失传，因为毕竟这么有特色的一个学派，对百姓真的挺好的。

【附录】 陆君玉大事年表

1961年	出生于宁波江东百丈街。
1978—1979年	高中毕业后，开始正式跟父亲学医。
1979—1988年	冶金公司铜材厂任厂医。
1981—1983年	参加建材公司举办的厂医培训班。
1985—1986年	参加省级伤科进修班。
1988年	3月6日调到鼓楼医院骨伤科，任主治医生，至退休。
1993年	担任鼓楼医院骨伤科主任。
2016年	11月2日，"陆氏伤科"被列入海曙区非物质文化遗产项目。同年，收陆仁为徒。
2017年	4月5日，宁波陆氏正骨中心（宁波陆氏伤科文化传承基地）成立，陆君玉任主任。 11月21日，由国家中医药管理局、中华中医药研究促进会、中华中医药学会骨伤科分会承办的中国中医药研究促进会手法诊疗交流大会在杭州召开，国内外300余位中医骨科代表参会。陆君玉代表宁波陆氏伤科，参加交流研讨。 12月15—16日，由国家中医药管理局中医学术流派、中华中医学术流派联盟、中华中医药学会骨伤科分会承办的第三届全国中医骨伤学术流派交流发展大会在上海召开，众多国内外知名专家教授和400余位中医骨科代表出席。陆君玉代表宁波陆氏伤科，参加交流研讨。 12月16日，被聘为中华中医学术流派联盟骨伤分盟常务理事。

2018 年	1月，中国中医药研究促进会手法诊疗分会年会暨首届全国手法诊疗学术大会在杭州召开，陆君玉和陆仁参加。陆氏伤科第九代传人、宁波陆氏正骨中心陆仁代表宁波陆氏伤科作了《桡骨末端骨折陆氏正骨术》主题演讲。 3月18日，陆君玉被聘为中华四肢损伤夹缚固定专业委员会副主任委员。 5月26日，中华中医药学会骨伤科分会2018年度学术年会在北京举行，陆君玉等人参加。 5月31日，海曙区陆氏伤科被列入第五批宁波市非物质文化遗产项目，陆君玉被命名为该项目的市级代表性传承人。 6月，陆君玉获评海曙区第二届"最美海曙卫生人"。
2020 年	8月19日，获海曙区卫生健康系统"医师终身成就奖"。
2021 年	10月1日，陆君玉退休，当日返聘。
2022 年	6月16日，陆君玉获2021年度甬上社区"牛"医生、"拓荒牛"奖。
2023 年	1月31日，陆君玉参与申报工作的陆氏伤科，入选第六批浙江省非物质文化遗产代表性项目名录。

参考文献

[1] 朱鼎成，李鑫编著.海派中医[M].上海：文汇出版社，2010.

[2] 陆念祖主编.陆氏伤科银质针疗法[M].上海：上海科学技术出版社，2011.

[3] 沈敦道，陆海善，叶海整理.陆银华治伤经验[M].北京：人民卫生出版社，2012.

[4] 吴言铭.鄞地医家传记[M].宁波：宁波出版社，2013.

[5] 陆念祖主编.陆氏伤科外用药精粹[M].北京：中国中医药出版社，2015.

[6] 张承烈主编.近代浙东名医学术经验集[M].上海：上海科学技术出版社，2015.

[7] 林惠珠主编.印迹：老照片里的镇海往事[M].宁波：宁波出版社，2016.

[8] 李伟主编.陆氏伤科陆念祖学术经验集萃[M].北京：科学出版社，2016.

[9] 李飞跃主编.海派中医魏氏伤科传承与发展[M].上海：上海世界图书出版公司，2018.

[10] 张怀琼主编.海派中医流派传略图录[M].上海：上海科学技术出版社，2018.

[11] 王嘉伟，徐卫民主编.甬城名医录·中医卷·传承与发展[M].宁波：宁波出版社，2019.

[12] 韩晶晶，许旻鸣主编.医海缀叶·全国名老中医叶海学术思想与临证精华[M].北京：中国中医药出版社，2021.

后 记

一题好的传送带人员求解范围工作，既不开拓我的求解工作视野和兼并有很多，也加强了我对求解人员工作经历，将劳务方面及有着效用的思、甚及有很多和改进探索，对此项目内容的的着重点及剪位、等等。如同重新凝视之工作没有价值，将对后测的书稿编辑带来很大的困难，在第次的讨论兼差看到测和解决在力方面有效应，察觉校对，所以，为了保证书稿质量，所必忙、须不一定要建立在校对的求解质量观上。

为了尽可能消除误别和不足减和存力性，各位作者都做出了极大努力，长如一遍为删改，对一些难懂的方式表计达进行证明。但经着如此，为了保证图案的效果，口式记录标号都在后面编辑理解需要存在无展较大延异。传承人编辑的力另上也达不若完美。

鉴于编辑又者对此项目是一次的未充和研究历程，各客作者和编理内容错的忍难达不完美。

一些小错误并恰对待行沟通，对此口式共活中的一起问题，并不在其他的进行辑增加序，为使义稿的图案更为通畅、美观，偶者在口式的外级等的重新观上，在不改变原文稿的前提下进行了文字的删减，进行了文字的顺调整，删后的的调整，将文口会、请又不讲处设文者重新阅读行正之后进行了反核修订，并书的出版，既不开确能否各自因为一位该后的夺者带来说明和便利，在此深表感谢。

由于时间和水平有限，书中难免有不足和人意之处，恳请各位读者批评指正。

编著者
2023 年 12 月